김명호 | 중국인 이야기 ❷

김명호 | **중국인 이야기** ❷

한길사

중국인 이야기 ❷

지은이 김명호
펴낸이 김언호

펴낸곳 (주)도서출판 한길사
등록 1976년 12월 24일 제74호
주소 10881 경기도 파주시 광인사길 37
홈페이지 www.hangilsa.co.kr
전자우편 hangilsa@hangilsa.co.kr
전화 031-955-2000~3 **팩스** 031-955-2005

부사장 박관순 **총괄이사** 김서영 **관리이사** 곽명호
영업이사 이경호 **경영이사** 김관영 **편집주간** 백은숙
편집 박희진 노유연 김지수 최현경 김영길
마케팅 정아린 **관리** 이주환 문주상 이희문 원선아 이진아
디자인 창포 CTP출력 및 인쇄제책 신우인쇄

제1판 제 1쇄 2013년 4월 19일
제1판 제12쇄 2021년 12월 24일

값 18,000원
ISBN 978-89-356-6219-7 04900
ISBN 978-89-356-6212-8 (세트)

• 잘못 만들어진 책은 구입하신 서점에서 바꿔드립니다.

"전장에서 만군을 질타하며 도취했던 나날들이
한 편의 허망한 꿈이었다.
내가 영원히 잊지 못할 것은 한 사람밖에 없다.
하야한 일개 무인武人을 어떻게 생각할지,
뜬눈으로 밤을 지새운다."

■ 장제스가 1927년 10월 9일 『익세보』에 공개로 알린 쑹메이링에게 보내는 편지에서

중국인 이야기 ❷

1 여성 혁명가들의 행로
011 ▌ 스스로 전족을 풀어버린 혁명가 허샹닝
017 ▌ 옌안의 홍색공주 쑨웨이스
027 ▌ 손자도 극형에 처한 여장부 캉커칭
031 ▌ 최후의 정통파 자객 스구란
037 ▌ 중국 최초 할리우드 스타의 비극적 생애
047 ▌ 루쉰 이후에 장아이링이다

2 펑더화이와 마오쩌둥의 애증
057 ▌ 펑더화이, 마오쩌둥을 비판하다
105 ▌ 중공의 한국전쟁 출병, 펑더화이와 김일성

3 학력學歷보다 학력學力이다
141 ▌ 소박한 국학대사 나라의 품격을 높이다
147 ▌ 학력學歷보다 학력學力이다
155 ▌ '자본론' 들여온 마이푸, '셰익스피어' 번역한 량스치우
163 ▌ 재녀들 속에 방황하는 서정시인 쉬즈모
177 ▌ 이류당, 일류 문화인들의 행복한 살롱

4 국부 쑨원의 경호원

- 195 ▌ 나에겐 혁명정신 외에는 아무것도 없다
- 217 ▌ 바람둥이 쑨원 쑹칭링에게 청혼하다
- 227 ▌ 수완 좋고 대범한 혁명의 후원자 쑹자수
- 247 ▌ 국부 쑨원의 경호원
- 265 ▌ 중국의 마키아벨리 량스이
- 273 ▌ 돈으로 총통이 된 군벌 차오쿤

5 사랑과 혁명

- 289 ▌ 사랑이 전쟁보다 힘들다
- 319 ▌ 장쉐량과 쑹메이링의 우의
- 325 ▌ 시안사변과 장쉐량의 반세기 연금생활
- 339 ▌ 매국노로 전락한 혁명영웅, 그를 사랑한 여자
- 353 ▌ 연애도 혁명처럼 1: 뤄이눙의 네 연인
- 367 ▌ 연애도 혁명처럼 2: 선동가 리리싼의 좌절

6 매화를 사랑한 정보총책 다이리

- 387 ▌ 매화를 사랑한 정보총책 다이리
- 405 ▌ 장제스의 머리 양융타이, 마오의 눈 우스
- 415 ▌ 동북과 난징을 잃은 장제스 대륙을 떠나다
- 427 ▌ 에드거 스노, 홍군을 전 세계에 알리다
- 439 ▌ 밤새워 중국의 미래 논한 량수밍과 마오쩌둥
- 447 ▌ 한 번도 실각한 적 없는 리셴녠의 행보

- 453 ▌ 참고문헌

일러두기

중국어 인명·지명 등 고유명사는 외래어표기법 '주음부호와 한글대조표', 중국어 사전의 '병음·주음 자모대조표'에 근거해 표기했다. 20세기 이전 생몰의 인명, 잡지와 신문명, 좀더 친숙하거나 뜻을 잘 드러내는 일부 용어는 우리말 한자 독음으로 읽었다.
어말의 산(山)·강(江)·도(島)·사(寺) 등의 한자어는 굳이 중국식 병음을 따르지 않았다.

예) 쩡궈판 → 중국번, 런민르바오 → 인민일보, 베이양 → 북양, 둥베이 → 동북,
    화둥 → 화동, 톈안먼 → 천안문, 쯔진청 → 자금성, 타이허뎬 → 태화전,
    여산 → 루산, 창장 → 창강, 하이난다오 → 하이난도, 비윈쓰 → 비원사

여성 혁명가들의 행로 1

1949년 12월, 마오쩌둥의 모스크바 방문은
쑨웨이스孫維世의 운명에 결정적인 역할을 했다. 마오는
난생 처음 떠나는 외국여행에 장칭江靑을 데리고 가지 않았다.
아무리 졸라도 "스탈린이 속으로 흉본다"며
허락하지 않았다. 쑨웨이스는 기밀을 다루는
기요비서機要秘書 겸 통역팀 조장으로 마오를 수행했다.
마오가 소련에 머무는 동안 온갖 소문이 나돌았다.
장칭은 젊은 시절 오해받을 행동을 많이 해본 사람다웠다.
쑨웨이스를 만날 때마다 모스크바행 열차에서
있었던 일을 꼬치꼬치 캐물었다. 대답은 한결같았다.
"국가의 기밀사항이라 말해줄 수 없다."

스스로 전족을 풀어버린 혁명가 허샹닝

"죽음을 두려워하지 말고, 역사에 이름 남김을 쟁취하라."

"발이 큰 여자와 결혼해라"

쑨원(孫文)의 오른팔이었던 제1세대 혁명가 랴오중카이(廖仲愷)는 샌프란시스코의 부유한 화교 가정 출신이었다. 아버지는 광둥(廣東) 커자(客家) 출신으로 두들겨 패며 고전을 외우게 하는 중국식 전통교육의 신봉자였다. 샌프란시스코 한복판에 마음에 드는 선생이 있을 리 없었다. 손수 아들을 교육시켰다. 열 살이 채 되기도 전에 랴오의 머릿속에는 동서의 고전들이 고스란히 들어앉았다.

랴오중카이의 아버지는 전족(纏足)이야말로 중국인의 치욕이라고 생각했다. 임종하면서 아들에게 신신당부했다.

"너는 전족한 여자와는 절대 결혼하지 말거라. 그랬다간 큰일 난다. 무슨 일이 있어도 발이 큰 여자와 결혼해라. 그것도 크면 클수록 좋다."

전통과 현대가 뒤엉킨 사람의 유언이었다.

커자 여자들은 꼭두새벽부터 밖에 나가 일하고 집 안에 들어오면 주방으로 직행하는 습관이 있었다. 경작에 능했고 장작도 여자들이 팼다. 온갖 궂은일을 도맡아 했다. 전족을 안 했기 때문이다. 커자 여인과 결혼한 남자들을 속으로 부러워하는 한족(漢族) 남자가 많았지만 부인이 전족을 해야 대접받고 행세하는 시대였다.

병든 어머니와 함께 조국으로 돌아온 랴오중카이는 홍콩의 숙부 집에 살며 학업을 계속했다. 랴오가 20세가 되자 숙부는 조카며느릿감을 구하러 다녔다. 상류사회 집안에는 전족을 하지 않은 신붓감이 전무했다. 구할 방법이 없었다. 그래도 랴오중카이는 아버지의 유언만을 고집했다. 숙질간에 의절 직전까지 간 적이 여러 번 있었다.

혁명가 랴오중카이를 내조한 허샹닝

허샹닝(何香凝)의 아버지는 홍콩의 거상이며 땅부자였다. 백만장자였지만 문화가 없었다. 상류사회 진입에 문제가 있었다. 자녀들의 혼인을 통하는 수밖에 없었다. 딸들에게 상류사회의 상징인 전족을 시켰다. 막내딸 샹닝도 예외일 수 없었다. 여섯 번째 생일날 발을 더운 물에 불린 후 천으로 꽁꽁 동여맨 다음 바느질을 해버렸다.

전족을 거부하기로 결심한 허샹닝은 미리 숨겨놓았던 가위로 발을 동여맨 천을 잘라버렸다. 놀란 부모는 다시 동여매고 대대적인 가위 수색을 벌였다. 어린 딸이 제단 밑에 숨겨놓은 것을 알 길이 없었다. 억지로 동여매고 풀기를 20여 차례, 결국 허샹닝의 부모는 포기했다. 제대로 된 집안에 출가하기는 틀린 막내딸의 앞날을 걱정하며 한숨만 내쉬는 수밖에 없었다.

랴오중카이의 숙부에게 허씨 집안 아홉째 딸 샹닝이 천족(天足: 원래 모습대로의 발)이라고 귀띔해준 사람이 있었다. 발도 굉장히 크다고 했다. 숙부는 중간에 사람을 넣었다. 허씨 집안에서 거절할 이

1916년 4월 9일, 도쿄에서 쑨원(앞줄 가운데)·
쑹칭링(宋慶齡, 쑨원 왼쪽) 부부와 함께한 허샹닝(쑨원 오른쪽)과
랴오중카이(뒷줄 왼쪽 둘째).
쑨원 앞에 앉은 소년이 허샹닝의 아들 랴오청즈(廖承志).
뛰어난 서화가이기도 했던 허샹닝은 직접 그림을 그려 판 돈으로
학교를 설립하고 부녀운동에 필요한 자금을 마련했다.

유가 없었다. 양가는 결혼을 서둘렀다. 모든 게 일사천리였다. 사주(四柱)도 교환하지 않았다. 순전히 발 때문에 성사된 혼인이었다.

허샹닝은 결혼 5년 후인 1902년 가을, 패물과 장신구를 처분해 남편을 일본에 유학보냈다. 허샹닝도 같은 해 겨울 일본으로 건너가 미술대학에 입학했다.

도쿄에서 쑨원을 만나자마자 허샹닝은 혁명에 참가하기로 마음먹었다. 랴오중카이를 쑨원에게 데리고 갔다. 일본에 유학 중인 중국학생 가운데 뜻을 같이할 수 있는 사람들을 물색해 결사를 조직하는 일을 도맡아 했고, 국민당의 전신이라고 할 수 있는 동맹회(同盟會) 설립에 큰 업적을 남겼다. 혁명이론의 선전과 무장폭동의 중심에는 항상 이들 부부가 있었다.

랴오중카이가 무장세력을 조직하고 러시아 점령지역이나 다름없었던 옌지(延吉)의 중국 귀속을 교섭하기 위해 세 차례 동북 지방으로 잠입할 때도 허샹닝은 송별시를 지어 남편을 격려했다.

"조국의 원수들을 내쫓지 않고는 죽을 수도 없는 몸, 헤어지며 눈물조차 흘릴 수 없네. 죽음을 두려워하지 말고, 역사에 이름 남김을 쟁취하라."

"장제스는 혁명의 배신자다, 나는 그의 호의를 거절한다"

1925년 8월 20일, 허샹닝은 랴오중카이와 함께 국민당 중앙집행위원회 회의에 참석했다. 중앙당부 정문을 들어서는 순간 다섯 발의 총성이 울렸다. 랴오중카이는 "국가와 당을 위해서라면 누가 어떤 반대를 하건 두렵지 않았다. 나를 때리고 죽인다 해도 내 몸이 아깝지 않다"라는 유언을 남기고 세상을 떠났다.

랴오중카이의 장례는 차이어(蔡鍔)와 쑨원에 이어 세 번째 국장(國葬)이었다. 허샹닝은 "국가에 이익이 된다면 우리 가족 모두의 목숨을 앗아가도 상관치 않겠다"며 남편의 영혼과 애통해하는 동지들을 위로했다.

홀몸이 된 허샹닝은 쑨원뿐만 아니라 망부의 유지까지 받들어야 했다. 이듬해 열린 제2차 국민당 전당대회에서 쑹칭링과 함께 중앙집행위원에 선출된 후 각계에 부녀연합회를 조식했고 부녀해방운동을 추진했다. 장제스(蔣介石)의 북벌(北伐)을 지지하는 기고문을 통해 부녀자들도 집 안에서 빈둥거리지 말고 혁명에 적극 참여할 것을 촉구했지만, 장제스의 개인 독재가 우려되자 장의 중앙상임위 주석과 군사위 주석직 박탈에 앞장섰다.

장제스도 허샹닝에게만은 하느라고 했다. 정변에 성공한 후 같은 편으로 끌어들이기 위해 정성을 다했고, 거절당하긴 했지만 쑹메이링(宋美齡)과 결혼할 때도 결혼보증인이 돼달라고 정중히 요청했다.

두 집안은 원래 친분이 두터웠다. 장제스가 황푸군관학교(黃埔軍官學校) 교장 시절 랴오중카이는 당 서기였다. 한 울타리에 살았고 아이들끼리도 서로 친했다. 장제스의 아들 장징궈(蔣經國)가 랴오중카이의 아들 랴오청즈보다 두 살 어렸다. 그러나 허샹닝의 눈에 비친 장제스는 쑨원과 랴오중카이의 3대 정책인 '연아(聯俄)·연공(聯共)·부조공농(扶助工農)'을 파괴한 혁명의 배신자였다. 허샹닝은 정부가 제의한 모든 요직을 거절했고 국민당 중앙집행위원직도 스스로 던져버렸다. 그 어떤 정파에도 가담하지 않았다.

그림을 그려 스스로 혁명 자금을 마련

그림과 시로 소일하던 허샹닝은 랴오중카이의 생전 소망이었던 농공업학교 설립 자금을 마련하기 위해 출국을 결심했다. 필리핀과 싱가포르에서 개인전을 열었고, 영국을 경유해 프랑스로 건너갔다. 파리 교외에 거처를 정한 후 중국인 유학생들을 돌보며 그림으로 생계를 유지했다. 일본에서 고등학교를 마친 아들 랴오청즈는 함부르크에 있던 국제해운노조 집행위원과 세계부두노조 서기를 거쳐 네덜란드에서 중화전국노조 유럽지부를 설립하고 있었다. 모스크바 중산대학으로 유학을 떠나기 직전 독일에서 모자가 상봉했지만 그것도 잠시였다.

1931년 9월, 일본군이 동북을 점령하자 허샹닝은 유럽 생활을 정리했다. 귀국하자마자 서화전을 열어 돈을 만들었다. 쑹칭링과 함께 부상병을 치료하기 위한 병원을 설립하고, 국난구호대를 조직해 동북의 항일운동을 현지에서 지원했다.

항일전쟁 기간 각지를 유랑해 생활은 곤궁하기 이를 데 없었다. 닭을 키우고 채소를 재배해 의식을 해결하며 항일 선전활동을 했다. 장제스가 인편에 100만 위안을 보냈지만 "한가하게 그림이나 그리는 생활, 돈은 사람을 바보로 만들기 쉽다"는 글과 함께 돌려보냈다.

허샹닝은 요즘의 일부 시민단체들처럼 사회운동 자금을 마련하기 위해 지원금이나 후원금을 구걸하러 다닌 적이 단 한 번도 없었다. 뛰어난 서화가였던 그는 직접 그림을 그려 판 돈으로 학교를 설립했고 부녀운동에 필요한 경비를 조달했다. 혁명가이기 이전에 고귀한 인품의 소유자였다.

옌안의 홍색공주 쑨웨이스

"지혜로운 사람은 이름이 알려지는 것을 두려워하고
똑똑한 돼지는 살찌는 것을 두려워한다."

혁명가 쑨빙원의 딸을 찾은 저우언라이

1937년 겨울, 우한(武漢)의 팔로군(八路軍) 연락사무소에 열여섯 살짜리 여자아이가 찾아왔다. 요구가 당돌했다.

"옌안(延安)으로 가겠으니 빨리 안내해주세요."

연락사무소 측은 나이가 어리고 믿을 만한 조직의 소개장이 없다는 이유로 거절했다. 그래도 막무가내였다. 날만 밝으면 찾아왔다. 한결같은 대답을 들은 문 앞에 주저앉아 훌쩍거리기 일쑤였다. 하루는 한참 울고 있는 여자아이 옆을 지나치던 중년의 신사가 걸음을 멈추고 다시 돌아왔다. 우는 모습을 물끄러미 쳐다보더니 아이를 사무실로 데리고 들어갔다.

여자아이의 입은 자물통이었다. 이름을 물어도, 부모가 누구냐고 물어도 대답하지 않았다. 무조건 공산당 중앙이 있는 옌안으로 보내달라고만 했다. 신사가 조심스럽게 물었다.

"너 혹시 웨이스(維世)가 아니냐?"

여자아이의 눈이 반짝했다.

"도대체 누구기에 내 이름을 아세요? 아저씨 이름이 뭐예요?"

10년 전 장제스에게 요참(腰斬)당한 쑨빙원(孫炳文)의 딸을 찾은 저우언라이(周恩來)는 부인을 불렀다. 헐레벌떡 달려온 덩잉차오(鄧穎超)는 쑨웨이스를 보자마자 부둥켜안고 통곡부터 해댔다.

덩잉차오는 아이를 옌안까지 직접 데리고 가 항일군정대학(抗大)에 입학시켰다. 비슷한 시기에 옌안에 도착해 항대에 입학한 리윈허(李雲鶴: 후일의 장칭江靑)는 쑨을 보자 당황했다.

"장칭을 가까이하지 마라"

쑨빙원은 신해혁명 직후 『민국일보』(民國日報)를 창간한 언론인이었지만 위안스카이(袁世凱)의 황제 즉위 기도를 연일 비판해 체포령이 내려지자 고향에 돌아와 교육사업을 벌인 교육자이기도 했다. 위안스카이 사후 군벌들 간의 전쟁으로 전국이 혼란에 빠져들자 1922년 37세라는 늦은 나이에 카를 마르크스의 고향에 가겠다며 고향친구 주더(朱德)와 함께 독일 유학을 떠난 이상주의자였다. 저우언라이를 만나는 바람에 공산당에 입당했고, 귀국 후에는 저우언라이의 뒤를 이어 황푸군관학교 정치부주임과 북벌 시기 국민혁명군 후근사령관을 역임한 전형적인 혁명가였다.

1927년 4월, 국·공합작을 파기시키고 공산당 숙청에 나선 장제스는 쑨빙원이 체포되자 직접 찾아가 고관후록(高官厚祿)을 약속하며 회유할 정도로 평소 호감을 갖고 있었지만 거절당하자 요참을 지시했다. 쑨빙원은 체포 4일 만에 상하이(上海)의 룽화(龍華) 감옥에서 몸이 두 동강 나는 처참한 모습으로 삶을 마감했다. 쑨웨이스가 여섯 살 때였다.

중공 지도자들은 소련을 방문할 때마다
유학 중인 쑨웨이스(뒷줄 오른쪽 첫째)를 챙겼다.
마오쩌둥(毛澤東)·주더·류사오치(劉少奇)·
저우언라이와 함께 중공 5대 서기의 한 사람이며
공청(共靑·공산주의 청년단)의 창시자인
런비스(任弼時·왼쪽 첫째) 부부도 예외가 아니었다.
앞줄 오른쪽 첫째는 저우언라이의 부인 덩잉차오.

쑨웨이스의 어머니는 어린 딸을 데리고 우한으로 피신했다가 다시 상하이로 돌아와 지하공작에 투신했다. 비밀 문건의 소각과 발송을 도맡아 하던 쑨은 열네 살 되는 해에 공산당 지하조직이 운영하던 극단에 들어가 연기자 생활을 시작했다. 일곱 살 위였던 리윈허도 같은 극단에 있었다. 쑨은 리를 언니라고 부르며 잘 따랐지만 "리윈허는 행실에 의심 가는 부분이 많다. 절대 가까이하지 마라"는 어머니의 주의를 받은 다음부터 멀리했다.

리윈허도 상처받기 쉬운 나이였다. 별것도 아니지만 자신의 사생활을 속속들이 알고 있는 쑨과 그의 어머니를 볼 때마다 수치심과 반감을 느끼는 것은 당연했다.

쑨웨이스만 보면 얼굴을 붉힌 청년장군 린뱌오

쑨웨이스는 옌안의 유일한 홍색공주(紅色公主)였다. 거칠 것이 없었다. 항일군정대학을 마치고 중앙당교(中央黨校)와 마르크스·레닌학원을 다니며 정통파 당원의 길을 걸었다. 저우언라이 부부는 쑨의 어머니에게 "열사의 혈육을 우리 딸로 삼고 싶다"는 편지를 보내 허락을 받았다. 저우언라이 부부는 혁명가 유자녀와 지하공작자의 자녀들을 무수히 수양아들과 수양딸로 삼았지만 쑨은 이들과 경우가 달랐다. 1939년 쑨은 소련에 가겠다며 마오쩌둥을 찾아가 단번에 허락을 받아냈다. 저우언라이와 덩잉차오는 쑨을 직접 소련까지 데리고 갔다.

모스크바에는 저우언라이·마오쩌둥·진산(金山)과 함께 쑨웨이스의 인생에 가장 큰 영향을 끼친 린뱌오(林彪)가 총상 치료와 요양을 위해 신혼의 부인 장메이(張梅)와 함께 와 있었다. 중국인 유학생들에게 청년장군 린뱌오는 이미 전설적인 존재였다. 틈만 나면 몰려가 무용담을 들으려 했다.

쑨웨이스도 예외가 아니었다. 린뱌오는 쑨만 보면 얼굴이 빨개지고 말을 더듬거렸다. 유학생회의 초청을 받았을 때도 전원이 참석하느냐는 말을 수없이 물었다. 불참자가 한 사람도 없다는 말을 듣고서야 몸을 움직였다. 쑨이 보이지 않으면 그냥 나와버렸고 중간에 자리를 뜨면 린뱌오도 하던 행동을 멈추고 자리를 떴다. 3년을 그랬다. 귀국하기 전날은 부인과 함께 쑨이 다니던 희극학원의 기숙사를 찾아왔다. 부인에게 아이스크림을 사 오라고 하더니 혼자 남은 쑨에게 말했다.

"귀국 즉시 이혼하고 기다리겠다. 너도 빨리 와서 나와 결혼하자."
복잡한 사람인지 단순한 사람인지 구분이 안 가는 엉뚱한 말을 남기고 린뱌오는 돌아갔다.

1946년 가을, 쑨웨이스는 7년간에 걸친 유학 생활을 마쳤다. 귀국 도중 하얼빈(哈爾濱)에 주둔하던 동북민주연군사령관 린뱌오를 찾아갔다. 장메이와 이혼하고 예췬(葉群)과 결혼한 린뱌오는 쑨이 누구인지 기억도 못 했다. 예췬은 장메이와 달랐다. 눈에 서릿발이 돋았다.

당이 키워낸 첫 번째 홍색 전문가

중공 1세대 지도자들의 딸 중에는 재녀(才女) 소리를 듣는 사람이 많았다. 덩샤오핑(鄧小平)과 뤄루이칭(羅瑞卿)의 딸은 아버지의 회

저우언라이는 혁명가 쑨빙원의 딸 쑨웨이스를 수양딸로 삼아 키웠다.
1950년 8월, 웨쥐(越劇) 판파이(范派)예술의 창시자
판루이쥐안(范瑞娟·앞줄 오른쪽 둘째), 국가 1급 연기자
푸취안샹(傅全向·앞줄 왼쪽 둘째)과 함께 중난하이(中南海)로
저우언라이를 방문한 쑨웨이스(앞줄 왼쪽 첫째),
'의용군 행진곡' 작사자 톈한(田漢·뒷줄 왼쪽 둘째)과 루쉰(魯迅)의
부인 쉬광핑(許廣平·뒷줄 오른쪽 첫째)의 모습도 보인다.

고록을 펴내 세상을 놀라게 했고, 마지막 보황파(保皇派) 타오주(陶鑄)의 딸 쓰량(斯亮)은 아버지와의 어린 시절을 회상하는 글로 중국인들을 감동시켰다. 건국 공신 예젠잉(葉劍英)의 둘째 딸도 중국의 가장 권위 있는 영화제에서 감독상을 수상해 재능을 인정받았다. 그러나 이들의 활동은 한 차례로 끝났다. 전문성과 예술성에 한계가 있었다.

쑨웨이스는 달랐다. 영화와 무대예술을 가장 중요한 선전도구로 여겼던 스탈린 시대에 모스크바 희극학원에서 연극과 영화를 체계적으로 공부한 최초의 중국인이었다.

1946년 가을, 옌안으로 돌아온 쑨웨이스를 제일 먼저 찾은 사람은 연극 애호가 장칭이었다. "너는 저우언라이의 딸이고 나는 마오쩌둥의 부인이다. 우리를 흠집내려는 사람에게 같이 대응하자"며 손을 내밀었다. 쑨은 "전쟁에 승리하면 그때 가서 생각해보자"며 장칭의 호의를 묵살했다.

쑨웨이스는 토지개혁운동에 참여하고 해방군 점령지역의 대학에서 영화와 희극이론을 강의했다. 최전선을 찾아다니며 소련 현대희극도 선보였다. 예술성과 선전효과가 뛰어났다. 뤄루이칭은 "쑨웨이스는 당이 키워낸 첫 번째 홍색 선문가"라며 칭찬을 아끼지 않았다.

신중국 설립 후 중국의 연극과 영화계는 옌안에 있던 사람과 국민당 통치구역에서 활동하던 연예인들이 뒤섞여 복잡하기가 이루 말할 데 없었다. 쑨웨이스는 청년예술단 총감독과 부단장을 겸하며 연기자들을 휘어잡았다. 마오쩌둥과 저우언라이의 집무실도 마음대로 출입했다.

장칭과 예췬에게 보복당한 쑨웨이스

1949년 12월, 마오쩌둥의 모스크바 방문은 쑨웨이스의 운명에 결정적인 역할을 했다. 마오는 난생 처음 떠나는 외국여행에 장칭을 데리고 가지 않았다. 아무리 졸라도 "스탈린이 속으로 흉본다"며 허락하지 않았다. 쑨웨이스는 기밀을 다루는 기요비서(機要秘書) 겸 통역팀 조장으로 마오를 수행했다.

마오가 소련에 머무는 동안 온갖 소문이 나돌았다. 장칭은 젊은 시절 오해받을 행동을 많이 해본 사람다웠다. 쑨웨이스를 만날 때마다 모스크바행 열차에서 있었던 일을 꼬치꼬치 캐물었다. 대답은 한결같았다.

"국가의 기밀사항이라 말해줄 수 없다."

문화대혁명(문혁)의 열기가 최고조에 달했던 1967년 장칭은 린뱌오의 부인 예췬과 손을 잡았다.

"네 원수는 내가 갚아주마. 내 원수는 네가 처리해라."

중앙군사위원회 판공청 주임이었던 예췬은 30년 전 린뱌오와 쑨의 관계를 잘 알고 있었다. 쑨의 남편을 간첩혐의로 체포하고 가택수색에 나섰다. 마오·린뱌오·저우언라이 등과 주고받은 편지와 사진들이 다량으로 나왔다. 연애편지에 가까운 것도 많았다. 장칭은 저우언라이가 쑨에게 보낸 편지를 들고 가 몰아붙였다.

중요 인물의 체포는 저우언라이의 서명이 필요했다. 저우는 진땀을 흘렸다. 이날 장칭은 국가주석 류사오치의 부인 왕광메이(王光美)와 저우의 동생에 대한 체포지시서도 덤으로 받아냈다.

이듬해 3월 1일, 군이 관리하던 베이징(北京) 공안국에 끌려온 쑨웨이스는 7개월간 얻어맞기만 하다가 47세로 세상을 떠났다.

쑨웨이스는 "열 명의 군자에게 죄를 지을지언정 한 명의 소인에게 죄를 지어서는 안 된다"는 말만 명심했어도 피할 수 있는 화를 자초했다. "지혜로운 사람은 이름이 알려지는 것을 두려워하고 똑똑한 돼지는 살찌는 것을 두려워한다"는 경구 따위를 익힐 기회가 없었다.

손자도 극형에 처한 여장부 캉커칭

"왕자의 범법에 대한 형벌도 서민과 같아야 한다."

엄하고 가혹한 처벌 '옌따'

1978년부터 시작된 중국의 개혁·개방은 모든 분야에 변화를 초래했다. 범죄도 예외가 아니었다. 예전에는 흔치 않았던 강도·살인·절도·총기 탈취 등 강력범죄들이 전국에서 발생하기 시작했다.

대도시가 특히 심했다. 상하이에서는 불량배들이 백주에 경찰들을 습격하고 부녀자를 폭행하는 사건이 발생했고, 베이징역 자폭 사건은 사상자가 100여 명에 이르렀다. 공원이나 버스정류장, 공터마다 무표정한 얼굴에 하는 일 없이 빈둥대는 사람들이 들끓었다. 예기치 않은 사건이라도 발생하면 당장 합세할 표정들이었다.

수많은 비밀결사와 범죄집단이 멸하면서 성장한 나라의 국민들이다 보니 언제 무슨 일이 벌어질지 몰랐다. 게다가 10년간 문혁을 거치며 폭력의 짜릿함을 맛본 경험들도 있었다. 흉악한 사람들은 법을 무서워하지 않았지만 선량한 서민들은 이들을 두려워했다.

1983년 5월 5일에는 선양(瀋陽)을 출발한 중국민항 296기가 6명의 납치범에 의해 한국 춘천공항에 불시착했다. 탈취범들은 공산당 랴오닝성(遼寧省)위원회 소속의 승용차를 타고 비행장까지 이동한 것으로 밝혀졌다. 네이멍구(內蒙古)에서도 청년 8명이 27명의 부녀자를 폭행하고 살해한 끔찍한 사건이 발생했다.

같은 해 7월 17일, 베이다이허(北戴河)에서 피서 중이던 덩샤오핑에게 공안부장이 국내 치안 상태를 보고했다. 덩샤오핑은 "다수를 소수로부터 보호하는 것이 인도주의"라며 '옌따'(嚴打), 엄하고 가혹하게 주어까라고 지시했다.

사소한 범죄지만 장차 큰 범죄를 저지를 소지가 있거나 선동에 혹해 무리를 지을 가능성이 있다고 판단되면 무조건 '유맹'(流氓)으로 분류했다. 유맹죄는 극형, 즉 사형이었다.

깡패·건달·치한·좀도둑·강도를 비롯해 남녀관계가 복잡한 공산당원이나 공직자 등 적용 범위가 한도 끝도 없었다. 여자화장실을 훔쳐봐도 유맹이었다. 성이 왕(王)씨였던 한 여인은 10여 명의 남자와 가까이 지냈다는 이유로 사형을 선고받았다. "내 스스로 선택한 일종의 생활방식"이라고 항변했지만 소용없었다.

사형 선고받은 주더의 친손자

톈진(天津)시 인민은행장 주궈허(朱國和)도 유맹죄로 사형을 선고받았다. 주궈허는 주더의 친손자였다. 큰 키에 인물도 멀끔해 여자들에게 인기가 많았지만 사생활이 문란했다. 주더는 마오쩌둥과 나란히 초상화가 걸렸던 중국 홍군(紅軍)의 아버지였다.

주더는 10명의 원수(元帥) 가운데 서열이 맨 앞이었다. 덩샤오핑의 허락이 필요했다. 덩샤오핑은 집행을 비준하지 않았다. 대신 "캉커칭(康克淸)이 결정하게 해라. 모든 문건을 갖다 드려라"고 지시했

항일전쟁 시기의 팔로군 총사령관 주더(오른쪽).

다. 캉커칭은 주더의 부인이었다. 19세에 중국혁명에 뛰어들어 장정(長征)을 거친 건국 원로 가운데 한 사람이었다.

"주더의 얼굴에 칼을 들이대는 행위"라며 분노한 캉커칭이 손자를 구하기 위해 직접 텐진에 내려갔다는 소문이 나돌 때였다. "주더의 손자를 극형에 처하기야 하겠느냐"는 생각이 지배적이었다. 친자식이 낳은 손자가 아니어서 방관할지도 모른다고 말하는 사람도 거의 없었다.

캉커칭은 여장부였다. "왕자의 범법에 대한 형벌도 서민과 같아야 한다"며 입장을 분명히 했다. 손주며느리에게 상황을 정확히 인식시키고, 사형이 집행된 다음 날도 평소와 다름없이 회의에 참석했다. 무슨 일이 벌어졌는지 모르는 사람이 보면 아무 일도 없는 사람 같았다.

주더는 생전에 캉커칭에게 이런 말을 자주 했었다.

"아이들 중에 사람 구실 못 하는 놈들이 문제를 일으켰을 경우 덩달아 화를 내서는 절대 안 된다. 신문에 모든 관계를 청산한다고 발표해라. 당에는 당의 기율이 있고 나라에는 국법이 있다."

'옌따'는 다수를 보호하기 위해 3년간 시행된 한시적 정책이었다. 생활습관 때문에 희생된 사람도 적지 않았다. 치안과 질서 확립에는 효과가 있었지만 한때였다. 국민이 국법을 불신하는 계기가 됐다.

옌따는 1996년에도 한 차례 있었다. 2000년부터 이듬해까지 실시된 '신세기 옌따'가 마지막이었다. 옌따 기간 중 서구에서는 인권문제를 거론했지만 중국정부는 끄떡도 안 했다.

최후의 정통파 자객 스구란

"나는 쑨촨팡과 같은 하늘 아래에 살 수가 없었다."

"스충빈이 딸 하나는 잘 뒀다"

1925년 가을, 안후이(安徽)·장쑤(江蘇)·저장(浙江) 일대를 장악한 대(大)군벌 쑨촨팡(孫傳芳)은 동북 군벌 장쭤린(張作霖)에게 불만을 품은 군벌들과 연합하는 데 성공했다. 두 세력은 안후이성 쟁탈을 놓고 일전을 벌였다.

동북 계열인 장쭝창(張宗昌)은 쑨촨팡과 대항할 인물로 스충빈(施從濱)을 선택했다. 성공하면 안후이성 도독(都督)을 보장하겠다며 출전을 독려했다.

안후이는 스충빈의 고향이었다. 서른 살 생일날 돼지머리 하나를 외상으로 장만해 잔치를 하려던 중 빚쟁이가 달려와 솥 안에서 한참 익고 있던 돼지머리를 들고 가는 바람에 망신을 당했던 스충빈은 기대에 부풀었다. 딸 구란(谷蘭)에게 큰소리를 쳤다.

"금의환향이 머지않았다. 돼지 990마리를 잡아 잔치를 하겠다."

스충빈은 백계 러시아인으로 구성된 용병과 장갑차까지 동원했지만 쑨촨팡의 상대가 되지 못했다.

포로가 된 스충빈은 쑨촨팡 앞에 끌려왔다. 쑨촨팡은 사람을 죽일 때마다 웃는 습관이 있었다. 포로를 죽여서는 안 된다는 주위의 권고를 무시했다. 인자한 웃음을 짓더니 큰 칼로 스충빈의 목을 내리쳤다. 그것도 모자랐던지 "신임 안후이성 도독 스충빈"이라고 쓴 깃발과 함께 3일간 역 앞에 효수했다.

소식을 들은 딸 구란은 복수를 결심했다. 우선 싫다는 어머니를 억지로 데리고 장쭝창을 찾아갔다. 살길이 막막하다며 가족의 생활비와 오빠를 단장으로 발탁해달라고 요청했다. 물끄러미 바라보던 장쭝창은 더 필요한 게 있으면 뭐든지 말하라며 대견하다는 듯한 표정을 지었다. 동생들의 일본 유학비용을 요구하자 "스충빈이 딸 하나는 잘 뒀다"며 고개를 끄덕였다.

장쭝창은 약속을 지켰다. 여동생에 비하면 빠져도 한참 빠지는 놈이라며 혀를 찼지만 옌타이(煙臺) 지역 경비사령관에 중용했다. 구란은 이렇게 해놓으면 오빠가 아버지의 원수를 갚아주리라고 굳게 믿었다. 스무 살 때였다.

구란은 "우리 집안은 네 덕에 셈이 폈다. 인간이란 용서도 할 줄 알아야 한다. 복수 이야기는 입에 올리지도 마라"는 오빠의 편지를 받자 남매 관계를 단절했다. 평소에 오빠가 좀 모자란다는 생각은 했지만 이건 그 이상이었다.

두 번째 희망은 남편이었다. 아버지의 원수를 갚아주겠다고 하는 바람에 결혼을 했지만 시간이 갈수록 "지나간 일은 생각할수록 손해다"며 엉뚱한 소리만 해댔다. 7년이 흘러도 감감 무소식이었다. 구란은 두 아들을 데리고 집을 나왔다.

1935년 쑨촨팡을 저격한 뒤 7년 형을 선고받고
텐진감옥에서 수감 생활을 하던 스구란.

말년의 스구란과 두 아들.
앞줄 왼쪽은 며느리.

아버지의 원수를 직접 갚다

구란은 톈진에 거처를 정했다. 하늘이 도왔는지 쑨촨팡도 장제스의 북벌군에 패한 후 하야를 선포하고 톈진에 와 있었다. 구란은 직접 원수를 갚을 계획을 세웠다.

톈진은 작은 도시가 아니었다. 쑨촨팡이 어느 구석에 박혀 있는지 알 수 없었고 얼굴도 몰랐다. 9월 17일 아버지의 10주기, 구란은 절에 찾아가 영전에 향을 들고 통곡했다. 주지가 다가왔다.

"부처님을 섬겨라. 쑨촨팡 같은 명인도 불교 신자가 되었다."

당시 쑨촨팡은 머리가 복잡했다. 화북을 점령한 일본군과 난징(南京)의 국민정부는 쑨촨팡을 같은 편으로 끌어들이기 위해 안달이었다. 두문불출하던 쑨촨팡은 불교에 귀의했다. 교외에 쥐스린(居士林)이라는 선방을 구입해 불당을 신설했다.

쥐스린에 출근하다시피 한 구란은 쑨촨팡의 행적을 유심히 관찰했다. 쑨촨팡은 규칙적인 사람이었다. 매주 수요일과 토요일에는 어김없이 나타났고 앉는 자리도 일정했다.

구란은 헐렁한 옷을 맞췄다. 권총을 안전하게 지닐 수 있는 주머니를 만들고 언론기관에 보낼 사진과 성명서도 작성했다.

1935년 11월 13일, 전 5성 연합군사령관 쑨촨팡은 가사를 입고 염불에 열중하던 중 세 발의 총탄을 맞고 세상을 떠났다. 대도시마다 거리에 호외(號外)가 굴러다녔다.

법정에 선 스구란은 당당했다.

"아버지는 군인이었다. 전사했다면 쑨촨팡을 원수로 여길 이유가 없다. 아버지는 포로였지만 목이 잘리고 시신도 모욕을 당했다. 나는 쑨촨팡과 같은 하늘 아래에 살 수가 없었다."

사회단체, 특히 여성계를 중심으로 전국적인 구명운동이 벌어졌다. 스구란은 7년 형을 선고 받았다. 1년 후 국민정부는 스구란의 사면을 발표했다. 여성단체가 워낙 극성을 떠는 바람에 견뎌낼 도리가 없었다. 쑨촨팡의 부인 27명이 유산을 놓고 난투극을 벌인 것도 재판에 유리하게 작용했다.

중국 역사에는 자객들이 심심치 않게 등장하곤 한다. 고지식하고 어딘가 좀 미련해 보이는 구석이 있으면서 의협심을 갖춘 자들이 대부분이었다. 거의가 입으로 온갖 기개를 뽐내다가 막다른 골목에 몰려 목숨을 초개(草芥)처럼 버릴 수밖에 없었다. 이런 사람들을 용케도 찾아내 사지에 몰아넣고 목적을 달성한 고용인들이야말로 무서운 혜안의 소유자들이었다.

스구란은 종래의 자객들과는 경우가 달랐다. 누구에게도 고용당하지 않고 직접 나서서 목적을 달성한 중국 역사상 최후의 정통파 자객이었다.

중국 최초 할리우드 스타의 비극적 생애

"쑹메이링의 할리우드 방문으로 황류솽은 몰락하기 시작했다."

연기자를 꿈꾼 세탁소 주인의 딸

무성영화 시대 할리우드의 제작자들은 중국인들의 이국적인 생활상을 화면에 담기 좋아했다. 차이나타운에서는 촬영이 없는 날이 거의 없었다. 엑스트라 구하기도 수월했다. 담배 한 갑이면 카메라 앞에서 온갖 능청들을 잘 떨었다.

황류솽(黃柳霜)은 재미 화교 3세였다. 할아버지는 캘리포니아의 금광에서 죽도록 일하다 세상을 떠났고, 아버지는 로스앤젤레스의 작은 세탁소 주인이었다.

인근에 사진관이 있었다. 황류솽은 어릴 때부터 사진관 앞에 서서 넋을 잃었다. 온갖 배우들의 사진이 걸려 있었다. 집에 돌아오면 지쳐 곯아떨어질 때까지 영화나 사진에서 본 동작들을 따라하느라 시간 가는 줄 몰랐다.

아버지는 눈치가 빠른 사람이었다. 후일 황류솽은 초등학교 2학년 시절 부녀가 나눈 대화를 회고록에 남겼다.

"영화를 찍으면 영혼을 상실한다. 영혼을 상실한 후라야 배우가 될 수 있다."

딸이 물었다.

"영혼이 뭔데요?"

아버지는 잠시 망설이다가 입을 열었다.

"영혼은 정신이다. 영혼을 상실하면 속이 텅 빈 껍데기일 뿐, 생각도 없고 희로애락도 없다. 명배우가 되려면 그래야 한다. 자신 있니?"

중년의 세탁소 주인은 딸에게서 어처구니없는 대답을 들었다.

"귀신이 되려고 기를 쓰면 되겠군요. 못 할 것도 없지요."

1919년 14세 되던 해 여름, 단역으로 영화에 처음 출연했다. 비키니를 입은 노예 역이었다. 반응이 묘했다. 출연 요청이 잇따랐지만 제대로 된 역은 없었다. 창녀 아니면 시궁창 같은 남자에게 홀딱 빠져 이것저것 다 뜯기고 결국은 물에 빠져 죽는 역들만 맡았다. 지금 보면 별것도 아니지만 야한 의상에 넓적다리 노출은 기본이었다. 감독을 찾아가 항의했다.

"내 역을 백인에게 맡겨봐라. 나만 못하면 연락해라."

황인종이라면 사람 취급을 못 받을 때였다. 영화에 등장하는 중국 남자도 좀도둑이나 거지 아니면 사기꾼이었다.

황류쌍은 무대극에도 심심치 않게 출연했다. 주어진 역이 영화와 큰 차이가 없었다. 막이 올라가기 전, 요염한 모습으로 관중들에게 한마디하는 것을 잊지 않았다.

"내가 어떤 복장을 하고, 세상에 없는 악역을 하더라도 중국인의 모든 면을 대표하는 것은 아니다. 오해 없기 바란다."

1935년 린위탕(林語堂)의 영문 산문집 『My Country and My People』 (吾國吾民)이 출간됐다. 황류쌍은 조국땅을 밟기로 결심했다.

이듬해 봄, 할리우드 스타 황류솽을 태운 여객선이 상하이에 도착했다. 전국에서 몰려든 기자와 영화계 종사자, 구경꾼들로 주변이 난리통이었다. 국제무대에서 '웰링턴 쿠'(Wellington Koo)라면 모르는 사람이 없던 외교관 구웨이쥔(顧維鈞)과 작가 린위탕의 모습도 보였다.

황류솽이 모습을 드러내자 수백 대의 카메라가 펑펑 소리와 함께 번쩍번쩍 불을 뿜었다. 막 30대에 들어선 중국 최초의 할리우드 스타는 온갖 포즈를 취하며 매력을 뽐냈다.

여기저기서 환호가 터지고 꽹과리 소리가 요란했다. 머리카락이라도 봐야 직성이 풀리겠다며 난리들을 치는 바람에 팔다리 부러지고, 머리통 깨진 사람들이 부지기수였다. 깔려 죽은 사람은 없었다. "설중매(雪中梅)를 볼 수만 있다면 죽어도 좋다"며 눈 오는 날 산속을 헤매다 얼어 죽거나 맹수에게 물려간 시인묵객(詩人墨客)을 수없이 배출한 민족의 후예들다웠다.

이튿날 아침, 퍼스트레이디 쑹메이링은 보던 신문을 집어던졌다. "구웨이쥔, 린위탕 할 것 없이 모두 주책바가지들"이라며 혀를 찼다. 악연의 시작이었다.

맡은 역은 언제나 비천한 여인

1961년 2월, 황류솽이 심장병으로 세상을 떠났다. 56세, 평소 알코올 중독이 심했다. "어머니 옆에 묻어라. 내 이름이 싫다. 묘비에 단 한 글자도 새기지 마라"는 유언을 남겼다. 동생들은 그대로 따랐다.

황류솽은 어릴 때부터 인종차별에 시달렸다. 학교만 가면 뒤에 앉

1936년 겨울. 중국어와 중국문화를 배우기 위해
난징을 방문한 황류샹(왼쪽 셋째).
재미 화교 3세로 일찍이 연기에 자질을 보인
황류샹은 할리우드에 진출했으나
유색인종에 대한 편견으로 비천한 역만 맡았다.

은 백인 남자아이들이 머리끄덩이를 잡아당기며 놀려댔다.

"중국인들은 목욕도 안 한다던데, 넌 목욕한 적 있니? 남의 빨래만 하지 말고 네 세탁도 가끔 해라."

여자아이들도 못되게 굴었다. "빨래를 많이 해야만 손이 예뻐진다는 말이 사실이냐"며 샘을 냈다. 황류쌍의 손만 보면 갑자기 얼굴이 빨개지며 화내는 아이들도 있었다. 황류쌍은 손이 유난히 예뻤다. 후일 "할리우드 최고의 손"이라는 찬사를 들을 정도였다.

할리우드에 진출한 후에도 마찬가지였다. 당시 미국은 유색인종에 대한 편견이 심했다. 그들의 눈에 비친 중국인은 무지하고, 게으르고, 겁 많고, 더러운 냄새나 풍기고 다니는 열등한 민족이었다. 신통한 배역이 주어질 리가 없었다. 약관 22세 때 아카데미상의 제정자 가운데 한 사람인 더글러스 페어뱅크스와 함께 잡지의 표지를 장식하고, 마를렌 디트리히, 크라크 게이블 같은 세기의 명배우들과 어깨를 나란히 했지만 항상 남자들에게 얻어맞거나 죽는 역이었다. 오죽했으면 한 신문에 "묘비명은 천 번을 죽은 여인이 마땅하다"는 기사가 대문짝만하게 실릴 정도였다.

1930년대 말, 펄 벅의 『대지』가 영화화됐다. 중국 농민의 순박함과 끈질긴 생명력을 묘사한 노벨문학상 수상작이었다. 황류쌍은 평소 펄 벅과 자선단체 활동을 함께하며 교분이 깊었다. 미국인들의 중국인에 대한 편견을 바꾸고 자신의 이미지를 변신시킬 수 있는 절호의 기회였다. "중국인 역은 중국인이 해야 한다"며 여주인공 역할을 따내기 위해 무진 애를 썼지만 허사였다.

"남자 주인공 역이 서양인이기 때문에 곤란하다. 그간 맡았던 배역과 너무 동떨어진다. 관객들이 헷갈린다. 주인공의 첩 역이라면 생각해보겠다"는 등 맥 빠지는 답변만 돌아왔다. 할리우드에는 중국인 남자배우가 단 한 명도 없었다. 쑹메이링이 훼방을 놨다는 소문도 한동안 나돌았다. 「대지」의 여주인공 역을 따낸 루이즈 레이너는 이듬해 아카데미 여우주연상을 수상했다. 황류솽은 속이 터질 노릇이었다.

중·일전쟁(1937~45)이 발발했다. 황류솽은 미국 전역을 다니며 중국인들의 항일전쟁을 지지해달라고 호소했다. 모금운동을 벌이며 자신이 소장했던 패물들을 남김없이 전시 후원금으로 내놨지만 정작 중국에서는 외면당했다. 미국 유학을 마친 상류층 부인들이 특히 심했다.

"황 뭔지 하는 애 때문에 미국 친구들 만나면 창피해 죽겠다. 중국 여자들은 아무데서나 홀딱 벗고 궁상만 떠는 줄 알까 봐 미국 가기가 겁난다. 전부 저 여자 때문이다."

이구동성으로 남편들을 들볶아 황류솽이 출연하는 영화의 중국 상영을 금지시켜버렸다.

1942년 가을, 장제스는 루스벨트에게 아내 쑹메이링의 미국 방문 수락을 요청했다. 이틀 후 루스벨트는 전용기를 보냈다.

쑹메이링은 뉴욕·워싱턴·시카고·샌프란시스코 등 가는 곳마다 국가원수 대접을 받았다. 미 하원과 상원에서 한 연설은 미국인들을 열광시켰다. 하루에 수천 통의 편지를 받았다.

"역시 미국의 명문대학 출신답다. 뭐가 달라도 다르다."

『타임』지의 표지를 장식하고 미국의 신문과 잡지에 실린 관련기사가 3,000여 편이 넘었다.

미국을 대표하는 영화·예술가 인사들의 초청 만찬에 참석한 쑹메이링.
1943년 4월 13일 할리우드.

쑹메이링의 마지막 방문지는 할리우드였다.

쑹메이링의 할리우드 방문과 황류솽의 몰락

1943년 4월, 로스앤젤레스에 도착한 쑹메이링은 미국 영화계 인사들을 초청했다. 『타임』과 『라이프』지의 설립자 헨리 루스의 부탁을 받은 「바람과 함께 사라지다」의 제작자 데이비드 셀즈닉이 행사를 주관했다.

산둥성(山東省)에서 선교사의 아들로 태어나 어린 시절을 중국에서 보낸 헨리 루스는 부모들 때부터 쑹메이링의 집안과 보통 가까운 사이가 아니었다.

할리우드의 유명 감독과 제작자, 배우들이 앰배서더 호텔로 하나 둘 모여들었다. 쑹메이링이 정좌하자 데이비드 셀즈닉의 부인이 의자 옆에 바짝 붙어 섰다. 더글러스 페어뱅크스의 부인이며 무성영화 시대의 명배우였던 메리 픽포드를 필두로 로버트 테일러, 험프리 보거트, 밥 호프, 게리 쿠퍼, 타이론 파워, 헨리 폰다 등 남자 배우와 캐서린 헵번, 잉그리드 버그먼, 셜리 템플 등 여배우들을 한 명씩 소개했다. 황류솽의 모습은 보이지 않았다.

루스벨트의 전용기와 전용열차로 미국 전역을 누비던 쑹메이링은 당대 최고의 배우들을 상대로 명연기를 펼쳤다. 겸손과 도도함이 뒤엉킨 묘한 자태로 이들을 압도했다.

중국 퍼스트레이디의 고급영어와 교양에 취한 참석자들은 황류솽의 불참을 전혀 눈치채지 못했다. 쑹메이링이 부르지 말라고 한 것을 알 턱이 없었다.

쑹메이링이 황류쌍을 초청자 명단에서 뺀 이유는 간단했다.

"미모를 무슨 통행증 정도로 생각하는 연예인들이 해외에서 중국을 대표하는 것처럼 여겨지는 것은 위험하다. 황류쌍은 세탁소와 싸구려 음식점 안주인, 폭력배와 건달들의 노리갯감인 구시대의 중국인을 대표한다. 중국에는 좋은 교육을 받은 인재들이 많다. 그들의 형상이 신중국을 대표해야 한다."

이틀 후 할리우드의 노천광장에서 쑹메이링의 강연회가 열렸다. 3만 관중이 운집했다.

쑹메이링의 할리우드 방문을 계기로 황류쌍은 몰락하기 시작했다.

"한동안 모든 사람들이 나만 떠받드는 줄 알았다. 고독이 엄습했다. 사방을 둘러봤다. 모두 이방인들뿐이었다."

그간 출연했던 50여 편의 영화와 167편의 무대극은 신기루와 다를 게 없었다. 영화 「대지」의 여주인공에서 탈락했을 때보다 더 큰 상처를 입은 황류쌍은 할리우드를 떠났다.

영화 속 배역처럼 팔자 사나워

황류쌍은 중국 양생(養生)미용의 전도사를 자처하며 미용학원을 차렸다. 손님들에게 금붕어를 기르라고 권했다.

"중국인들이 세숫대야에 금붕어를 풀어놓고 들여다보는 것을 외국인들은 할 일 없는 사람들이라고 비웃는다. 안구운동이 된다는 것을 모르기 때문이다. 중국에는 안경 쓴 아이들이 드물다."

황류쌍은 평생 결혼이라는 것도 해보지 못했다. 당시 미국에는 두 부류의 중국인들이 있었다. 차이나타운을 떠나지 않는 사람들은 중국인 특유의 미덕을 그대로 간직하고 있었지만 보수적이고 문화 수준이 낮았다. 황류쌍 같은 여인과 결혼하는 것을 대단한 모험으로 간주했다. 전문업종에 종사하며 미국 주류사회에 뿌리를 내린 중국인들도 마찬가지였다. 만나는 사람들마다 장난만 치려고 들었다.

황류쌍은 백인들 중에서 신랑감을 찾았다. 아버지 나이 뻘인 영화 제작자와 눈이 맞았다. 알고 보니 유명한 플레이보이였다. 여자친구가 50명도 넘었다. 그래도 황류쌍은 포기하지 않았다.

캘리포니아 법률에 "백인은 중국 여자와 결혼할 수 없다"는 별 거지 같은 조항이 있을 때였다. 멕시코에 가서 결혼식을 올리자고 조르자 남자가 증발해버렸다. 무슨 놈의 팔자가 영화 속 배역과 비슷했다.

황류쌍 사망(1961) 40년이 지나서야 중국 출신 배우들이 할리우드에 진출하기 시작했다.

루쉰 이후에 장아이링이다

"나는 다락방의 작은 창문을 바라보며
수많은 상상을 창틀 속에 채워넣곤 했다."

"76호 주임 딩모춘을 암살하라"

중·일전쟁(1937~45) 기간 중 일본은 상하이 샤페이로(霞飛路) 76번지에 특무기관을 설립했다. 중앙특무위원회 특공총부라는 공식 명칭이 있었지만 흔히들 '76호'라고 불렀다. 딩모춘(丁默邨)이 주임이었고 부주임 리스췬(李士群)과 우스바오(吳世寶)는 실권자였다.

1901년, 재봉과 표구를 겸하던 집에서 태어난 딩모춘은 공산주의청년단의 전신인 사회주의청년단의 단원이었지만 1924년 국·공합작 직후 국민당에 입당하면서 특무세계에 발을 들여놓았다. 공개된 신분은 '민당중학' 교장이었지만 실제로는 조사과의 행동대원을 지휘해 암살과 테러를 전담했다.

1934년 군사위원회 조사통계국이 신설될 때 그는 3처장이었다. 그러나 1938년 기구가 개편되면서 1처는 중앙위원회 조사통계국(중통)으로 확대되고, 2처는 군사위원회 조사통계국(군통)으로 승격했다. 3처의 기능은 두 곳에 편입되었다.

딩모춘은 미래를 기약할 수 없게 되었다. 폐병 3기였고 심장과 위장이 성치 않았던 그는 홍콩으로 나와 병을 치료하며 사업에 손을

위 | 일본군 특무부대 주임이었던
딩모춘이 1947년 난징 전범재판소에서
사형선고를 받는다.

아래 | 중통 상하이 지부는 딩모춘
암살을 위해 허영기 많은 정핀루를 동원했다.
조카를 안고 있는 정핀루(鄭蘋如).

댔지만 본전을 날려버렸다. 자신도 모르는 사이에 일본의 특무기관이 유혹하기에 좋은 대상이 되어 있었다.

상하이로 돌아와 76호의 주임이 된 딩모춘은 일본군 특무부대로부터 매달 30만 원의 운영비와 권총 500정, 실탄 5만 발, 폭약 50킬로그램을 지원받아 중통과 군통에 대한 본격적인 파괴공작에 나섰다. 중통 중앙총부는 수단과 방법을 가리지 말고 "딩모춘을 암살하라"는 지령을 내렸다.

중통 상하이 지부는 미인계를 썼다. 딩모춘이 교장 시절 아끼던 제자 정핀루를 써먹기로 했다. 『양우화보』(良友畵報)의 표지모델로 사교계에 널리 알려진 그를 끌어들이기 위해 상하이법정대학 동기생이 작전을 지휘했다.

정핀루는 많은 사진을 남겼다. 같은 머리 모양이 하나도 없을 정도로 치장에 신경을 많이 썼고 화려한 것을 좋아했다. 열정과 충동이라는 단어가 잘 어울리는 26세의 철모르는 귀한 집 딸이었다.

아버지는 장쑤성 고등법원 검사관이었고, 어머니는 일본인이었다. 항공기 조종사인 남편이나 다름없는 약혼자가 있었지만 중통은 그것도 고려할 대상으로 삼지 않았다. 그만큼 흉악한 시대였다.

딩모춘은 욕실에서 밤을 새우고 욕조 위에 간이침대를 올려놓고 잘 정도로 의심이 많았다. 정핀루를 바래다 줄 적에도 방탄차에서 내리지 않았고 약속 장소로 가는 도중 행선지를 바꿔버리는 습관이 있었다.

1939년 12월 21일, 딩모춘은 정핀루에게 일본 특무부대장과의 만찬에 동행하자고 했다. 정은 화장을 핑계 삼아 시간을 벌었고 그 틈에 중통과 연락을 주고받았다. 만찬 장소로 가던 도중에는 "입고 있는 코트가 유행이 지났다. 시베리아 모피점에 들러 한 벌 사야겠다"고 했다. 미리 약속된 장소가 아니었기 때문에 딩모춘은 안심했다. 함께 옷을 고르던 딩모춘이 창밖을 스쳐본 후 황급히 200달러를 꺼내 정에게 건네주며 "네가 알아서 골라라" 하고는 밖으로 뛰어나가 방탄차에 올랐다. 죽여야 할 사람의 얼굴도 모른 채 긴 모피코트를 입은 젊은 여자와 함께 나오는 중년의 남자를 기다리던 암살자는 딩모춘이 혼자 튀어나오는 바람에 저격 순간을 포착하는 데 실패했다. 차량을 향해 실탄 두 발을 발사하는 데 그쳤다.

후란청과 장아이링 그리고 영화 「색, 계」

1930, 40년대의 상하이는 암살과 살인이 난무했다. 단 하루도 조용한 날이 없는 도시였다. 이날의 총격 사건도 번화가에서 벌어진 일이었기 때문에 신문에 작게 보도되기는 했지만 흔히 벌어질 수 있는 일이었고 딩모춘도 조용히 수습하려고 했다. 그러나 동료 우스바오를 독살한 바 있는 부주임 리스췬은 이 사건을 이용해 딩모춘마저 제거하면 76호의 전권을 장악할 수 있었다. 딩모춘의 주변을 항상 감시하던 리스췬은 정핀루를 체포해 사살해버렸다. 딩모춘은 76호를 떠났다.

난징정부의 문화부 차장이었던 후란청(胡蘭成)은 이 사건을 아주 재미있어 했다. 동거하던 소설가 장아이링(張愛玲)에게 자신의 상상까지 덧붙여 자주 이야기했다. 후란청이 70년대에 절세의 미인이었던 우스바오의 부인과 일본에서 결혼하자 그 소식을 들은 장아이링은 후란청과 우스바오의 부인이 예전부터 연인 사이였을지 모른다는 생각을 하게 되었고, 40년 전 들었던 '시베리아 모피점 총격사건'을 소재로 「색, 계」라는 단편소설을 써서 타이완의 『인간』(人間)이라는 잡지에 발표했다. 감정(色)과 이성(戒)이 주제였다.

2006년 상하이영화제에 참석한 리안(李安) 감독은 장아이링의 소설 가운데 「색, 계」를 가장 좋아한다고 했다.

뛰어난 문재, 조부 장페이룬의 피를 이어받은 장아이링

한때 동거했던 후란청의 말이지만 "루쉰 이후엔 장아이링"이라는 소리를 듣는 작가 장아이링은 명문 출신이었다.

조부 장페이룬(張佩綸)은 여섯 살에 군벌의 창시자 증국번(曾國藩)의 사숙에 들어갔다. 대담한 성격에 문장과 서법에 뛰어나 총애를 받았다. 사방 만리를 통틀어 한 명 나올 수 있는 인재라는 소리를 들었고 23세에 대과에 급제했다. 그의 상소문은 비견할 자가 없었다. 특히 군사문제를 논한 상소는 보는 사람을 황홀하게 했다. 전황 분석과 적절한 작전 제시 등 막힘이 없었다. 평생을 전쟁터에서 보낸 장군들도 그 앞에서는 고개를 들지 못했다. 병(兵)을 아는 기재(奇才)로 인정받았다.

프랑스와 전쟁이 벌어졌다. 그를 얄미워하던 사람들이 합심해 전선에 파견할 것을 주장하는 바람에 실전을 지휘하게 됐다. 입으로만 병(兵)을 논하던 그에겐 날벼락이었다. 첫 번째 전투에서 혼비백산했다. 한밤중에 장대 같은 빗속을 뚫고 도망쳤다. 결국 관직에서 쫓겨났고 웃음거리가 됐다. 어린 시절 장아이링은 전쟁과 관련된 조부

1994년 7월 김일성 북한 주석의
사망을 다룬 신문을 들고
찍은 이 사진이 장아이링이 남긴
마지막 모습이다.
아래 사진은 젊은 시절의
장아이링.

의 일을 아버지에게 자주 물었고 그때마다 야단을 맞았다.

리훙장(李鴻章)은 장페이룬에게 딸을 출가시켰다. 리훙장의 부인은 장의 나이가 딸보다 스무 살이나 많고 죄인이나 다름없는 주제에 먹는 것만 밝힌다며 기를 쓰고 반대했다. 장페이룬은 소문난 미식가였다. 딸도 싫어했지만 리훙장이 높이 평가한 것은 그의 문장이었다. 음식에 조예가 깊은 것도 교양인이라는 증거였다.

장페이룬의 문재(文才)를 손녀 장아이링이 이어받았다.

장아이링의 적막한 만년

장아이링의 생모는 아편 중독자인 남편과 어린 두 딸을 두고 유럽 유학을 떠났다. 귀국 후엔 운전사와 가출해버렸다. 아버지는 북양정부 총리의 딸과 재혼했다. 계모는 결혼 전 입었던 옷을 장아이링과 동생에게 입혔고 새 옷을 사주지 않았다. 아버지는 딸이 어머니를 닮아 성격이 못됐다며 다락방에 가두기 일쑤였다. 그럴 때마다 장아이링은 다락방의 작은 창문을 바라보며 수많은 상상을 창틀 속에 채워 넣곤 했다.

중하생 시절 장아이링은 천재 소리를 들었다. 런던대에 합격했지만 전쟁으로 유학을 포기하고 홍콩대에 입학했다. 일본군이 홍콩을 점령하자 상하이로 돌아와 글을 쓰기 시작했다. 아무리 써도 끝이 없었다. 23세 때 후란청을 알게 됐고 동거했다. 후는 일본을 위해 일하는 '문화 매국노'(文化漢奸)였다. 일본이 패망하자 그는 망명했다.

몸 둘 곳이 없어진 장아이링은 미국으로 건너가 죽는 날까지 그곳에서 살았다. 후란청은 타이완에 돌아와 대학 강단에 섰지만 과거의 전력 때문에 오래 있지 못했다.

그는 귀재였다. 타이완에 머문 기간은 짧았지만 문단에 큰 영향을 미쳤다. 영화로 더 유명한 「비정성시」(悲情城市)는 그를 신처럼 모시던 제자의 작품이다.

장아이링의 만년은 외부와 완전히 단절된 적막 그 자체였다. 피부병이 심해 옷도 종이로 만들어 입었다. 전화도 받지 않았고 사진도 찍지 않았다. 그랬던 그가 북한 김일성 주석의 사망을 보도한 신문을 들고 생애의 마지막 사진을 찍었다. 이유는 알 길이 없다. 그는 한국과 별 인연이 없었다. 무용가 최승희가 유일한 한국인 친구였다.

장아이링은 1995년 9월 세상을 떠났다. 경찰이 문을 따고 들어가 시신을 발견했다. 사망일자도 불분명하다.

그의 죽음은 반세기 동안 잊혔던 그를 다시 알리는 계기가 됐다. 후란청의 말에 이의를 제기하는 사람도 아직은 없다.

마오쩌둥은 노련했다. 펑더화이彭德懷의 편지를 읽은 후 아무런 내색도 하지 않았다. 이틀이 지난 7월 16일, 편지 옆에 '펑더화이 동지 의견서'라는 제목을 달아 인쇄한 후 회의 참석자들에게 배포했다. 동시에 회의를 일주일간 연기한다고 발표했다. 이어서 베이징에 있는 황커청黃克誠과 보이보薄一波 등에게 급전을 보냈다. "받는 즉시 루산廬山으로 와라. 펑더화이 동지의 의견서에 관한 토론에 참석해라." 진리는 하녀의 속성이 있다. 권위에 의존해야 빛을 발한다. 권위가 약한 진리는 권위에 대한 도전으로 둔갑한다. 대다수가 진리를 숭상하는 것 같아도 실상은 권위를 숭배하기 때문이다. 펑더화이는 이 점을 간과했다.

펑더화이와 마오쩌둥의 애증 2

펑더화이, 마오쩌둥을 비판하다

"주석의 심리를 살피느라 진실을 말하지 않는 사람들이 많다."

홍위병에게 끌려간 펑더화이

1966년 7월 16일, 후베이성(湖北省) 우한, 창강(長江)을 헤엄으로 횡단한 마오쩌둥이 한 마디 했다.

"거센 풍랑을 두려워해선 안 된다. 인류사회는 거대한 풍랑 속에서 발전했다."

뭔가 심상치 않을 징조였다.

일주일 후 『인민일보』(人民日報)와 『해방군보』(解放軍報)에 똑같은 사설(社說)이 실렸다.

"마오 주석과 함께 거센 풍랑 속으로 전진하자."

문혁의 먹구름이 전 중국을 휘감았다. 적과 동지를 완전히 규정한 과격한 언사(言辭), 신념의 탈을 쓴 눈치보기와 폭력이 난무했다. 별 것도 아닌 몇 십 년 전의 공과(功過)가 도마 위에 올랐다.

사람들은 분열되고 당도 분열됐다. 홍위병(紅衛兵)도 마찬가지였다. 혈통 좋은 집안과 나쁜 집안 출신들로 패가 갈렸다. 충돌할 때마다 총질과 칼부림으로 유혈이 낭자했다. 출신성분이 나쁜 집안의 자녀들은 부모 고발에 앞장섰다. 이런 아수라장이 없었다.

죽음처럼 자연스러운 것도 없지만, 억울하고 비정상적인 죽음들이 속출했다. 1959년 여름, 피서지 루산(廬山)에서 마오쩌둥의 야심작인 '대약진운동'을 비판하고 쓰촨(四川)으로 쫓겨난 전 국무원 부총리 겸 국방부장, 중앙군사위원회 부주석 펑더화이(彭德懷)도 예외일 수 없었다.

마오쩌둥의 일흔세 번째 생일날인 1966년 12월 26일, 쓰촨성 청두(成都)의 유서 깊은 골목을 특수 임무를 수행하기 위해 베이징에서 온 홍위병들이 봉쇄했다. 잠시 후 세탁이라곤 해본 적이 없는 두툼한 겨울옷을 걸친 노인 한 명이 끌려 나왔다. 28일 새벽, 베이징역에 도착한 홍위병들은 노인을 위수사령부에서 나온 군인들에게 인계했다.

경비가 삼엄한 군부대 막사 안으로 인도된 노인은 코트를 내동댕이쳤다. "뭔지 모르지만 눈부터 붙이자. 며칠간 한잠도 못 잤다"며 마룻바닥에 몸을 던졌다. 담요를 머리끝까지 뒤집어쓰더니 이내 코를 골았다. 당당한 행동이 초라한 몰골과 전혀 어울리지 않았.

지휘관으로 보이는 사람이 투덜거리며 코트를 집어 들자 『마오쩌둥 어록』(毛澤東語錄)이 둔탁한 소리를 내며 바닥에 떨어졌다. 어록을 집어 든 말단 지휘관은 표지를 넘기는 순간 움찔했다. "彭德懷", 붓으로 갈겨쓴 책 주인의 이름이 선명했다. 다리가 후들후들 떨리고 식은땀이 났다.

"마지막 경례를 올립니다"

펑더화이는 열여덟 살 때 군문에 들어와 장정과 항일전쟁, 국·공

1951년 겨울, 한국전쟁 참전군 사령관 시절
전선을 시찰하는 펑더화이(가운데 뒷짐 진 사람).

내전을 거치며 33년간 전쟁터를 누빈 '전신'(戰神)이나 다름없었다. 신중국 수립 후 한반도에서 세계 최강의 미군과 자웅을 겨뤘고, 7년 전까지만 해도 육·해·공 3군을 질타했던 10원수 가운데 한 사람이었다.

해질 무렵, 중앙경위대 소속 군인과 쓰촨성에서 베이징까지 함께 온 홍위병들이 펑더화이 앞에 도열했다.

"마지막 경례를 올립니다. 만수무강하십시오."

나지막하게 훌쩍거리는 병사를 발견한 펑더화이는 왕년의 모습으로 돌아왔다.

"내 걱정 말고 감기약이나 챙겨먹어라."

1967년 새해가 밝았다. 펑더화이는 마오쩌둥에게 편지를 한 통 보냈다.

"주석께서는 제게 서부지역 건설(三線建設)을 명하셨습니다. 쓰촨에 가 있는 동안 부주임 한 명을 해직시킨 것 외에는 한 일이 없습니다. 기대에 보답하지 못했습니다."

강물에 돌 던지기였다. 몇 달이 지나도 답신이 없었다.

살기(殺氣) 등등한 문장들이 지면을 장식하기 시작했다. 펑더화이를 빗대서 비판한 글들이 대부분이었다. 베이징 지질학원 홍위병 두목 왕다빈(王大賓)이 펑더화이를 닥달했다. 『인민일보』에 실린 글들을 내밀며 독후감을 쓰라고 윽박질렀다.

펑더화이의 대답은 명쾌했다.

"흑백을 전도시키고도 남을 글이다. 아무리 봐도 무슨 말인지 모르겠다. 글을 쓰고 안 쓰고는 내 자유다. 헌법에도 명기돼 있다. 나는 평생을 총과 함께했다. 붓은 무기가 될 수 있지만 총은 붓 역할을 못한다. 너 같은 수재들의 논쟁에 끼어들 자격이 없다."

말이 떨어지기가 무섭게 "염라대왕이 너를 기다린다"며 몽둥이찜질이 시작됐다. 코를 비틀고 볼따구니를 물어뜯는 여자 홍위병도 있었다.

습기 찬 감옥에 갇힌 펑더화이는 질병에 시달렸다. 온몸이 퉁퉁 부어올랐지만 약은 고사하고 물 한 잔 얻어 마시기도 힘들었다. 갈아입을 옷도 주지 않았다.

펑더화이의 비극이 시작된 1959년 '루산회의'

중국은 큰 나라다. 명산(名山)이 도처에 널려 있다. 인재를 많이 배출한 집안이나 교육기관이 명문 소리를 듣는 것처럼, 산도 내로라하는 인물들의 체취와 사연이 배어 있어야 명산 대접을 받는다.

사연 많기로는 장시성(江西省) 주강(九江)의 루산을 능가할 곳이 없다. 요·순(堯·舜)과 함께 고대 중국의 통치자로 일컬어지는 우(禹)는 루산의 한양봉(漢陽峰)에 올라 천하의 물줄기를 살폈고, 남순(南巡)에 나선 한무제(漢武帝)는 쯔샤오봉(紫霄峰)에서 하늘에 제사를 지냈다. 삼국시대 동오(東吳)의 명의(名醫) 동봉(董奉)은 환자들에게 치료비 대신 살구나무를 심게 해서 10여 만 주의 살구나무 숲을 후세에 남겼다.

위진 남북조 시절, 정국이 혼란해지자 문화인들이 루산을 찾기 시작했다. 동진(東晉)의 왕희지(王羲之)는 진룬봉(金輪峰) 자락에서 붓과 씨름했고, 도연명(陶淵明)은 우라오봉(五老峰) 언저리에 초막을

1967년 7월 19일, 베이징 항공학원에서 열린 비판대회에 끌려 나오는 펑더화이(가운데).

짓고 은거했다.

불교와 도교도 루산에 깊은 흔적을 남겼다. 중국 불교사상 최고의 미남인 혜원(慧遠) 법사가 창건한 둥린사(東林寺)는 한때 남방불교의 중심지였고, 도교 교주 육정수(陸靜修)가 삼동경서(三洞經書)를 정리한 곳도 루산의 태허관(太虛觀)이었다.

수·당(隋·唐)시절 루산은 시인묵객들의 은거지로 변모했다. 장구령(張九齡), 맹호연(孟浩然), 안진경(顔眞卿), 이백(李白), 백거이(白居易) 등 당대의 초일류 예술가들이 한번 들어가면 나올 줄을 몰랐다. 특히 이백과 백거이는 머문 기간이 가장 길었다. "산 전체에 문기(文氣)가 서렸다"며 '루산국학'(廬山國學)이라는 말이 떠돌 정도였다.

전통은 송(宋)대에도 이어졌다. 왕안석(王安石), 주돈이(周敦頤), 소동파(蘇東坡), 황정견(黃庭堅), 주희(朱熹), 악비(岳飛) 등 유학의 중진과 풍류객들이 줄을 이었다. 남송(南宋)의 대유(大儒) 주희가 세운 바이루둥서원(白鹿洞書院)의 영향력은 아직도 여전하다.

징기스칸의 후예들이 지배하던 원(元)나라 말기 루산은 전쟁터로 변했다. 루산에서 대패한 주원장(朱元璋)이 진우량(陳友諒)에게 마지막 승리를 거둔 곳도 루산이었다. 명나라를 건국한 주원상은 루산에 은거하는 부류들을 파악하라고 지시했다. 문인들은 피비린내와 거리가 멀었다. 간섭하기는 좋아해도 받는 건 싫어했다. 루산과 거리를 두기 시작했다.

20세기 초, 중국문화에 정통한 영국인 선교사 한 명이 루산을 3개월간 여행했다. 산세가 가파르지 않고 온갖 초목이 무성한 구뉴령(牯

牛嶺) 일대에 눈독을 들였다. 다른 곳에 비해 한여름에도 기후가 건조하고 상쾌했다. 관원들을 매수해 조차권(租借權)을 따냈다.

 몇 년이 지나자 각양각색의 서구식 별장들이 우후죽순처럼 출현했다. 학교·교회·병원·영화관·도서관 등 공공시설도 들어섰다. 심산유곡에 도시생활과 자연이 결합된, 공업화 시대의 무릉도원이 펼쳐지기까지 오랜 시간이 걸리지 않았다.

 1920~30년대는 루산의 전성기였다. 별장 1,000여 동이 위용을 뽐내고 크고 작은 상점만 해도 200여 개에 이르렀다. 영국·미국·프랑스·독일·러시아 등 18개국의 외국인이 거주하던 루산은 이국(異國)이나 다름없었다.

 1927년 장제스가 지휘하는 국민혁명군이 북벌에 성공했다. 조계를 회수한 국민정부는 여름만 되면 중요한 회의를 루산에서 열었다. 여름수도〔夏都〕나 다름없었다. 1937년 여름, 항일전쟁 선포도 루산에서 했다.

 1959년 여름, 대약진운동을 놓고 불평이 많자 마오쩌둥은 루산에서 중앙정치국 확대회의를 소집했다. 소련에서 환대를 받고 귀국한 펑더화이도 총참모장 황커청(黃克誠)과 심복 시중쉰(習仲勳)을 대동하고 루산행을 서둘렀다. 비극의 시작이었다.

노닐며 쉬자던 '신선회', 대약진운동 평가 놓고 긴장감 고조

 1958년부터 시작된 대약진운동은 시행착오가 많았다. 열정 하나만은 나무랄 게 없었지만, 지나친 좌경화와 맹목적인 게 문제였다.

 5월 하순, 중공 중앙은 전국을 뒤덮은 각급 간부들의 좌경 일변도를 시정하기 위해 정치국 확대회의를 열었다. 펑더화이가 포문을 열었다.

"대약진운동에 대한 전면적인 검토가 필요하다. 내가 보기엔 잘못된 운동이다. 성공사례라며 숫자만 나열하지 마라. 인민들을 나태하게 만든다."

마오쩌둥은 "하늘이 무너질까 봐 걱정하는, 평화시대의 군인답다"며 펑더화이를 조롱했다. 회의 마지막 날, 두 사람은 씁쓸한 표정을 지으며 헤어졌다. 평소와 다르게 싱거운 소리 한 마디 나누지 않았다.

펑더화이는 뭐든지 눈으로 확인해야 직성이 풀리는 사람이었다. 이듬해 봄, 고향 후난성(湖南省)의 대약진운동 실태 조사에 나섰다. 농촌마다 상황이 심각했다. 대장정 시절 부상을 입었다는 홍군 출신 노인이 건네준 편지를 보고는 눈에 핏발이 섰다.

"곡식은 거덜나고, 고구마 잎도 말라 비틀어졌다. 청년들은 철공소에 일하러 가고, 아이들과 늙은이들이 논밭에서 헉헉거린다. 해가 바뀌면 또 무슨 일이 벌어질지 살길이 막연하다. 인민을 위해 목소리를 높여주기 바란다."

문혁 시절, 감옥으로 면회 온 조카에게 당시를 회상하며 "사회주의가 뭔지도 모르고, 경험도 없는 주제에 꼴값만 떨었다는 생각이 들었다"는 말을 남길 정도였다.

1959년 6월 중순, 마오쩌둥은 7월 2일부터 루산에서 열릴 중앙정치국 확대회의를 앞두고 간부들에게 호소했다.

"경험을 교훈 삼아 난제들을 해결하자. 사실만 이야기해라. 무슨 일이건 결과가 중요하다. 실속 없이 허풍 떨지 마라. 허위를 사실처럼 꾸미지 마라. 현장 조사를 철저히 해라. 조사를 소홀히 한 사람은 발언권이 없다. 왼쪽으로 치우치지 마라."

마오쩌둥은 회의 명칭도 '신선회'(神仙會)라고 직접 지었다.

"산 위에서 신선들처럼 노닐며 한바탕 쉬자. 생각이 하나가 되면 하산해서 대약진운동을 계속하자."

6월 중순, 동유럽 순방을 마치고 돌아온 펑더화이는 총참모장 황커청에게 국내 상황을 보고받았다. 시중쉰의 서면보고도 대동소이했다. 아사자(餓死者)가 생각보다 많았다.

중앙정치국원과 국무원의 부장급 간부를 포함한 전국의 당서기들이 루산에 운집했다. 총서기 덩샤오핑과 부총리 겸 외교부장 천이(陳毅)는 당 중앙과 정부를 지키기 위해 베이징을 뜨지 않았다. 천윈(陳雲)과 린뱌오(林彪)는 병중이었다. 황커청도 루산행을 포기했다.

회의 참석을 위해 베이징을 출발한 마오쩌둥은 루산에 도착하기까지 여러 곳을 순방했다. 가는 곳마다 대약진운동을 세 마디로 압축했다.

"위대한 성적을 거뒀다(成績偉大), 문제도 적지 않지만(問題不少), 앞날은 밝다(前途光明)."

시(詩)도 두 편 발표하면서 타고난 문인 기질을 뽐냈다.

첫 번째 회의에서 마오쩌둥은 "독서, 선전, 체제, 농촌시장 회복" 등 18개 종목을 토론에 부치자고 제의했다. 총리 저우언라이가 국제문제도 포함시키자고 한 것 외에는 아무도 이의를 제기하지 않았다.

마오쩌둥은 참석자들을 안심시켰다.

"향기로워도 방귀고, 고약해도 방귀다. 장(腸) 안에 쌓아두면 병만

1953년 가을 베이징. 펑더화이(왼쪽)와 마오쩌둥.

생긴다. 하고 싶은 말이 있으면 다 하자. 몸 안에 있는 탁한 기운들을 한 번에 쏟아내자."

마오는 발언을 방귀에 비유하는 습관이 있었다.

신선회라는 말이 어울리는 회의였다. 낮에는 조별로 토론하고 해가 지면 영화관이나 경극 공연장을 찾았다. 번잡한 것을 싫어하는 사람들은 끼리끼리 모여 앉아 시를 주고받으며 시간 가는 줄 몰랐다. 부부가 함께 온 사람들은 산책과 등산을 즐겼다. 루산의 석양은 장관이었다.

화기애애한 분위기는 오래가지 않았다. 대약진운동의 문제점에 관한 토론이 시작되자 두 패로 갈렸다. 한 지역을 장악하고 있던 성장이나 서기들은 대약진과 인민공사(人民公社) 운동을 옹호했다.

"문제점들은 이미 해결됐다. 부정하는 것은 위대한 혁명군중 운동에 찬물을 뿌리는 것과 같다."

다른 한편에서는 "경험과 교훈만 강조하다 보면 결점만 드러난다"며 간부들의 허황된 백일몽과 공산주의 풍조를 비판했다.

루산 하늘에 풍운이 몰아칠 징조였다.

초조한 펑더화이, 마오에게 편지를 보내다

1959년 여름에 열린 루산회의처럼 복잡한 회의도 없다. 회의 자료를 보면 볼수록 뭐가 뭔지 모르겠다는 중국인들을 많이 봤다. 중공 지도부가 40여 일간, 산속에 틀어박혀 나오지 않았으니 그럴 수밖에 없다.

루산회의를 계기로 중국은 극좌노선을 걷기 시작했다. 문혁의 전

주곡이라고 해도 무리가 아니다. 펑더화이가 마오쩌둥에게 보낸 편지 때문이라는 것이 정설이지만, 꼭 그것만도 아니다. 회의 초기, 참석자들은 우경화로 선회할 가능성이 크다고 생각했다. 엄청난 착각이었다. 마오쩌둥은 대약진운동에 문제점이 많다는 것을 인정했지만 부정당하는 것은 바라지 않았다.

7월 11일 밤,『자치통감』(資治通鑑)을 뒤적거리던 마오쩌둥이 저우샤오저우(周小舟), 저우후이(周惠), 리루이(李銳)를 숙소로 불렀다. 모두 마오의 비서 출신이었다.

저우샤오저우는 고지식한 편이었다. 젊은 시절부터 마오쩌둥을 어려워하지 않았다. 이날도 회의 분위기와 대약진운동의 문제점을 이실직고했다.

"다들 좌경화에 넌덜머리를 냅니다."

마오는 시종 미소를 지으며 듣기만 했다. 불편한 기색이라곤 찾아보려야 볼 수가 없었다. 며칠 전 장칭 몰래 세 번째 부인 허쯔전(賀子珍)을 만난 이야기까지 하며 히히닥거렸다.

이날 이후 저우샤오저우는 만나는 사람마다 붙잡고 마오의 심경을 전하느라 정신이 없었다.

"주석은 좌경화를 포기했다."

의론이 분분해질 수밖에 없었다.

소문을 들은 저우언라이가 판공실 주임 양상쿤(楊尙昆)을 불렀다.

"떠도는 소문의 출처가 어디냐?"

"저우샤오저우가 그러고 다닙니다."

"내 말을 전해라. 다시는 그런 말 입에 담지 말라고 당부해라."

훗날, 국가주석 시절 양상쿤은 당시를 회상했다.

"마오 주석은 겉으로만 좌경화에 반대했다. 자신의 결정이 옳았다는 생각을 바꾸지 않았다. 주석의 속내를 꿰뚫어본 사람은 저우언라이가 유일했다."

저우언라이의 판단은 정확했다. 전체 조장(組長)회의에 참석한 마오쩌둥은 대약진운동을 포기할 기색이 눈꼽만큼도 없었다.

마오의 내심을 파악한 펑더화이는 며칠을 뜬눈으로 새웠다. 날이 밝기가 무섭게 마오의 거처를 찾아갔다. 머릿속이 복잡할 수밖에 없었다. 속으로 저우언라이 욕을 한바탕 해댔다. 평소 펑더화이는 저우언라이를 "내시 같은 놈"이라며 싫어했다. 류사오치도 마찬가지였다.

"혁명 시절 어느 구석에서 뭘 했는지 알 수가 없다. 여자 홀리는 재주 외에는 뭐 하나 제대로 하는 게 없다."

천원과 덩샤오핑만은 "중국의 장궤(掌櫃)답다. 살림살이를 잘한다"며 높이 평가했다. 두 사람이 루산에 오지 않은 것이 안타까웠다.

마오쩌둥의 경호원이 펑더화이를 막았다.

"주석은 막 잠자리에 들었다."

펑더화이는 발길을 돌렸다. 현대 중국과 펑더화이의 운명에 결정적인 순간이었다.

숙소로 돌아온 펑더화이는 정신이 하나도 없었다. 넋 나간 사람처럼 먼 하늘만 쳐다봤다. 옆집에 묵고 있던 전 총서기 장원톈(張聞天)이 지나가자 달려나갔다. 평소 가까이 지낸 사이는 아니지만 말이 통했다.

열여섯 살 때부터 전쟁터를 누빈 펑더화이는
도시공작만 하던 저우언라이를 제일 싫어했다.
1955년 여름, 중난하이에서 총리 저우언라이(가운데)와 함께
농촌 여성지도자와 환담하는 펑더화이(왼쪽).

'문사간 무사전'(文死諫, 武死戰), 문신(文臣)은 윗사람에게 잘못을 고치라고 간언하다 삶을 마감해야 하고, 군인은 전쟁터에서 죽어야 한다. 누가 한 말인지는 모르지만 먼 옛날부터 내려오는 정치격언이었다. 펑더화이는 회의 종결 하루를 앞두고 마오쩌둥에게 편지를 보내기로 결심했다.

"자원과 인력을 낭비하고, 혼란을 가중시켰다. 경험과 교훈으로 삼기에는 희생이 너무 가혹하다. 허장성세가 보편화되고 믿을 수 없는 기적들이 연일 지면을 메우다 보니 언론이 기능을 상실했다. 당의 체면이 말이 아니다. 개인의 책임을 추구할 문제가 아니다. 우리 모두의 책임이다."

진리에서 한치도 어긋남이 없는 내용이었다.

마오쩌둥은 노련했다. 펑더화이의 편지를 읽은 후 아무런 내색도 하지 않았다. 이틀이 지난 7월 16일, 편지 옆에 '펑더화이 동지 의견서'라는 제목을 달아 인쇄한 후 회의 참석자들에게 배포했다. 동시에 회의를 일주일간 연기한다고 발표했다. 이어서 베이징에 있는 황커청과 보이보(薄一波) 등에게 급전을 보냈다.

"받는 즉시 루산으로 와라. 펑더화이 동지의 의견서에 관한 토론에 참석해라."

진리는 하녀의 속성이 있다. 권위에 의존해야 빛을 발한다. 권위가 약한 진리는 권위에 대한 도전으로 둔갑한다. 대다수가 진리를 숭상하는 것 같아도 실상은 권위를 숭배하기 때문이다. 펑더화이는 이 점을 간과했다.

이기고도 실패한 백단대전, 마오는 침묵했다

루쉰의 잡문인지 산문인지 가물가물하다. 제목도 잊었지만 내용은 대충 기억이 난다. 자손 귀한 집안에 손자가 태어났다. 축하객들이 몰려왔다. 집주인은 아이를 안고 사람들 앞을 한 바퀴 돌았다. 너나 할 것 없이 "백 살을 살겠다. 장차 왕후장상이나 큰 부자가 되고도 남겠다"며 덕담을 늘어놨다. 모두 불확실한 말이었지만 주인은 기분이 좋았다. 싱글벙글하며 진수성찬을 대접했다.

앞에 사람들이 온갖 좋은 말을 다 했기 때문에 제일 끝자락에 있던 사람은 마땅한 말이 떠오르지 않았다. 갓 태어난 아이를 한동안 들여다보더니 천천히 입을 열었다.

"이 아이도 언젠가는 죽겠군요."

슬픈 표정을 지으며 한숨까지 내쉬었다. 집주인의 얼굴이 일그러졌다. 붉으락푸르락, 주위 사람들이 "별 주책바가지 다 보겠다"며 내쫓아도 모른 체했다.

루쉰의 글 중에서 이 과장되고 짓궂은 글을 좋아하는 중국인들이 유난히 많다. 이유도 한결같다.

"확실치도 않은 말을 늘어놓은 사람은 극진한 대접을 받았고, 진실을 말한 사람은 쫓겨났다."

루산회의 3년 전인 1956년 11월, 국방부장 펑더화이가 말단 군부대를 시찰한 적이 있었다. 9개월 전, 인민해방군 총참모부와 정치부 명의로 반포한 군인의 맹세(軍人誓詞)가 가는 곳마다 붙어 있었다. 시작이 "마오 주석의 영도하에 우리는……"이었다.

물끄러미 들여다보던 펑더화이가 수행원들을 보고 씩 웃었다.

1958년 12월, 후난성 핑장(平江)을 시찰하는 펑더화이.

"다들 큰 병에 걸렸다. 국가의 군대지 당이나 개인의 군대가 아니다. 주석이 죽으면 누가 군인들을 지휘한단 말인가. 우리는 유물론자다. 하루빨리 뜯어고쳐야 한다."

루산회의 6개월 전, 후근(후방)대학 졸업식에서도 쓴소리를 했다. "허구한 날 말 같지도 않은 소리를 해야 하니 심신이 고달프다. 가는 곳마다 만세 소리가 요란하다. 듣기엔 좋지만, 새빨간 거짓말이다. 만 년을 사는 사람은 없다. 육체가 정신을 상대해야 하니 죽을 지경이다."

구구절절 맞는 말이었지만, 당시 중국은 개인숭배의 시대였다. 마오쩌둥은 알면서도 내색을 하지 않았.

징강산에서 시작된 두 사람의 인연

마오쩌둥과 펑더화이, 두 사람의 인연은 징강산(井岡山)에서 시작됐다. 1928년, 평장에서 폭동을 일으킨 펑더화이가 무장병력을 이끌고 입산했다. 융싱(永興)폭동의 주도자 황커청의 극진한 영접을 받았다. 폭동을 일으키고 도망 와 있던 마오는 천군만마를 얻은 듯했다.

1959년 여름, 루산회의에서 펑더화이가 몰락하기까지 30년간, 마오와 펑더화이 사이에는 우여곡절이 많았다. 일은 항상 펑녀화이기 먼저 저질렀다.

입산 1년 후, 국민당군이 징강산에 맹공을 퍼부었다. 펑더화이의 실책으로 홍군은 징강산에서 퇴각했다. 펑더화이에 대한 비판이 쏟아졌지만 마오는 예외였다. "펑더화이는 맹장이다. 이기기만 하는 전쟁은 없다. 패해도 이긴 것 같고, 이겨도 진 것 같은 것이 전쟁"이라며 펑더화이를 감쌌다. 수십 년간 이런 일이 비일비재했다.

펑더화이가 위안원차이(袁文才)와 왕쮀(王佐)를 처형했을 때 마오쩌둥은 당황했다. 두 사람은 마오가 오기 전까지 징강산의 지배자들이다. 이들이 없었더라면 '징강산 혁명 근거지'는 불가능했다. 징강산에 거주하는 원주민들이 홍군을 원망하고도 남을 행동이었지만 마오는 펑더화이를 추궁하지 않았다.

가는 게 있으면 오는 것도 있는 법, 펑더화이도 마오쩌둥의 군권장악과 유지를 위해서라면 물불을 가리지 않았다. 마오는 툭하면 펑더화이에게 시(詩)를 통해 대장군 칭호를 선물했다.

항일전쟁이 시작되자 홍군은 팔로군으로 개편됐다. 팔로군 부총사령관에 임명된 펑더화이는 독자적인 군사행동을 서슴지 않았다. 100여 개 여단을 동원한 '백단대전'(百團大戰)을 준비하면서 중앙군사위원회의 비준 따위는 안중에도 없었다. 전투를 시작한 후에야 건성으로 보고했다. "믿을 사람이 없다"는 것이 이유였다.

백단대전은 펑더화이와 팔로군의 위력을 세계에 떨친 전쟁이기는 했지만 팔로군의 전력이 그대로 드러났다. 후유증이 컸다. 국민당군을 향하던 일본군의 총부리가 팔로군 쪽으로 방향을 틀었고, 숨통을 튼 장제스는 그들을 얕잡아보기 시작했다. 국·공합작도 금이 갔다.

전쟁 3년 후, 백단대전 평가회에서 덩샤오핑이 펑더화이를 비판했다.

"전쟁은 별게 아니다. 적을 방심시킨 후 허점을 치면 된다. 1940년, 펑더화이가 지휘한 백단대전은 우리의 군사력을 스스로 노출시킨 전쟁이었다. 이겼지만 사상자가 많았고 전력을 가다듬기까지 오랜 시간이 걸렸다. 백단대전을 계기로 적들이 우리를 집중적으로 공격했다."

평더화이도 실패를 인정했다.

"겉으로는 이겼지만 정치적으론 실패한 전쟁이었다. 국민당만 앉아서 득을 봤다."

이때도 마오쩌둥은 침묵했다. 인간은 모순투성이다. 합리적인 사람은 가끔 있어도 완벽한 사람은 없다. 마오쩌둥도 완인(完人)은 아니었다. 내색만 안 했을 뿐, 평더화이에게 쌓인 응어리는 풀 수 없을 지경이 돼버렸다.

1950년 6월, 한국전쟁이 발발했다. 참전을 결정한 마오쩌둥은 지휘관 선정을 놓고 밤잠을 설쳤다. 국·공내전 시절 화동야전군(華東野戰軍)을 지휘했던 쑤위(粟裕)는 입원 중이었고, 멀쩡하던 린뱌오는 갑자기 환자로 변했다. 마오는 시안(西安)에 있던 평더화이를 호출했다.

평더화이는 군말 없이 수락했다. 22년 만에 처음으로 마오의 의견에 토를 달지 않았다.

평더화이의 충성심 의심하기 시작한 마오

50여 년이 지난 일이지만, 아직도 1959년 여름 루산회의에서 쫓겨난 평더화이를 애석해하는 중국인들이 여전히 많다. 내용도 거의 비슷비슷하다.

"신중국 수립에 누구도 부인할 수 없는 공을 세웠다. 부당한 대우를 받다가 한을 품고 세상을 떠났다. 죽음을 눈앞에 두고 통증이 심했다. 의사가 진통제를 권하면 마오쩌둥의 약은 먹지 않겠다며 호통을 쳤다. 관우와 장비를 합쳐놓은 사람이었다. 진실을 이야기했다가 날벼락을 맞았다. 비통함을 금할 수 없다."

맞는 말이다. 마오쩌둥이 등장하면 이야기가 달라진다.

"흐루쇼프는 죽은 스탈린을 난도질했다. 소련은 스탈린이 없어도 레닌이 있다. 신중국은 마오쩌둥 아니면 내세울 게 아무것도 없다. 펑더화이는 마오의 권위에 도전했다. 비극을 자초했다."

이것도 맞는 말이다. 마오쩌둥은 싸움을 즐겼다. 도전을 좋아했고, 누가 도전을 해오면 흔쾌히 받아들였다. 피하기는커녕 얼굴에 생기마저 돌았다. 투쟁철학이 곧 인생철학이었다.

"나는 먼저 싸움을 건 적이 없다. 단, 나를 먼저 해치려 하는 자는 상대가 누구건 그냥 내버려두지 않겠다."

전략도 복잡하지 않았다. 평생 상대가 쩔고 까불 게 내버려두고 잠복해 있던 적까지 모습을 드러내면 느지막하게 나서서 일거에 제압하는 '후발제인'(後發制人) 한 가지만 구사했다. 별것 아닌 것 같았지만 다들 나가떨어졌다.

루산회의에서도 마찬가지였다. 1959년 7월 14일, 펑더화이가 놓고 간 편지를 본 마오쩌둥은 "누구나 흔히 할 수 있는 이야기"라며 별 내색을 하지 않았다. 대신 회의 기간 동안 펑더화이가 하고 싶은 말을 다하게 내버려뒀다.

"실책을 교훈으로 삼아야 한다. 누구를 원망하거나 책임을 추궁해서는 안 된다. 마오쩌둥 동지를 포함해 책임은 누구에게나 다 있다."

한국전쟁을 계기로 펑더화이(앞줄 오른쪽 넷째)는 소련과 가까워졌다. 스딸린이나 흐루쇼프도 펑더화이를 좋아했다. 소련을 방문할 때마다 환대를 받았다. 원수 예젠잉(오른쪽 셋째) 등 중국 군사대표단을 이끌고 10월혁명 40주년 경축행사에 참석한 펑더화이. 1957년 11월 7일, 모스크바 붉은광장.

"인민공사 운동을 너무 일찍 시작했다. 밥은 돈을 내고 먹어야 한다. 하루 세 끼를 공공식당에서 무료로 먹는 것은 말이 안 된다. 헝가리 공산당을 봐라, 매년 매달 한 사람에게 고기를 40킬로그램씩 나눠줬지만 폭동이 일어났다."

"자연은 원래 모습대로 내버려둬야 한다. 수천 년간 형성된 물줄기를 억지로 바꾸는 건 미련한 짓이다. 인공호수 같은 건 천천히 해도 된다. 낭비가 너무 심하다."

이 정도는 용납이 가능했다.

"중국인들에게 마오 주석의 권위는 하늘을 찌를 정도로 높다. 전 세계에서 찾아볼 수 없을 정도다. 단, 남용해서는 안 된다. 지난 일 년을 돌이켜보자. 주석의 의견이라면 무조건 따르다 보니 적지 않은 문제가 발생했다. 잘못된 것은 반대해야 한다. 주석의 심리를 살피느라 진실을 말하지 않는 사람들이 많다. 개인숭배는 위험하다."

이건 좀 곤란했다. 권위에 대한 도전이었다. 내색은 안 했지만 우경 기회주의자의 반당행위로 규정했다.

방 안에 칩거하던 마오쩌둥은 사흘이 지나서야 류사오치·저우언라이·주더를 불렀다. 펑더화이의 서신을 보여주며 의견을 물었다. 세 명의 중앙정치국 상무위원은 "펑더화이답다"며 웃어넘겼다.

마오의 생각은 달랐다.

"토론에 부치자. 이 기회에 하고 싶은 말이 있으면 다들 하라고 해라. 편지의 성격이 궁금하다."

세 사람은 놀란 표정을 지었다. 정신이 번쩍 들었다.

무슨 싸움이건 먼저 화내는 사람이 지게 마련이다. 성질 급한 펑더화이는 마오쩌둥의 돌발행동에 분노했다. 보는 사람마다 붙잡고 불만을 토로했다.

"주석에게 참고하라며 개인적으로 보낸 편지다. 토론에 부치자고 요구한 적도 없다. 내 의견이라는 표제까지 달아서 모두에게 토론하라고 하는 것은 부당하다."

펑더화이의 편지가 조별 토론의 중심 의제로 등장했다. 펑더화이의 의견에 동조하는 사람이 예상보다 많았다. 동북조는 한 명도 빠짐없이 펑더화이를 지지했다. 밖에 얼씬도 안 하며 회의 내용을 보고받던 마오쩌둥의 얼굴이 조금씩 굳어졌다.

국내보다 소련 측에서 먼저 반응이 왔다. 후일 중공 선전부장을 지낸 덩리췬(鄧力群)이 생생한 기록을 남겼다.

"모스크바 주재 중국대사가 소련 공산당 기관지 『프라우다』에 실린 중국의 대약진운동 관련 기사를 보내왔다. 펑더화이의 의견과 대동소이했다."

베이징을 지키고 있던 부총리 천이의 전화 보고도 심상치 않았다.

"방금 베이징 주재 소련대사를 만났습니다. 농담조로 정변을 일으킬 생각이 있느냐고 제게 물었습니다. 웃어넘기기에는 워낙 민감한 내용이라 보고드립니다."

소련과의 관계를 놓고 충성도를 가늠하던 마오쩌둥은 펑더화이에게 의심을 품기 시작했다.

청년 마오쩌둥의 유토피아 '신촌' 실험

1535년 7월 초, 런던 탑에서 죽을 날을 기다리던 전 대법관 토마

1954년 9월, 국방위원회 1차 회의를 마친
마오쩌둥(앞줄 왼쪽 여덟째)과 펑더화이(앞줄 왼쪽 아홉째).
이때만 하더라도 두 사람 사이에는 아무런 문제가 없었다.

스 모어가 단두대 앞에 섰다. 두 눈이 가려지는 순간 초승달 모양의 섬나라, 유토피아가 눈앞에 출현했다. 청년시절, 이 냉철한 몽상가는 사유재산이 없고 섬 전체가 행복하고 유쾌한 생활을 영위하는 허무의 고향, 유토피아 이야기를 쓴 적이 있었다. 인류가 수천 년간 꾸어온 꿈이다 보니 여파가 만만치 않았다.

1824년 맨체스터의 부유한 공장주 로버트 오웬이 미국 인디애나 주의 이민구 한 곳을 15만 달러에 사들였다. 사람의 힘에 의존해 곡식을 경작하는 농업공동체, 뉴하모니타운을 건설했다. 오웬이 만든 인류 역사상 최초의 공산주의 실험장은 5년 만에 수포로 돌아갔다.

비슷한 시기에 한 독일계 유대인이 대영박물관을 노크했다. 도서실에 틀어박힌 카를 마르크스는 자본주의를 시체 표본 취급했다. 탁자 위에 올려놓고 해부해 보니 토마스 모어의 이상과 인류의 꿈이 이뤄지지 말라는 법도 없었다. 자칫하면 곡해할 소지가 많았지만, 몽상을 실현하기 위한 길을 과학적으로 천명했다. 한동안 잠복해 있던 유토피아의 유령이 수면 위로 떠올랐다.

중국도 공구(孔丘)와 묵적(墨翟)을 시발로 진시황에게 최초의 도전장을 던진 진승(陳勝), 오두미도(五斗米道)의 3대 교주 장노(張魯), 전원시인 도연명, 시인으로 더 알려진 당(唐)대 최고의 검객 이백, 청(淸)제국의 근간을 뿌리째 흔들어놓은 태평천국(太平天國)의 지도자 홍수전(洪秀全) 등 면면히 내려오는 이상사회의 계보가 있었다.

20세기 초, 후난성의 키 크고 삐쩍 마른 농민의 아들 마오쩌둥이 창사(長沙)의 웨루산(岳麓山) 인근을 답사했다. 목적은 단 하나, 중국형 '신촌'(新村) 부지의 물색이었다.

청년 마오쩌둥이 구상한 신촌은 유아원과 양로원, 상점, 학교, 농장 등이 공동으로 운영되는 표준형 유토피아였다. 실현만 된다면 4백 년 전 런던 브리지에 효수된 토마스 모어의 영혼을 위로하고도 남았다.

허위를 진실인 것처럼 늘어놓는 고급 간부들

후난은 중국 역사를 화려하게 장식한, 수많은 영웅과 강도들의 고향다웠다. 골목마다 크고 작은 도둑투성이였다. 마오는 고개를 절레절레 저으며 집으로 돌아왔다.

너나 할 것 없이 혁명을 노래하던 시대였다. 마오쩌둥도 혁명에 몸을 던졌다. 마르크스의 이론과 중국의 현실을 결합시킨 지 40년 만에 정권 탈취에 성공했다. 960만 평방킬로미터의 대지 위에 인민공화국을 수립하자 이상사회 건설의 꿈이 되살아났다. 권위와 기백과 열정으로 6억 5,000만 명을 몰아붙였다.

철강 생산을 증가시키기 위해 작은 용광로가 마을마다 들어섰다. 한 군데 모여 공짜 밥을 먹다 보니 솥단지·수저·냄비 등은 쓸모가 없었다. 눈만 뜨면 일터로 향하고, 집에 들어오기가 부섭게 앞치마를 둘러야 했던 남자들은 환호했다. 굴러다니는 쇠붙이를 몽땅 들고 용광로로 향했다. 용광로 땔감으로 쓰기 위해 산에 있는 나무도 모조리 베어냈다. 철 생산량이 유토피아의 발원지 영국을 추월하는 건 시간 문제였다.

그러나 인민공사처럼 희한한 곳도 없었다. 일을 열심히 한 사람과 빈둥거리며 눈치만 보던 사람의 배당량이 똑같았다.

이성적인 미몽(美夢)이 하루아침에 비이성적인 악몽으로 둔갑하리라곤 상상도 못했다. 아사자가 속출하고, 상하이의 경우 연료가 일주일분밖에 남지 않았다. 지방 간부들은 과장된 보고서 작성에 머리를 싸맸다.

20세기 중엽에 시작된 이 거대한 드라마는 1987년 10월, 중공 13차 대회에서 '사회주의 초급단계' 이론이 채택되면서 막을 내렸다. 1959년 7월 23일 오전, 루산회의에서 다수의 지지를 받던 펑더화이의 주장이 마오쩌둥의 한 마디에 휴짓조각으로 변한 지 28년 만이었다.

펑더화이와 함께 쫓겨났던 전 중공 선전부 부부장 리루이는 『루산회의 실록』에서 대약진운동 당시 중국 간부들의 성향을 "관료주의에 빠져 상황을 제대로 파악 못하고 헛소리만 해대는 간부들. 모든 게 순조롭게 진행된다며 거짓 보고만 일삼는 뺀질뺀질한 간부들. 허위인 줄 뻔히 알면서 진실인 것처럼 늘어놓는 고급 간부들"로 분류하면서 마지막 유형이 가장 나쁜 놈들이었다고 단정했다.

이론가 장원톈의 펑더화이 지지 발언

무슨 일이 생겼을 때, 생각지도 않았던 사람이 피해를 받는 경우가 있다. 1959년 8월, 루산회의가 끝날 무렵 외교부 부부장 장원톈, 총참모장 황커청, 후난성 서기 저우샤오저우 등이 펑더화이와 함께 몰락했다. 황커청은 펑더화이의 오랜 측근이었고, 저우샤오저우는 마오쩌둥의 비서 시절부터 펑더화이를 잘 따랐다. 동향이기도 했다.

장원톈은 경우가 달랐다. 학자와 문인들을 줄줄이 배출한 장쑤성 우시(無錫) 출신으로 학생시절엔 창작과 외국문학에 심취한 문학청년이었다. 일본과 미국, 소련 유학을 거친 후 혁명의 한복판에 뛰어들었지만 총과는 거리가 멀다 보니 펑더화이와는 만날 일이 별로 없었다. 단둘이 밥 한 끼 먹은 적도 없는 사이였다.

두 사람은 성격도 판이했다. 펑더화이는 급하고 표현도 거칠었다. 지휘관이나 참모들은 그 앞에서 숨도 제대로 못 쉴 정도였다. 하급부하와 아이들에게만 인자했다.

장원톈은 사람 됨됨이가 겸손했다. 1935년 1월부터 3년간 중공의 최고지도자였지만 무슨 일이건 멋대로 처리하는 법이 없었다. "한 사람이 돌출행동을 하는 조직은 활력이 없다"며 집단지도체제를 견지했다.

1935년 1월, 구이저우(貴州)성 북부 쭌이(遵義)에서 열린 정치국회의에서 마오쩌둥이 당권과 군권을 장악했다는 것이 정설처럼 돼버렸지만, 전 국가주석 양상쿤의 회고에 따르면 당시 마오쩌둥은 장원톈을 정점으로 한 집단지도체제의 한 사람이었다.

"총서기가 공석이었던 시절이 있었다고 여기는 당원들이 많다. 원인은 단 하나, 장원톈 동지의 겸손 때문이다. 1935년 1월, 쭌이에서 정치국회의가 열렸다. 사상이나 이론 면에서 당의 책임자로 장원톈 동지에 필적할 만한 사람이 없었다. 총서기에 선출됐지만 재삼 사양했다. 마오쩌둥 동지가 정 그렇다면 군대는 내가 맡겠다고 스스로 나서자 수락했다. 마오쩌둥 동지가 군사문제를 전담할 3인 소조를 구성하겠다고 했을 때도 이의를 제기하지 않았다."

1976년 봄, 고향 우시에서 부인과 함께
꽃구경 나온 장원톈.
같은 해 7월 세상을 떠났다.

마오는 장원톈을 높이 평가하지 않았다

장원톈은 마오쩌둥을 신뢰했다. 훗날 본인은 부인했지만, 마오에 관한 불평을 늘어놓는 사람에게 "그간 우리 당은 제대로 된 지도자를 찾느라 온갖 우여곡절을 겪었다. 마오쩌둥 동지의 지도가 있어야 장정을 승리로 이끌고, 어떤 난관도 극복할 수 있다"는 말을 스스럼없이 했다는 소문이 나돌 정도였다. 이런 장원톈을 마오는 높이 평가하지 않았다.

"뭐든지 첫째, 둘째, 셋째 하며 조목조목 늘어놓기를 좋아한다. 들을 때는 그럴듯하지만, 남는 게 하나도 없다. 시골 중학교 선생이나 하면 알맞을 사람이 혁명에 뛰어든 것이 대견하다. 미국 경험도 있고 하니 훗날 국제 무대에 나가면 합리적이라는 소리를 듣고도 남을 사람이다."

마오쩌둥의 말대로 장원톈은 지식을 중요시하고 인재를 존중했다. 부패한 사람을 보면 부모 죽인 원수처럼 대했다고 한다. 단, 아무리 태평성세라도 중국에 적합한 지도자는 아니었다. 더구나 당시는 전쟁시대였다.

신중국 수립 후 장원톈은 외교관으로 변신했다. 소련 주재 대사와 제네바회담 대표를 거치며 국제무대를 누볐다. 1959년 7월, 루산회의 무렵에는 외교부 상무부부장으로 중국 외교를 전담하고 있었다.

펑더화이가 마오쩌둥에게 보낸 의견서를 놓고 본격적인 토론이 시작됐다. 펑더화이의 주장에 적극적으로 찬성거나 반대하는 사람은 소수였지만 거의가 동조하는 눈치였다. 7월 21일, 장원톈의 발언이 시작되자 다들 숨을 죽였다.

장원톈은 자타가 인정하는 이론가다웠다. 발언하는 사람이나 듣는 사람이나, 회의 개막 20일 만에 가장 엄숙한 장면을 연출했다. "이렇게 많은 사람이 산 위에서 오랫동안 회의를 연 적은 유사 이래 없었다"고 입을 뗀 후 무려 3시간 동안 대약진운동의 성과와 결점을 체계적으로 나열했다. 펑더화이의 의견과 거의 일치했다. 발언 내용을 보고받은 마오쩌둥은 "그놈의 첫째, 둘째, 셋째 또 시작했다"며 "흥"하고 코를 확 풀어버렸다.

그날 밤, 바람 쐬러 나온 장원톈은 산책하는 펑더화이를 발견하자 먼저 다가갔다.

"네 주장이 맞다. 오늘 너를 지지하는 발언을 했다."

펑더화이는 "지원 같은 건 필요 없다"며 화제를 다른 곳으로 돌렸다. 그래도 궁금했던지 헤어질 무렵 발언 내용을 물었다.

펑더화이는 자신의 주장이 장원톈에게 인정받았다는 생각이 들자 기분이 좋았다. 마오로부터 문무(文武)가 연합해 '군사구락부'를 조직했다는 소리를 들을 줄은 상상도 못했다.

펑더화이 편지 받고 3일간 침묵한 마오

같은 말이라도 누가 하느냐가 중요하다. 1959년 여름, 루산회의 도중 펑더화이가 마오쩌둥에게 보낸 편지는 별것도 아니었다. 상대가 펑더화이다 보니 문제가 발생했다. 마오쩌둥은 농민들에게 군복을 입혀 정권을 탈취한 혁명가였다. 권력기반이 군대다 보니 군을 가장 중요시했다. 인민은 다음이었다.

펑더화이는 중공 정권의 창출에 공이 큰 개국원수였다. 군에 미치는 영향력이 막강했다. "펑더화이가 산으로 들어갈 결심만 하면 순식간에 따라 올라갈 사람이 구름처럼 몰려들 것"이라는 소문이 나돌 정도였다. "노동자가 아니라면 농민이라도 좋다. 홍군 복장을 입힐 사람은 천지에 널려 있다"는 말도 평소 자주 했다. 마오의 심기가 편할 리 없었다.

이럴 때일수록 윗사람을 자극하는 사람들이 많은 법. "펑더화이 편지는 단순한 건의가 아니다. 목적이 있다"며 마오쩌둥을 불편하게 했다.

펑더화이가 보낸 편지를 참석자들에게 배포한 마오쩌둥은 3일간 침묵했다. 펑더화이의 의중을 살피기 위해 안후이성 서기 쩡시성(曾希聖)을 펑더화이에게 파견했다. 장정 시절, 중공의 비밀문건과 정보를 담당한 적이 있는, 마오가 가장 신임하는 부하였다.

펑더화이를 찾아간 쩡시성은 "차 한잔 마시러 왔다"며 세 가지를 물었다. 두 사람 사이에 오고 간 대화가 남아 있다.

"주석에게 편지를 보낸 특별한 이유라도 있는지 궁금하다."

펑더화이의 대답은 간단했다.

"목적은 무슨 놈의 목적, 평소 하고 싶은 말이 있어서 갔다가 만나지 못했다. 너도 알다시피 이럴 때 편지를 이용하는 게 우리의 오랜 관습 아니냐."

"소련 방문 기간 중 흐루쇼프의 영향을 받은 적이 있나?"

"흐루쇼프와는 대약진운동에 관한 이야기를 나눈 적이 없다."

"린뱌오가 부주석이 된 것에 불만이 있다는 소문이 있다."

"그런 생각해본 적 없다."

화약 냄새가 진동하는 마오의 발언

쩡시성의 보고를 받은 마오쩌둥은 펑더화이의 단독행동이라고 확신했다. 가슴을 쓸어내리며 펑더화이를 제거하기로 마음을 굳혔다. 7월 23일 전체회의를 소집했다.

단상에 오른 마오쩌둥은 "그간 참석자들이 많은 발언을 했다. 이제 내가 할 차례다"면서 좌중을 한 차례 둘러봤다.

"그간 착오를 저지른 동지들이 많았다. 경험 부족이 가장 큰 이유다. 우리는 그들을 비난하지 않았다. 무슨 일이건 잃은 것이 있으면 얻는 것도 있기 때문이다. 게다가 그들은 우파가 아니다. 배운 게 많다."

마오쩌둥의 표정이 조금씩 일그러지더니 자아비판을 시작했다.

"나는 죄를 많이 지은 사람이다. 지난 2년간 뭐든지 빨리 이루기 위해 큰소리만 쳤다. 모든 잘못의 책임은 내가 져야 한다. 공자가 허수아비를 처음 만든 사람은 후손이 없을 거라는 말을 한 적이 있다. 맞는 말이다. 나는 멸종했다. 아들 한 놈은 전쟁터에서 죽고, 한 녀석은 미치광이가 됐다. 동생들도 모두 맞아 죽었다. 마르크스도 적지 않은 죄를 지었다. 죽는 날까지 혁명의 그날이 올 거라고 했지만 서구에 혁명다운 혁명은 일어나지 않았다."

참석자들은 안절부절못했다. 뭔가 심상치 않을 징조였다.

마오쩌둥의 발언은 그칠 줄을 몰랐다.

"모든 신문이 우리의 잘못을 열거하느라 정신이 없다. 전국에 70만 개의 생산대가 있다. 모든 생산대가 한 건만 잘못하면 잘못한 건수가 70만 건이 된다. 일 년 내내 보도해도 불가능할 정도다. 앞으론 내 이름을 직접 거론해라. 꼭 망해야 한다면, 나는 떠나겠다. 다시 농

1957년 11월, 마오쩌둥(앞줄 왼쪽 넷째)·쑹칭링·덩샤오핑 등과 함께 소련을 방문한 펑더화이(앞줄 왼쪽 첫째). 마오 오른쪽 흐루쇼프, 그 옆으로 궈모뤄(郭沫若)·리셴녠(李先念)·마오둔(茅盾)·양상쿤.

촌으로 들어가 농민들을 이끌고 정부를 뒤집어 엎어버리겠다. 해방군이 따라오지 않아도 좋다. 새로운 해방군을 만들겠다."

이날 마오는 화약 냄새가 진동하는 발언을 3시간 동안 했다. 펑더화이의 이름은 거론하지 않았다.

마오의 팔을 뿌리치고 자기 길 간 펑더화이

마오쩌둥의 발언이 끝나자 산회했다. 펑더화이는 맨 뒷줄에 있었다. 마오가 부르자 못 들었는지 문 쪽으로 발길을 옮겼다. 마오가 달려갔지만 떠난 후였다. 회의장은 언덕 위에 있었다. 마오가 내려가자 공안부장 뤄루이칭과 상하이 서기 커칭스(柯慶施) 등이 수행했다. 저만치 앞서가던 펑더화이가 갑자기 몸을 돌려 회의장 쪽으로 올라왔다. 물건을 놓고 온 사람 같았다. 마오와 정면으로 마주쳤다. 마오가 펑더화이의 한쪽 팔을 잡고 말을 걸었다.

"우리 이야기 좀 하자."

시뻘게진 얼굴에 눈까지 부릅뜬 펑더화이는 "말하고 싶지 않다"며 걸음을 멈추지 않았다.

마오쩌둥이 몸을 돌려 펑더화이를 다시 잡았다.

"우선 앉기라도 하자. 좋은 말이건 나쁜 말이건 이야기 좀 하자."

펑더화이는 막무가내였다. 할 말이 없다며 마오의 팔을 뿌리치고 갈 길을 갔다. 수행원들 앞에서 마오의 권위가 무너지는 순간이었다. 봐서는 안 될 정경을 목격한 수행원들의 반응도 제각각이었다. 뤄루이칭은 숲을 향해 바지춤을 내리고, 커칭스는 고개를 숙인 채 연신 콜록콜록 기침만 해댔다. 저우언라이는 어디로 없어졌는지 흔적도 보이지 않았다.

그날 밤, 마오쩌둥은 저우언라이를 숙소로 불렀다. 8월 2일부터 2주간 루산에서 중공 중앙 전체회의를 열라고 지시했다.

"주석은 너를 대약진운동 실패의 제물로 삼는다"

1959년 7월 23일, 마오쩌둥은 3시간 동안 펑더화이의 우경화를 비판했다. 그날 밤 루산의 산책로는 평소보다 북적거렸지만 침울했다. 펑더화이와 마주치면 다들 피해갔다. 원수 네룽전(聶榮臻)만은 예외였다. 황혼 무렵 오솔길에서 만난 펑더화이가 "오늘 마오 주석의 발언을 어떻게 생각하느냐"고 묻자 "너는 당과 인민에게 이익이 될 수 있는 길을 제시했다. 주석은 원칙을 강조했다. 옳고 그른 것은 세월이 지나야 밝혀진다"며 옛 전우를 위로했다.

총리 저우언라이는 폭풍이 닥쳐올 것을 예감했다. 펑더화이를 조용히 불렀다. 밥맛이 없다며 저녁도 거른 펑더화이는 반가운 표정이 아니었다.

저우언라이는 개의치 않았다.

"주석은 너를 대약진운동 실패의 제물로 삼으려 한다. 나도 한때 그런 위기에 빠진 적이 있었다. 아직 늦지 않았다. 내가 시키는 대로 해라."

장정 시절부터 저우언라이를 대수롭지 않게 보던 펑더화이는 듣는 둥 마는 둥 표정이 없었다.

저우언라이는 목이 탔다.

"제발 내 말 좀 들어라. 너는 군인이다. 경제와는 상관이 없다. 우리 모두에게 화살을 돌려라. 주석은 정확한 방향을 제시했지만 우리가 집행을 제대로 못하는 바람에 국가에 재앙이 닥쳤다고 우리를 비판해라."

저우언라이를 물끄러미 바라보던 펑더화이는 벌떡 일어나 한마디 내뱉고 자리를 떴다.

"진작 알고 있었지만, 너야말로 간사하고 교활한 놈이다."

저우언라이는 사려 깊은 사람이었다. 베이징에 있는 펑더화이의 부인에게 급전을 보냈다.

"보는 즉시 루산에 와라. 네 남편의 고독을 달래줄 사람은 너밖에 없다."

비슷한 시간에 후난성 서기 저우샤오저우도 상무서기 저우후이, 선전부 부부장 리루이와 함께 먹을 것을 들고 총참모장 황커청을 방문했다. 세 사람은 황커청이 후난성 서기 시절 밑에서 일한 적이 있었다. 황커청은 이들을 데리고 같은 건물에 있는 펑더화이의 방을 찾아갔다. 왕양밍(王陽明)의 시를 화제 삼아 이 이야기 저 이야기 나누다 헤어졌다. 이날 모임이 훗날 반당집단(反黨集團) 활동의 중요한 증거가 될 줄은 아무도 몰랐다.

24일 오후부터 회의가 속개됐다. 소조마다 전날 있었던 마오쩌둥의 발언에 대한 입장 표명이 줄을 이었다. 마오쩌둥이 좌경화를 포기할 줄 알고 펑더화이의 의견을 지지했던 사람들일수록 펑더화이의 비판에 열을 올렸다. 펑더화이 의견에 동의는 하지 않았지만 "놀고 먹는 회의가 아니라, 열띤 토론의 계기를 만든 것 하나만은 높이 평가해야 한다"며 긍정적으로 평가하는 사람도 있었다.

총참모장 시절 원수 녜룽전과 함께 소련의 핵 기지를
비밀리에 방문한 황커청(가운데 왼쪽).
1959년 여름, 루산회의에서 펑더화이와 함께 몰락했다.

"천 년 후에 사람들은 나를 뭐라고 할까"

당내 지위가 높은 사람들일수록 평소와 다른 모습을 보였다. 국가주석 류사오치는 입을 닫아버렸다. 평소 잘하던 하품도 하지 않았다. 며칠 후 하게 될 "펑더화이의 원래 이름이 '더화'(得華)다. 어릴 때부터 중국을 먹을 야심이 없었다면 이런 이름을 가졌을 리가 없다"는 말 같지 않은 비판을 준비하는 사람 같았다.

한때 착오를 범해 혼난 적이 있는 저우언라이와 천윈은 몸을 사리느라 말조심하는 모습이 역력했다. 총서기 덩샤오핑은 하고 싶은 말이 있지만 표현력이 부족하다며 양해를 구했다. 중국 홍군의 아버지 주더는 뭐가 뭔지 어안이 벙벙한 표정이었다. 정말 아무것도 모르는 사람 같았다.

7월 31일, 중앙정치국 상무위원회에서 마오쩌둥과 펑더화이 사이에 설전이 벌어졌다. 마오쩌둥이 먼저 입을 열었다.

"지난 31년간 우리는 합작과 모순을 반복했다. 30퍼센트만 나를 지지했다."

펑더화이는 물러서지 않았다.

"너무 많은 걸 요구한다. 우리 사이가 그 정도는 아니다. 반반이 적합하다. 정치와 감정을 한데 엮어서 말하지 마라. 나는 그간 있었던 역사적 사건들을 기록할 시간이 없었다. 주고받은 문건들도 소각해버렸으니 마음놓고 말해봐라."

마오쩌둥의 얼굴이 일그러졌다.

"네가 보낸 편지를 공개했다고 기분이 나쁜가 본데, 그간 아무리 중요한 일이 있어도 너는 네 멋대로 처리했지 내게 편지를 보내거나 의논한 적이 없다. 이번 편지는 분명한 목적이 있다. 모두가 모인 자리에서 군중을 취합하고, 대오를 정비하려는 게 아니고 뭐냐."

다음날 회의는 7시간 계속됐다. 주더가 먼저 발언에 나섰다. 주더는 평소 말수가 적었지만 한번 입을 열면 눈치 없이 주책을 떨 때가 많았다. 마오쩌둥이 슬그머니 일어나서 구두끈이나 똑바로 매라고 면박을 줬다. 주더가 구두를 향해 허리를 숙인 틈을 타 린뱌오가 발언을 시작했다. 마오쩌둥을 구원하기 위해 병상에서 달려온 사람다웠다. 거두절미, 펑더화이를 야심가, 음모가, 군자의 탈을 쓴 소인배로 몰아붙였다. 품위는 없었지만 설득력이 있었다.

마오쩌둥은 펑더화이를 철학적으로 비판했다.

"너는 경험주의자다, 마르크스주의자가 아니다. 당을 개조하고 세계를 개조하려 했다. 기회를 얻지 못했을 뿐이다. 단정은 할 수 없지만, 외국 다니며 지지자를 많이 확보한 것 같다. 나는 너보다 다섯 살이 더 많다. 내가 먼저 죽을 거다. 많은 동지들이 그날을 우려한다."

펑더화이는 할 말을 잃었다.

그날 밤 마오쩌둥은 허망한 표정을 지었다. 경호원 중 한 사람의 구술에 따르면 의자에 기대앉아 눈을 반쯤 감은 채 낮은 목소리로 웅얼거렸다고 한다.

"지구상에 인간들처럼 상황에 따라 변화가 빠른 동물도 없다. 천년 후에 태어난 사람들이 지금의 우리를 뭐라고 할까! 어처구니없는 것들끼리 모여서 한바탕 희극을 벌이다 갔다며 조롱할 게 분명하다. 마르크스·엥겔스·레닌도 예외일 수 없다."

1957년 7월에 열린 루산회의 전까지만 해도
펑더화이(앞줄 오른쪽)와 류사오치(앞줄 왼쪽)는 사이가 좋았다.
고향도 같고 생각들도 비슷했다.
1953년 5월 7일, 류사오치·왕광메이 부부와 함께
중난하이를 산책하고 있는 펑더화이·푸안슈(浦安修) 부부.

"마오 주석, 좌우 다스릴 능력 없어"

1959년 7월 2일 시작된 루산회의는 시간이 흐를수록 살벌했다. 폐막 1주일을 앞두고 리루이를 비롯한 젊은 층들이 마오쩌둥에게 제출할 의견서를 준비할 정도였다.

"주석은 스탈린의 만년과 비슷하다. 천하를 통치할 능력은 감히 겨룰 사람이 없지만 좌우를 다스릴 능력은 갖추지 못했다. 비판을 들으려 하지 않으니 말하기가 겁난다. 백 년 후에 태어날 사람들의 의론조차 용납하지 않을 기세다."

소식을 들은 마오쩌둥은 당황했다. 류사오치를 불러서 단단히 일렀다.

"젊은 수재들은 원래 그런 거다. 자기들끼리 방구석에서 나눈 이야기다. 그런 것까지 문제 삼으면 일만 복잡해진다. 리루이를 뺀 나머지는 보호해라."

8월 15일 밤, 루산회의 폐막을 하루 앞두고 마오쩌둥은 당 중앙위원들에게 쪽지를 보냈다.

"비판은 엄하게 하되 처리는 관대하게 해라. 착오를 저질렀지만 펑더화이와 장원톈·황커청·저우샤오저우는 혁명성과 반동성, 양면성이 있는 사람들이나. 개과천선할 가능성이 있다."

다음날 마지막 회의에서 '군사구락부를 만들고, 외국과 내통한 펑더화이를 반당집단의 우두머리로 규정하는 결의안'을 통과시켰다. 베이징으로 돌아온 펑더화이는 군과 관련된 모든 직무를 정지당했다.

장원톈은 부인에게 "외교관이나 하던 사람이 잘 알지도 못하는 경제문제를 놓고 왈가왈부했다. 나라도 화가 났겠다"며 한바탕 야단을

맞았다. 사람들이 물으면 우연과 필연의 관계를 이야기했다
"내가 산에 오른 것은 우연이었다. 루산에 가지 않았더라면 그런 발언을 했을 리가 없다. 평소 왕래가 없던 펑더화이와 이웃에 묵었던 것도 우연이다. 의견이 있으면 말을 해야 한다. 그건 필연이다."
측근들에게는 "외국의 우수한 대학과 도서관에서 청년시절을 보냈다. 귀국 후 장정과 전쟁을 거치며 머릿속에 많은 것이 쌓였다. 하고 싶은 말을 안 할 수가 없었다. 나는 당의 총서기를 지낸 사람이다. 진실을 말하는 것이 내 의무"라는 말을 자주 했다.

"농부가 되어 자력기식하며 살고 싶다"

1959년 8월 18일, 중앙군사위원회는 확대회의를 소집했다. 전군의 지휘관 1,061명이 베이징에 운집했다. 국방부장 펑더화이와 총참모장 황커청이 도마 위에 올랐다. 당 지도자와 원수들이 개회사 비슷한 걸 했다.

류사오치는 비유에 능했다. "베이징을 떠난 비행기가 난징을 향했다. 항로는 직선이 아니다. 좌우와 위아래를 반복하며 하늘을 날지만 목적지는 변하지 않는다. 그간 벌였던 운동의 방향은 정확했다. 점차 좋아질 거다"라며 서두를 떼더니 갑자기 "군사구락부" "외국과 내통" "루산에서 난을 모의했다"며 펑더화이를 가혹하게 비판했다. 잠자코 듣고 있던 펑더화이는 들고 있던 연필을 바닥에 내팽개쳐 버렸다.

저우언라이는 신중했다.

"펑더화이 동지는 생각이 깊지 못했다. 우리가 일을 잘못하는 바

람에 펑더화이 동지가 잘못을 저질렀다."

보고를 받은 마오쩌둥은 "저우언라이는 원래 그런 놈"이라며 냉소를 지었다.

천원은 하루도 빼놓지 않고 자리를 지켰지만 입도 벙긋 안 했다. 린뱌오가 마오쩌둥에게 가서 일렀다.

"천원은 꼿꼿이 앉아 있기만 했습니다. 사람을 무서워하는 눈치였습니다."

마오쩌둥의 반응은 의외였다.

"그건 두려워하는 눈빛이 아니다. 아주 먼 곳을 바라보는 눈이다. 천원은 우파로 일관한 사람이다."

9월 9일, 펑더화이는 마오쩌둥에게 편지를 보냈다.

"30여 년간 베풀어 준 인내에 감사한다. 베이징을 떠나겠다. 인민공사에 가서 낮에는 노동하고 밤에는 공부하고 싶다."

일주일 후, 국가주석 류사오치는 전국인민대표대회(전인대) 결정 사항이라며 인사명령을 발표했다.

"국무원 부총리 린뱌오에게 국방부장 겸직을 명한다."

국방부장에서 쫓겨난 펑더화이는 한국전쟁에서 돌아온 이후 7년간 살았던 쭝난하이를 떠날 준비를 했다. 황혼 무렵만 되면 융푸낭(永福堂) 주변을 산책하며 감회에 젖었다. 하루는 양상쿤이 찾아왔다.

"무슨 말이라도 좋다. 하고 싶은 말이 있으면 내게 해라. 그대로 마오 주석에게 전하겠다."

평소 친한 사이였지만 펑더화이는 차만 마실 뿐 대꾸도 하지 않았다. 내 발로 온 게 아니라 주석이 보내서 왔다고 하자 입을 열었다.

"무슨 일이 있어도 반당행위나 자살은 하지 않겠다. 농촌이 그립다. 농부가 되어 자력기식하며 살고 싶다."

이젠 필요 없다며 원수 복장도 반납했다.

9월 30일, 국경일을 하루 앞두고 펑더화이는 중난하이를 떠났다. 배웅객이 한 사람도 없었다. 마오쩌둥은 "스산한 가을 바람이 대장군을 배웅했다"며 심란한 표정을 지었다.

중공의 한국전쟁 출병, 펑더화이와 김일성

"미국은 우리보다 대포가 많다.
그러나 역사는 대포로 쓰는 것이 아니다."

스탈린과 김일성의 전보를 받다

1950년 10월 1일, 중국은 신중국 선포 1주년을 맞았다. 이날 마오쩌둥은 경축 분위기와는 전혀 어울리지 않는 선물을 받았다. "한국전 출병"을 건의하는 스탈린과 "38선이 위험하다. 우리 힘으로는 위기를 극복할 능력이 없다. 조선땅에 들어와 작전을 펴달라"는 북한 수상 김일성(金日成)의 전보였다.

그날 밤 마오는 중공 동북국 서기 가오강(高崗)을 베이징으로 호출했다. "한국군 제3사단이 북진을 시작했다"는 총참모장 녜룽전의 보고를 접한 직후였다.

가오강은 자타가 공인하는 마오의 후계자였다. 동북 인민정부 주석과 농북군구 사령관까지 겸한 실질적인 '농북왕'(東北王)이었다. 거의 비슷한 시간에 동북 변방군 사령관 덩화(鄧華)도 "출동 준비를 완료하고 대기하라"는 마오의 급전을 받았다.

이튿날 오전, 마오는 중공 중앙 서기처 확대회의를 소집했다. 출병문제를 자유토론에 부쳤다. 신중론이 우세하자 10월 4일부터 정치국 긴급회의를 열자며 회의를 끝냈다. 회의장을 나서는 총리 저우언라이를 불러 펑더화이에게 비행기를 보내라고 지시했다. 당시 펑은 시안에 있었다.

10월 4일 오후 3시, 중난하이 이녠당(頤年堂)에 마오쩌둥·주더·류사오치·저우언라이·런비스 등 5대 서기를 비롯해 가오강·천윈·둥비우(董必武)·린보취(林伯渠)·장원톈·린뱌오·덩샤오핑·랴오수스(饒漱石)·녜룽전·양상쿤·후차오무(胡喬木)가 자리를 잡았다. 이 정도면 전 중국이 모인 거나 다름없었다. 워낙 사안이 사안인지라 죽음을 눈앞에 둔 런비스까지 참석했을 정도였다. 실제로 그는 2주 후에 사망했다.

회의 참석자들은 발언을 적극적으로 하지 않았지만, 내심 출병을 반대했다. 펑더화이는 기상관계로 회의 시작 한 시간이 지나서야 도착했다. 펑이 나타나자 잠시 침묵이 흘렀다.

마오가 입을 열었다.

"조선 출병에 유리한 점과 불리한 점을 토의하는 자리다. 각자의 견해를 발표하자."

뭐든지 기록하기를 좋아하는 저우언라이와 녜룽전이 받아쓸 준비를 하자 제지했다.

"기록도 중요하지만, 하고 싶은 말을 못할 수가 있다."

린뱌오가 '출병 불가론'을 폈다.

"우리는 20년간 전쟁만 해왔다. 상처가 아물지 않았다. 해방전쟁도 끝나지 않았고 해방구의 토지개혁은 시작도 하지 않았다. 원기를 회복하려면 시간이 필요하다. 미국과는 힘을 겨뤄본 적이 없다. 일단 출병하면 언제 끝날지 모른다. 전쟁은 끝이 보여야 한다. 참전보다는

1950년 10월 5일 속개된 중공 정치국 확대회의에서
한반도 출병을 주장하는 펑더화이(서 있는 사람).
마오쩌둥(왼쪽 다섯째)이 기록을 못하게 하는 바람에 후일
화가 가오촨(高泉)이 참석자들의 증언을 토대로
당시의 모습을 재현했다.

동북의 군사력을 강화시키는 편이 우리에게 유리하다."

이어서 결론을 내렸다.

"조선은 인구가 몇 백만밖에 안 된다. 우리는 5억이다. 몇 백만 명을 구하기 위해 5억이 나선다는 것은 계산상으로 맞지 않는 일이다. 어쩔 수 없다면 몰라도 피하는 게 상책이다."

다들 수긍하는 기색이 역력했다. 린뱌오는 한국은 물론이고 중국 인구도 잘 몰랐지만, 참석자 모두 그런 건 문제로 치지도 않았다.

다음 날 속개된 회의에서 펑더화이는 한반도 출병을 주장했다.

"어차피 미국과는 한판 겨룰 수밖에 없다. 저들이 압록강변에 포진하면 문제가 복잡해진다. 온갖 구실을 내세워 국경을 교란시킬 것이 뻔하다. 늦게 싸우는 것은 일찍 싸우는 것만 못하다. 전쟁이 끝나면 다시 건설하자."

소식을 기다리던 스탈린은 저우언라이의 소련 방문을 요청했다. 저우는 회의 결과를 보지 못하고 모스크바로 향했다.

'혈맹' 강조하며 출병 결정한 마오

저우언라이가 모스크바에 도착했을 때 스탈린은 크리미아의 별장에서 휴양 중이었다. 저우는 린뱌오와 함께 스탈린이 있는 곳으로 갔다. 정치국원들을 대동하고 기다리던 스탈린이 운을 뗐다.

"김일성의 용감한 모험은 실패했다. 남한에 자신을 지지하는 세력이 많고 군사력도 우세하다고 큰소리쳤다. 나는 그의 말만 믿고 남침에 동의했다. 미군의 상륙작전으로 현재 위기에 처해 있다."

스탈린은 소련의 참전이 불가능한 이유를 설명했다.

"우리는 북한에서 병력을 철수한다고 이미 발표해버렸다. 전쟁터에서 미군과 충돌하는 것이 불가능하다. 대신 공군을 동원해 엄호하겠다. 그것도 적 후방까지 들어가는 것은 곤란하다. 전투기 추락으로 조종사가 포로가 되거나 시신이 발견되면 국제적으로 파장이 크다."

스탈린은 중국은 문제될 것이 없다면서 두 가지 이유를 들었다.

"중국인과 조선인은 머리 색깔이 똑같고 생긴 게 비슷하다. 구분하기가 힘들다. 중국과 미국은 외교관계가 없다. 뭘 하건 행동이 자유롭다."

스탈린은 이어서 "중국이 출병하면 소련은 의무를 다하겠다. 치타와 남부 지역에 비행기·대포·탱크·차량·총기·탄약 등을 운반해 놨다. 당장 동북으로 이동이 가능하다"며 종목, 수량, 전달 방법까지 설명했다. 통역을 위해 배석했던 스저(師哲: 마오쩌둥의 4대 비서 가운데 한 사람으로 소련과의 연락을 도맡아 했다)는 후일 회고록에서 "스탈린은 소련과 북한 사이에 합의가 끝난 사항을 중국이 받아들이기만 기다리는 사람 같았다"며 당시를 회상했다.

저우언라이는 출병이 불가능한 이유를 장시간 설명했다.

"중국인들은 오랜 세월을 전쟁의 고통에 시달렸다. 이제 겨우 회복과 건설이 시작됐다. 다시 전쟁에 뛰어들면 빈곤과 고통을 개선할 방법이 없다. 경제 건설은 입에 담을 수도 없다. 전쟁은 아이들 유희가 아니다. 일단 발을 담그면 빠져나오기까지 오랜 시간이 걸린다. 거둬들이기가 더 힘들다."

스탈린은 시종 냉정하고 침착했다.

"중국이 출병을 안 하면 북한은 길어야 5일에서 일주일밖에 버티

동북에서 북한으로 실어나르는 군수물자를
미국기의 폭격으로부터 엄호하는 중공군 고사포부대.

지 못한다. 전멸당하느니 하루라도 빨리 철수시켜 후일을 기약하는 게 낫다. 소련은 북한과 접해 있는 구간이 짧다. 철수 병력 대부분이 중국의 동북 지역으로 이동할 수밖에 없다. 적들이 한반도를 점령하면 미군이 압록강변에 포진한다. 공중에서 폭탄을 퍼부어대면 내륙은 그렇다 치더라도 동북은 편할 날이 하루도 없다. 그런 와중에 건설이 가능할지 의문이다."

스탈린은 북한군을 한반도에서 철수시키는 문제도 구체적으로 제시했다.

"주력 부대와 무기·물자·간부들을 일단 동북으로 철수시키면 기회를 봐서 다시 조선으로 돌아가기에 유리하다. 노약자와 부상병들은 소련 경내로 들어오게 하자."

린뱌오는 유격전에 관심이 많았다. 북한군을 한국의 산악지대에 분산시키자고 했다. 스탈린은 "폭이 좁고 길쭉한 지역이라 활동에 한계가 있다. 한 차례만 수색해도 소멸된다"며 린뱌오의 의견을 묵살했다. 오후에 시작한 회의는 이튿날 새벽까지 계속됐다. 상대방의 의중을 탐색하느라 많은 시간을 허비했다.

저우언라이가 소련으로 출발한 이틀 후 마오쩌둥은 참전을 결정했다.

"많은 동지들이 출병을 반대한다. 우리가 잊어서는 안 될 일이 있다. 항일전쟁과 해방전쟁을 치르는 동안 조선 인민과 당의 동지들은 우리의 혁명을 위해 피를 흘렸다. 조선은 수백, 수천 가지 이유를 들이대도 바뀔 수 없는 혈맹이다. 미국은 우리보다 대포가 많다. 그러나 역사는 대포로 쓰는 것이 아니다. 저들이 원자탄을 쓰면 우리는 수류탄으로 맞서자. 우리가 모른 체하면 일본이 중국을 침략했던 길로 미국이 들어온다. 무슨 일이 벌어질지 모른다. 주먹 한 방 날려서 백 개가 날아오는 것을 면하자."

"조선 출신 해방군 보내달라"는 김일성의 요청

마오쩌둥의 한국전 참전은 어쩔 수 없는 결정이었다. 소련과 북한의 등쌀에 떠밀린 흔적이 역력하다. 1949년 3월, 모스크바를 방문한 김일성은 스탈린에게 "무력으로 한반도를 통일하겠다"는 계획을 털어놓고 지지를 희망했다. 스탈린은 거절하는 대신 이렇게 충고했다.

"남한 군대가 싸움을 걸어오면 반격을 핑계 삼아 38선을 넘어버려라. 단, 중국의 지지가 있어야 한다."

김일성은 스탈린이 시키는 대로 했다. 같은 해 5월 초, 마오쩌둥의 속내를 떠보기 위해 노동당 중앙위원 김일(金一)을 비밀리에 베이핑(北平: 10월 1일 신중국 선포 후에 베이징으로 개명)으로 파견했다. 김일을 만난 마오는 김일성의 구상을 반대하지 않았지만 동의하지도 않았다. 남한의 뒤에는 미국이 있었다. 전쟁이 벌어지면 북한은 상대가 안 됐다. 중국에 지원을 요청할 것이 뻔했다. 내전이 끝나지 않은 상황에서 병력을 동북으로 이동시키는 것은 쉬운 일이 아니었다.

한반도에 관심 가질 겨를도 없었다. 타이완과 티베트 문제, 서남지역의 국민당 잔존 세력과 토비(土匪) 토벌, 토지개혁 등 생각만 해도 골이 지끈지끈한 일이 한두 가지가 아니었다. 마오가 말했다.

"해방군 주력의 대부분이 남쪽에 있다. 미국이 개입했을 경우 신속한 지원이 불가능하다."

간단한 대화였지만 여건만 되면 지원을 고려해보겠다는 의미였다.

며칠 후 두 사람은 서쪽 교외에 있는 샹산(香山)의 '솽칭볘수'(雙淸別墅)에서 다시 만났다. 북한 인민군 정치부 주임을 겸하고 있던 김일은 "인민군 간부를 배양해야 한다"며 중국 인민해방군 소속 조선 국적의 병사들을 귀국시켜달라고 요구했다. 마오쩌둥은 토를 달지 않았다.

남의 나라 땅에서 북벌전쟁, 항일전쟁, 국·공내전을 거치며 단련된 전사들은 영문도 모른 채 조국땅을 밟았다. 몇 개월 후 동족상잔의 비극에 투입되리라는 것을 과연 알기나 했을지 궁금하다. 한국전쟁 초기 중요한 역할을 하게 되는 이들의 귀국은 남침 2개월 전인 이듬해 4월 중순, 마지막 병력이 원산항에 도착하는 날까지 계속됐다. 3개 사단을 꾸릴 수 있는 규모였다.

중국과 소련은 9월 말에도 무력통일을 지지해달라는 북한의 요청을 받았다. 양측은 짜기라도 한 것처럼 거절했다. 1950년 1월, 모스크바에서 '중·소동맹호조조약' 체결을 위한 회담이 진행되면서 상황이 급변했다. 중국과의 신소약이 체결되면 소련은 중국의 동북지역에서 누리던 권익을 상실할 수밖에 없었다. 스탈린의 시선이 한반도를 향했다.

1월 19일, 스탈린은 "김일성이 무력으로 조국통일을 실현하겠다며 스탈린 동지를 만나고 싶어 한다"는 평양 주재 소련 대사관의 전보를 받았다. 11일 후, 스탈린은 북한의 남침을 승인하면서 김일성을 모스크바로 불렀다. 한반도에 대한 전략을 공격으로 전환하겠다며 당부를 반복했다.

"직접 만나보니 마오쩌둥은 동북아 문제에 정통한 사람이다. 그의 의견을 구해라. 중공의 동의가 없으면 목적을 달성할 수 없다. 만일 미국이 간여한다면 소련은 조선을 도울 수 없다. 중국 외에는 의지할 곳이 없다. 마오에게는 당분간 비밀로 해라."

3월 중순, 김일성은 베이징 주재 북한대사 이주연(李周淵)을 통해 마오쩌둥 면담을 요청했다. 마오도 집히는 게 있었던지 이주연에게 구두로 전달했다.

"통일에 관해 의논할 문제가 있으면 극비리에 와라."

마오쩌둥은 대국의 최고 지도자답게 의심이 많았다. 중난하이에 거주하는 소련어 통역을 일주일간 톈진으로 놀러 보낸 후 김일성을 만났다.

"김일성은 전략이 틀려먹었다"고 한 마오

1950년 5월 13일 밤, 마오쩌둥을 만난 김일성은 "소련이 남침에 동의했다. 직접 중국 측에 전달하라고 해서 왔다"면서 유창한 중국어로 지지를 요청했다. 마오는 즉답을 피했다. 음식 이야기로 시간을 끌며 김일성이 눈치채지 않게 저우언라이를 소련 대사관으로 파견했다. 거짓말인지 아닌지 확인할 필요가 있었다.

이튿날 소련 측에서 답변이 왔다. "조선 동지들과의 회담에서 빌리프(스탈린) 동지와 그의 친구들은 조선인들의 계획에 동의했다"면서 중국을 난처하게 만들고도 남을 내용을 첨가했다.

"이 문제는 중국과 조선의 동지들이 공동으로 해결해야 한다. 중국 동지들이 동의하지 않는다면 토론을 통해 해결 방법을 찾아라. 상세한 내용은 조선 동지들을 통해 듣도록 해라."

마오는 그동안 자신을 따돌린 스탈린의 처사가 괘씸하고 불쾌했지만 도리가 없었다. 5월 15일, 김일성과 다시 만난 자리에서 "속전속결로 끝내라. 생산시설만 집중적으로 파괴하면 된다. 대도시를 점령하려고 애쓸 필요가 없다"고 충고했다. "미국이 참전하면 우리도 군대를 보내 돕겠다"며 김일성의 자존심을 슬쩍 건드렸다. 마오 몰래 소련으로부터 전쟁물자를 공급받은 김일성은 "동의한 것만으로 족하다"며 자리를 떴다.

김일성이 베이징을 떠난 다음 날 마오는 스탈린이 보낸 전보를 받았다. 의견을 구한다며 단둥(丹東)에서 선양까지 인민해방군 몇 개 사단을 배치해주기를 희망했다. 마오는 그날로 답전을 보냈다.

"해방군의 동북 투입은 당장이라도 가능하다. 그간 전쟁을 치르느라 소모가 컸다. 소련 측에서 장비와 무기만 제공한다면 병력은 전혀 문제될 게 없다."

스탈린도 "장비는 우리가 해결하겠다. 단, 하루라도 빨리 부대를 동북의 동남지구에 배치하기 바란다"고 회답했다.

6월 25일, 마오는 오후가 되어서야 프랑스 통신사를 통해 북한군의 남침 소식을 들었다. 김일성의 정식 통보는 사흘 후, 그것도 베이징 주재 북한 무관을 통해서였다. 같은 날, 스탈린이 보낸 전보도 받았다.

"김일성은 용기가 대단한 사람이다. 그를 설득시킬 수가 없었다.

1951년 4월, 중국인민부조위문단(中國人民赴朝慰問團) 단장(당시 통전부 부부장 겸 신화사 사장) 랴오청즈(왼쪽 첫째)와 부단장(당시 국무원 문화부장) 마오둔(오른쪽 첫째) 일행을 북한군 총사령부로 초청한 김일성과 박정애.

내가 무슨 말을 해도 결심과 믿음을 바꾸려 하지 않았다."

중공 총서기였던 후야오방(胡耀邦)은 당시 마오의 충격이 얼마나 컸던지를 회고록에 남겼다.

"주석은 한동안 입을 열지 않았고 면도도 하지 않았다. 일주일이 지나서야 비로소 수염을 깎았다."

6월 28일, 북한군이 서울을 점령했다. 소식을 접한 마오쩌둥은 걱정이 태산 같았다. 인근에 사는 비서 스저에게 심경을 토로했다.

"김일성은 전략과 책략이 틀리먹었다. 성질이 급하다 보니 출병 시기도 잘못 잡았다. 기반이 없는 남쪽으로 더 내려갈까 봐 눈을 붙일 수가 없다. 인천 쪽은 미군이 완전히 철수하지 않았다. 제주도도 마찬가지다. 미군이 서쪽으로 상륙하면 북한군은 허리가 잘린다. 그러면 아주 위험해진다."

마오는 김일성에게 "우리의 경험에 의하면 잠시 쉬었다가 다시 공격하는 것이 현명하다"며 잠시 호흡을 가다듬으라고 건의했다. 김일성은 마오의 말을 듣는 듯했지만 결국은 무시했다.

북한군이 남쪽으로 밀고 내려가자 마오쩌둥도 서서히 참전 준비에 착수했다.

한국전쟁 출병 경솔하다고 마오에게 직언한 린뱌오

한반도 출병을 준비하던 마오쩌둥은 지휘관 선정을 서둘렀다. 저우언라이와 둘이서 류보청(劉伯承)·린뱌오·덩샤오핑·가오강·천이·뤄룽환(羅榮桓) 등을 놓고 심사숙고했다.

저우언라이는 소련에서 군사학을 공부했고 실전경험이 풍부한 류보청을 추천했다. 마오는 생각이 달랐다. 난징에 군의 최고학부를 설립하고 류보청에게 관리를 맡길 생각이었다. 당시 해방군의 고급 지휘관 중에는 거칠고 교양 없는 자들이 많았다. 마오는 "큰 재목은 큰일에 써야 한다"며 덩샤오핑도 제외시켰다. 천이는 타이완 해방을 준비하느라 주둔지인 화동(華東) 지역을 떠날 수 없었고, 뤄룽환은 겉모습만 멀쩡했지 잔병이 많았다. 가오강은 동북의 왕이나 다름없었다. 그가 후방에 버티고 있어야 군수물자의 원활한 공급이 가능했다.

1950년 9월 초, 마오와 저우언라이는 우한에 있는 린뱌오를 호출했다. 린뱌오의 입에서 생각지도 못했던 말이 튀어 나왔다.

"직언을 용서해라. 미국 군대가 우리 경내에 들어오지도 않았다. 군대는 함부로 움직이는 게 아니다. 출병을 거론하는 것 자체가 경솔하다. 미군이 압록강 연안에 배치된다 해도 나쁠 게 없다. 가까이 온 적은 협상하기가 쉽다. 남북한이 싸우건 말건 그건 자기들 문제다. 단, 미 제국주의가 동북을 침범하면 이야기가 달라진다. 한바탕 붙는 수밖에 없다. 그때는 내가 직접 신발끈을 동여매겠다."

마오는 화들짝 놀랐다. 저우를 힐끔 쳐다봤다. 눈만 껌벅거리며 여간 놀란 표정이 아니었다. 린뱌오의 손을 꼭 잡고 식당으로 향했다.

"전쟁보다 더 중요한 일을 해결하자. 밥 먹으러 가자."

린뱌오는 남이 자기 몸에 손대는 것을 싫어했다. 몇 걸음 걷다가 슬그머니 손을 빼더니 계속 엉덩이에 문질러댔다. 마오는 못 본 체했다. 저우와 눈이 마주치자 엄숙한 표정을 지으며 고개를 살짝 옆으로 흔들었다. 이제 남은 건 펑더화이밖에 없었다.

고생 복을 타고난 펑더화이 한국전 사령관으로

마오는 국방위원회 주석 자격으로 회의를 소집했다. 총사령관 주더가 "홍군 시절 부총사령관이었고, 지금도 전군의 부총사령관"이라며 펑더화이를 추천했다. 말이 떨어지기가 무섭게 마오가 박수를 치며 다른 참석자들의 의견을 물었다. 반대가 있을 리 없었다.

펑더화이는 고생 복을 타고 난 사람이었다. 후난성 빈농의 장남으로 태어나 어릴 때부터 『논어』를 부지런히 읽었다. 여덟 살 때 어머니가 이상한 병으로 세상을 떠났다. 호적에서 성과 이름을 완전히 지워버리라는 말을 남겼다. 밑으로 남동생이 3명 있었다. 열 살 때부터 빈 밥그릇 들고 남의 집 문앞을 기웃거렸다. 기를 쓰고 익혔던 성현의 말씀은 세상살이에 도움이 안 됐다. 없는 사람들의 도리(道理)를 찾기 시작했다. 군대 외에는 갈 곳이 없었다.

입대 며칠 전 외사촌 누이 저우루이롄(周瑞蓮)이 찐빵을 들고 찾아왔다. 약혼이라도 하고 가라며 졸라댔다. 펑더화이는 빵을 씹으며 고개를 끄덕였다. 1918년 스무 살 때였다. 2년 후 루이롄은 아버지가 진 빚 때문에 동네 지주에게 팔려가게 되자 바위에서 몸을 던졌다.

펑더화이는 평생 루이롄을 잊지 못했다. 고향에만 돌아오면 루이롄이 살던 집 주변을 배회하며 "사람이 사람을 잡아먹는 세상, 너무 불공평하다"고 뇌까렸다. 30여 년 후 한국전에서 돌아온 후에도 그랬고, 중화인민공화국 원수 계급장을 단 후에도 그랬다.

마오쩌둥과 저우언라이는 한국전에 파병할 지원군의 명칭을 놓고 숙고했다. 뭐든지 트집 잡기 좋아하는 민주인사들에게 조언을 구했다. 뒷말을 없애기 위해서였지만, 부총리 황옌페이(黃炎培)가 그럴 싸한 의견을 내놨다.

"지원군은 파견군을 의미한다. 우리는 미국에 선전포고를 하지 않았다. 국가와 국가 간의 대립으로 몰고 갈 필요가 없다. 우리 인민들이 조선 인민들을 지원하기 위해 자원(自願)한 걸로 하자."

황옌페이는 미국 독립전쟁 시절 프랑스가 지원군(志願軍) 명의로 정부군을 미국에 파견해 영국군과 싸운 사실을 상기시켰다. 마오는 귀가 솔깃했다.

장남 마오안잉을 참전시키겠다는 마오의 말에 놀란 펑더화이

1950년 10월 7일 밤, 마오는 중국인민지원군(中國人民志願軍) 사령관 겸 정치위원 펑더화이를 "늦은 저녁이나 하자"며 집으로 초대했다. 전선으로 나가는 지휘관을 위한 일종의 송별연이었다. 이날 마오는 장남 마오안잉(毛岸英)을 지원병으로 추천했다. 펑더화이는 농담인 줄 알았다. "나는 주석의 집에 지원병을 모집하러 온 게 아니다. 주석을 모병관으로 임명한 적도 없다"며 웃었다.

잠자코 앉아 있던 마오안잉이 대화에 끼어들었다. 다급하게 지원 이유를 설명했다.

"나는 소련에서 사관학교를 졸업하고 레닌 군정대학을 마쳤다. 기갑부대 중위로 독·소전에도 참전했다. 지원병 1호로 나가겠다."

아들이 펑더화이에게 하는 말을 들으며 좋아 죽겠다는 표정을 짓던 마오는 펑더화이와 눈이 마주치자 "이 애는 우리가 못하는 러시아 말과 영어도 다 할 줄 안다. 조선에 나가면 소련사람, 미국사람들

전황 보고차 귀국하는 일선 지휘관들을 환송하는 중공군 총사령관 겸 정치위원 펑더화이(왼쪽 첫째).

한국전쟁 기간 전선을 시찰하는 펑더화이(오른쪽).
1952년 봄 개성 인근.

과 부딪칠 일이 많을 텐데 어떻게 할 거냐"라며 싱글벙글했다. 펑더화이는 항일전쟁 시절 나이 40이 넘어서야 결혼 비슷한 걸 했지만 아직도 슬하에 자식이 없었다.

일이 이쯤에 이르자 펑더화이도 결심을 하는 수밖에 없었다.

"내 통역이라면 몰라도 전투요원으론 절대 안 된다."

그날 밤 펑더화이는 잠을 설쳤다. 걱정이 태산 같았다. 작은 사고라도 났다 하는 날에는 정말 큰일이었다. 생각만 해도 온몸이 오싹했다.

1950년 10월 19일 세벽, 펑더화이는 베이징반점을 나섰다. 오전 9시, 전용기가 선양 공항에 도착하자마자 가오강(당시 동북 인민정부 주석. 동북군구 사령관을 겸했다)과 함께 동북군구 사령부로 직행했다. 몇 시간 동안 압록강 도강 계획을 보고받았다. 오후에 미그-15 전투기 4대의 호위를 받으며 국경도시 안둥(安東: 1965년 단둥으로 개명)으로 향했다.

그날 밤, 압록강 연안에는 가을비가 부슬부슬 내렸다. 무장 군인과 노동자, 군용차량, 포차가 강변에 바글바글했다. 가끔 조명탄이 터지고 강 건너 신의주 쪽에서 은은히 포성이 울렸다. 불빛 하나 없는 녹색 군용 지프 한 대가 압록강 대교를 건넜다. 펑더화이와 경호원 2명이 타고 있었다. 부전장비를 실은 차량이 뒤를 따랐다. 4일 후, 마오안잉도 압록강을 건넜다.

펑더화이는 마오안잉을 자신의 집무실 부근에서 비서 겸 통역으로 활동하게 했다. 보초 근무를 못하게 하고 총도 지급하지 않았다. 항상 눈앞에 보여야 마음이 놓였다. 부사령관 덩화와 훙쉐즈(洪學智), 펑더화이 집무실 근무자 외에는 아무도 마오안잉의 신분을 몰랐다.

미군의 폭격으로 압록강 건넌 지 한 달 만에 사망한 마오안잉

펑더화이는 폐광지역인 평안북도 대유동 골짜기에 항미원조 지원군(중공군) 사령부를 설치했다. 금광 사무실이었던 목조 건물에 지휘부를 차렸다. 한때 금맥을 찾아 헤매던 흔적들이 주변에 허다했다. 방공시설을 따로 만들 필요가 없었다.

1950년 11월 7일까지 계속된 중공군의 제1차 작전으로 한국군과 미군은 청천강 이남까지 후퇴했다. 유엔군 사령관 더글러스 맥아더는 "크리스마스 전까지 한국전쟁에 종지부를 찍겠다"며 총공격을 준비했다.

11월 24일 오후, 미군 비행기 두 대가 대유동 상공을 한 시간 남짓 휘젓고 돌아갔다. 동체에 'BLACK WIDOW'(미국산 독거미)라고 씌어 있는 정찰기였다. 징조가 심상치 않았다.

그날 밤, 한반도 북단의 폐광에서 중공군 당 위원회 긴급회의가 열렸다. 부사령관 홍쉐즈가 펑더화이의 안전을 책임지기로 의결했다. 이튿날 새벽, 홍쉐즈는 펑더화이에게 산중턱에 있는 동굴로 집무실을 이전하자고 건의했다. 마오안잉이 폭사하기 몇 시간 전의 일이었다.

펑더화이의 수행부관이었던 양펑안(楊鳳安)에 의하면 펑더화이는 호통을 치며 당 위원회의 결정을 거부했다. 무슨 말을 해도 소용없다고 판단한 홍쉐즈는 펑더화이가 화를 내건 말건 죽을힘을 다해 멱살을 잡고 문 쪽으로 나갔다. 넋을 잃고 있는 경호원을 향해 사령관의 침구와 붓, 벼루, 전보용지를 들고 따라오라고 소리를 질렀다. 부사령관 덩화가 동굴 앞에서 기다리고 있었다.

약 두 시간이 지났을 무렵 펑더화이가 양펑안에게 상황실에 가서 전선 상황을 알아보라고 지시했다. B-26 전폭기 두 대가 지휘부 상공을 지나고 있었다.

상황실에는 참모 네 명이 있었다. 두 사람은 입구에, 아침밥을 거른 마오안잉과 서북 출신의 참모 한 사람은 안쪽에 있는 난로를 쬐며 볶음밥을 데우고 있었다. 보고할 문건을 챙겨 든 양평안이 문을 여는 순간 방금 전에 봤던 전폭기가 회항하는 모습이 눈에 들어왔다.

양평안은 빨리 피하라며 소리를 질렀다. 수십 발의 폭탄이 비 오듯 했다. 하늘과 땅이 불바다로 변했다. 국·공내전을 치르면서 한 번도 보지 못했던 무서운 광경이 순식간에 벌어졌다. 펑더화이의 집무실도 불구덩이에 휩싸였다. 세월이 한참 지나서야 네이팜탄이라는 것을 알았다.

상황실 입구에 있던 사람들은 목숨을 건졌지만, 안쪽에 있던 마오안잉과 참모 한 사람은 화염에서 빠져나오지 못했다. 압록강을 건너온 지 34일 만이었다.

보고를 받은 펑더화이는 넋 나간 사람처럼 멍하니 서 있기만 했다. 직접 확인하겠다며 동굴을 뛰쳐나갔다. 현장은 참혹했다. 시신의 식별과 수습이 불가능할 정도였다. 러시아제 시계와 아이들 장난감처럼 예쁘게 생긴 호신용 권총 한 자루가 발견되자 펑더화이는 그 자리에 주저앉았다. 4년 전 소련을 떠날 때 스탈린에게 받은 선물이라며 자랑하던 마오안잉의 모습이 눈에 선했다. 참으로 기구한 삶이었다.

1949년 4월, 베이징 교외 샹산에 머무르던
마오쩌둥과 장남 마오안잉.

"주석은 눈물 한 방울 흘리지 않았지만"

마오안잉은 1922년 10월 24일 후난성 창사에서 태어났다. 아버지는 마오쩌둥, 어머니는 일본과 영국에서 교육학·철학을 전공한 베이징대학 윤리학 교수 양창지(楊昌濟)의 딸 양카이후이(楊開慧)였다. 다섯 살 생일을 며칠 앞두고 우한으로 떠난 아버지는 폭동을 주도하고 징강산으로 들어갔다. 여덟 살 때 어머니가 체포되는 바람에 두 명의 남동생과 함께 감옥생활을 했다. 생모가 총살당하자 보석으로 풀려난 마오안잉은 동생들을 데리고 거리를 방황했다. 공산당 지하조직의 도움으로 프랑스를 거쳐 소련으로 떠나기까지 5년간 상하이 거리를 헤매며 구걸과 호떡집 종업원, 인력거꾼 등 안 해본 일이 없었다. 그사이 막내 동생은 세상을 떠났고(일설에는 실종), 바로 밑의 동생은 경찰에게 곤봉으로 머리를 얻어맞아 불치의 병을 얻었다.

마오안잉이 귀국하는 날 마오쩌둥은 병중이었다. 의사의 만류를 뿌리치고 비행장에 나가 아들을 맞이했다. 19년 만의 부자 상봉이었다. 이틀간 같은 방에서 열 끼를 함께 먹으며 즐거워했다. 언제 그랬냐는 듯이 건강도 회복했다.

저우언라이와 리커눙(李克農: 사회부장 겸 외교부 부부장, 정보총책)으로부터 장남의 사망 사실을 보고받은 마오쩌둥은 한동안 고개를 들지 못했다. 후일 경호원 중 한 사람이 기록을 남겼다.

"주석은 눈물 한 방울 흘리지 않았지만, 그 처연한 옆모습은 차마 보기 힘들었다."

처복 없는 전장의 영웅

펑더화이는 원수 계급장에 국무원 부총리, 국방부장을 역임했지만 개인적으론 불우했다. 관상 잘 보기로 유명한 사람이 "평생 고생할 상"이라며 돈도 받지 않았다는 소문이 나돌 정도였다. 특히 여자 복과 음식 복이 없었다. 전쟁터에서 보낸 기간도 중국 역사상 가장 길었다.

약혼자가 자살한 후 술집 출입을 자주했다. 마음에 쏙 드는 가기(歌妓)가 있었다. 몸가짐이 단정해 주인에게 얻어맞기가 일쑤라는 말을 듣자 빌린 돈으로 빚을 갚아 줬다. 여자가 당차고 똑똑했다.

"고마운 일이지만 나는 너같이 생긴 사람이 싫다. 밥하고, 빨래하고, 심부름하며 은혜를 갚겠다."

펑더화이는 고향에 가라며 여비를 쥐어줬다. 역시 대장부라며 뒤에서 키득거리는 동료가 많았다.

24세 때 장교가 되자 행상의 딸과 결혼했다. 열네 살짜리 어린 신부였다. 여자들의 모범이 되라며 쿤모(坤模)라는 이름을 지어줬다. 전족을 풀어주고 글을 깨우치게 했다. 총명한 여자였다.

1928년 가을, 핑장에서 폭동을 주도했다. 저우언라이의 난창 폭동, 마오쩌둥의 창사 폭동, 장타이레이(張太雷)의 광저우(廣州) 폭동과 함께 중공이 일으킨 4대 폭동 중 하나였다.

펑은 홍군과 합류하기 위해 징강산을 향했다. 쿤모는 고향으로 돌려보냈다.

"혁명이 성공하면 보자."

쿤모는 비적의 여자라며 손가락질을 받았다. 단 하루도 마음 편하

1938년 옌안에서 아내 푸안슈(오른쪽)와 함께한 펑더화이.

게 살 수가 없었다. 떠돌이 생활을 하던 중 펑이 전사했다는 소식을 들었다. 좋다는 사람이 나타나 결혼식을 올렸다.

국·공합작으로 항일전쟁이 시작됐다. 홍군도 팔로군으로 명칭이 바뀌었다. 연일 신문에 "팔로군 부사령관 펑더화이"의 이름이 실렸다. 린뱌오가 핑싱관(平型關)에서 일본군을 전멸시켰다는 보도를 접한 쿤모는 펑에게 편지를 보냈다. 겉봉에 "핑싱관 펑더화이"라고만 썼다. 굶어 죽은 줄 알았던 부인의 편지를 받은 펑은 빨리 옌안으로 오라며 방법을 적어 보냈다.

쿤모가 남편이라는 사람과 딸을 데리고 나타났다. 펑더화이는 난감했다. 당대의 대전략가들이 즐비한 옌안이었지만, 그 누구의 머리에서도 뾰족한 해결책이 나오지 않았다. 천하의 마오쩌둥도 도움이 안 됐다. 일자리를 구해 주고 전쟁터로 떠났다.

10년간 부인만 기다렸다는 소문이 퍼지자 펑더화이는 여자들 사이에 인기가 치솟았다. 어떻게 생긴 사람인지 구경이라도 한번 해야겠다며 기웃거리는 여인들이 많았다. 작가 딩링(丁玲)도 그중 한 사람이었다. 한 미국 여기자는 최전선까지 찾아와 "내가 싫으면 할리우드식 연애라도 하자"며 노골적인 표현을 서슴지 않았다. 펑더화이가 말귀를 못 알아듣자 저렇게 눈치 없는 사람은 난생처음 보겠다며 짐을 꾸렸다.

나이 40이 돼 그 유명한 '푸씨 3자매'의 막내 푸안슈와 결혼했다. 사이가 좋았지만, 50년대 말 마오를 비판하고 실각하자 푸의 태도가 전과 같지 않았다. 펑더화이가 배(梨)를 반으로 잘랐다. 푸가 받아먹자 펑도 반쪽을 먹었다. 결국은 남이 되고 말았다. 리(梨)는 이별(離)

과 발음이 같다. 연인이나 부부 사이에 배를 나눠먹는 것은 결별을 의미한다.

펑더화이는 인생의 대부분을 전쟁터에서 보냈다. 제대로 된 음식을 먹을 기회가 적었다. 한국전 참전 기간에는 미숫가루만 먹을 때가 많았다. 평생 위장병에 시달렸다. 중국인들은 수천 년 동안 음식과 남녀관계를 가장 중요시 여겼다. 남들이 부러워할 것이라곤 하나도 없는 삶이었다.

1987년 펑더화이의 옛 집을 찾은 쿤모는 시 한 수를 남겼다.

"칼 찬 모습 찾을 길 없고, 영웅의 눈물인가, 바람만 나를 반긴다. 천지를 바꿔놓은 대장군을 그리며 언덕을 헤맨다."

이 황당한 여인은 펑더화이에 관한 책도 한 권 펴냈다.

"중국 배우 진산이 주권 침해했다"며 노발대발한 김일성

1950년 10월 14일, 베이징 칭녠궁(靑年宮)은 온종일 결혼식 준비로 분주했다. 시간이 되자 예복을 잘 차려 입은 명배우 진산과 홍색공주 쑨웨이스가 문 앞에서 하객들을 맞이했다. 한국전 출병 문제로 정국이 어수선할 때였지만, 각 분야의 내로라하는 사람들로 식장이 가득 찼다. 쑨웨이스에게 진산을 빼앗긴 영화배우 상무이양(張瑞芳)은 볼일이 있다며 상하이행 첫 비행기를 탔다.

저우언라이의 부인 덩잉차오가 혼자 나타나자 쑨웨이스는 실망한 기색을 감추지 못했다. "총리는 중요한 회의가 있어서 못 온다"고 해도 얼굴이 펴지지 않았다. 저우는 "중국 최고의 바람둥이에게 딸을 도둑맞았다"며 두 사람의 결혼을 탐탁해하지 않았다. 쑨웨이스는 세상이 다 아는 저우언라이의 수양딸이었다. 모스크바에서 연극을 공부하던 시절 린뱌오의 청혼을 받았고, 마오쩌둥과도 친했다.

두 사람의 결혼을 가장 기뻐한 사람은 마오의 부인 장칭이었다. 며칠 후면 한국전에 나갈 마오안잉과 두 딸을 데리고 직접 식장을 찾았다. 애물단지를 치우기라도 하는 듯, 속이 후련한 표정이었다.

진산은 1930년대부터 중국의 연극과 영화계를 주름잡은 최고의 스타였다. 사생활도 '무대 황제'라는 별명에 걸맞았다. 상하이 시절, 유명작가이며 문화 수준이 가장 높았던 여배우 왕잉(王瑩)과 결혼했지만 왕잉은 "이 사람과는 도저히 못살겠다. 한 달에 얼굴 한 번 보기가 힘들다"며 친구 펄 벅이 있는 미국으로 유학을 떠났다.

1932년 공산당에 입당한 진산은 항일전쟁이 발발하자 저우언라이를 찾아가 옌안에 가겠다고 졸라댔다. 당시 옌안에는 도시에서 몰려온 여학생들이 많았다. 저우는 더 중요한 일을 해야 한다며 상하이에 남아 있기를 권했다. 진산은 국민당 고위 관료들과 친분이 두터웠다. 국민당 핵심부에 잠복시킬 지하당원으로 안성맞춤이었다.

신중국 선포 후 중국청년예술극원이 문을 여는 날, 원장 랴오청즈가 참석자들에게 부원장이라며 진산을 소개했다. 총감독 쑨웨이스도 그 자리에 있었다. 명배우 진산이 17년간 국민당에 잠복해 있던 공산당원이라는 사실이 밝혀지자 "진산이야말로 진짜 연기자"라며 예술계 전체가 경악했다.

결혼 3개월 후, 진산은 중국문화예술위문단과 함께 한국땅을 밟았다. 중공군이 서울을 점령한 직후였다. 김일성은 중국에서 종씨가 왔다며 반가워했다. 진산이 "귀국하면 중·조연합군이 미군과 싸운

이야기를 영화로 만들겠다. 김일성 장군 역을 내가 맡겠다"고 하자 김일성은 안내 겸 통역으로 미모의 여비서를 붙여 줬다.

며칠 후 김일성은 진산과 여비서 사이에 얄궂은 일이 발생했다는 보고를 받았다. 김일성은 여비서를 총살하고 펑더화이에게 달려갔다. "진산이 우리의 신성한 주권을 침해했다"며 처형을 요구했다. 김일성과 충돌이 잦던 펑더화이도 이 일만은 김일성 편을 들었다. 저우언라이에게 "진산의 목을 쳐버리자"는 전문을 보냈다. 화들짝 놀란 저우는 본국으로 압송하라는 답진을 보냈다. 김일성은 모른 체했다.

문혁 시절, 쑨웨이스는 장칭과 린뱌오의 부인 예췬에게 호된 보복을 당했다. 저우언라이의 손이 미치지 않는 공군 감옥에서 숨을 거뒀다. 진산도 홍위병에게 끌려갔다. 쑨웨이스에게 동생이 한 명 있었다. 이름이 신스(新世)였다. 문혁이 끝나고 출옥한 진산은 인생에 마지막 솜씨를 과시했다. 신스와 살림을 차렸다.

스탈린 · 김일성 · 가오강이 만나 정전에 대해 논의하다

1951년 6월 초, 마오쩌둥은 스탈린이 보낸 전보를 받았다.

"미국이 우리에게 정전을 주선해달라고 한다. 뭐라고 대답하면 좋을지 알려주기 바란다."

마오도 답전을 보냈다.

"미국의 의도가 불분명하다. 정말 화해를 원하는 건지, 아니면 다른 속셈이 있는지 알 수가 없다."

같은 달 중순, 김일성이 베이징에 나타났다. 중국 지도자들과 여러 차례 회담했다. 말이 회담이지 밥 먹고 차 마시며 나누는 대화였다.

펑더화이는 희로애락이 얼굴에 그대로 드러나는 사람이었다.
전황에 따라 표정이 수시로 바뀌곤 했다.
얼굴이 곧 전쟁 상황판이었다. 성격도 급했다.
대신 음흉하지는 않았다. 1955년 10월, 베이징을 방문한 김일성과
건배하는 펑더화이. 원수 계급장을 받은 직후였다.

1953년 7월 28일 오전 9시, 한국전쟁 정전협정 문서에 서명하는 펑더화이.

양측은 기본적으로 정전에 합의했다.

마오쩌둥은 김일성에게 모스크바에 가서 스탈린을 만나보라고 권했다. "김일성의 의견이 가장 중요하다. 우리 쪽에서는 한 사람만 가면 된다"며 동북인민정부 주석 가오강을 딸려 보냈다. 가오강은 스탈린을 가장 존경했다. 동북의 모든 건물에 자신과 스탈린의 사진만 나란히 걸어놓게 했다. 가오강 만세는 불러도 마오쩌둥 만세를 부르는 사람은 없었다. 마오쩌둥이 뭐 하는 사람인지 알 필요도 없었다.

가오강과 김일성을 만난 스탈린이 "이건 너희들이 이긴 전쟁이다. 미국이 전쟁을 끝내고 싶어 한다. 우리 보고 중간에 나서달라고 세 차례나 요구했다. 처음에는 모른 체했지만, 이제는 뭔가 반응을 보여야 한다"면서 현지 상황을 구체적으로 물었다. 가오강은 물론이고 김일성도 제대로 대답을 못했다. 짜증이 난 스탈린은 전화로 소련군 부총참모장을 불렀다. 북한 땅에는 소련인 고문이 약 3,000명 정도 있었다.

부총참모장이 한반도 지도를 들고 들어왔다. 전황을 설명하고 나가자 김일성이 펑더화이 욕을 해대기 시작했다. 입에 침이 튀겼다.

"펑더화이인지 뭔지 정말 고집불통이다. 남의 말을 들으려 하지 않는다. 모든 걸 혼자서 멋대로 결정해버린다. 성질이 어찌나 못돼먹었는지, 겪어보지 않은 사람은 모른다."

스탈린이 그만하라며 눈치를 줘도 막무가내였다. "내가 하는 말이나 들으라"며 소리를 꽥 지르자 그제야 "에이, 펑가 놈 때문에 조국통일이고 뭐고 다 망쳐버렸다"며 입을 닫았다.

펑더화이와 김일성 주먹질했다는 소문도

펑더화이와 김일성은 충돌이 잦았다. 서로 주먹질하고 따귀까지 때렸다는 소문이 나돌 정도였다. 그럴만한 근거가 충분히 있었다. 1951년 1월 4일, 중공군과 북한군이 서울을 점령했다. 선봉이 북위 37도선에 도달했을 무렵 펑더화이는 공격을 중지시켰다. 중공군 주력도 서울 이북으로 철수시켰다.

1월 5일, 중·조연합군 사령부에서 고급간부 회의가 열렸다. 김일성·박헌영과 함께 조선인민군 총고문을 겸하고 있던 북한 주재 소련대사 라자레프도 참석했다. 펑더화이는 2시간 늦게 나타났다(이 일 때문에 후일 마오쩌둥에게 야단을 맞았다).

펑더화이의 운전병은 회의 시작 전 세 사람이 머리를 맞대고 수군거렸다는 기록을 남겼다.

"속전속승(速戰速勝)이 가능한 전쟁이다. 승리를 눈앞에 두고 추격을 멈추는 전쟁은 고금을 통해 없다. 펑더화이는 우파분자다. 스탈린 동지에게 불려가 교육을 좀 받아야 한다."

대충 이런 내용이었다. 회의 준비하느라 들락거리는 운전병이 러시아어에 능통하리라고는 생각지도 못했다.

김일성이 "의논 한 마디 없이 철수나팔이나 불어대고, 연극 한번 잘한다"고 빈정대자 펑더화이의 안색이 금세 변했다. 중공군은 식량과 탄약이 거의 바닥난 상태였다. 미군의 공습으로 도로와 교량이 거의 파괴되다 보니 보급이 불가능했다. 야채를 먹지 못해 야맹증 환자가 속출했고 각기병과 동상으로 픽픽 쓰러지기 일쑤였다. 회의는 고성이 오갔다. 서로 치고받았는지는 알 수 없지만, 우당탕탕 하는 소리가 밖에까지 들렸다. 불과 5개월 전 일이었다.

통역으로 따라갔던 스저도 재미있는 기록을 남겼다. 가오강과 김일성은 스탈린과 회담하며 정화(停火)·정전(停戰)·휴전(休戰)이라는 용어를 구분 없이 사용했다. 스탈린이 "정화는 시신 수습이나 부상병 운송 등을 위해 몇 시간이나 며칠간 전쟁을 멈추는 것이고, 장기간 교전을 중지하는 것이 정전과 휴전이다. 전쟁상태가 해제된 것이 아니기 때문에 수시로 재발해도 이상할 게 없다. 평화와는 거리가 멀다"고 설명한 후 "너희들이 바라는 게 뭐냐"고 물었다.

세 사람은 정전에 합의했다.

스탈린은 "바라는 것이 분명해졌으니 미국사람들 이해시키기가 쉽겠다. 정전하기 전에 진지 조정을 잘해라. 일주일이면 족하다"며 끝을 맺었다. 마오쩌둥이 "빨리 이기는 것이 불가능하면 천천히 이겨도 된다. 급할 게 없다"고 시간을 끌며 소련 측에 계속 군수물자 지원을 요구하리라고는 예상하지 못했다.

학력學歷보다 학력學力이다 3

저우언라이周恩來는 빈손으로 오는 법이 없었다. 항상 옷이나 담요 따위를 들고 왔다. 말이 없던 린뱌오林彪는 가끔 "죽을 끓이면 천하에 별미"라며 공산당 근거지 옌안延安에서 수확했다는 대추와 좁쌀을 들고 와 슬그머니 놓고 가곤 했다. 국민당 남방 집행부 주임 왕신헝王新衡도 툭하면 황먀오쯔黃苗子를 따라 이류당二流堂을 찾았다. 공산당 쪽 사람들이 더 붙임성이 있었다. 문화인들은 본인들도 모르는 사이에 서서히 '좌경 유치병' 환자가 되기 시작했다. 딩충丁聰은 증세가 특히 심했다.

소박한 국학대사 나라의 품격을 높이다

"국가를 찬양하는 것만 애국이 아니다.
불만을 표출하는 것도 애국이다."

성적표 하나로 유학 관문을 통과

1920~30년대, 대학 졸업은 곧 실업이었다. 무슨 수를 쓰건 밥그릇을 꿰차야 했다. 유학생들은 사정이 달랐다. 귀국과 동시에 몸값이 100배로 치솟았다. 전국에 유학병 환자들이 많았다. 지셴린(季羨林)도 예외가 아니었다. "나도 당연히 유학열에 시달렸다. 증세가 심했다"고 훗날 회상했다.

부유한 상인이나 고관집 자녀들은 자비로 유학길에 올랐다. 지셴린은 산둥성의 빈농 출신이었다. 오리 한 마리도 제대로 먹어본 적이 없었다. 관비는 귀찮은 것을 싫어하는 명문세가 출신들이 지원을 안 하다 보니 공정하기는 했지만 응시자가 너무 많았다.

지셴린은 1934년 칭화대학 서양문학부를 졸업하자마자 지난(濟南)에 있는 모교의 국어교사로 초빙을 받았다. 학생시절 발표했던 「황혼」 「해당화」 등 산문 덕분이었다. 셰익스피어와 세르반테스, 괴테가 머리에 가득 차 있었던 23세의 청년은 굴원(屈原), 두보(杜甫), 한유(韓愈), 소동파와 씨름을 하기 시작했다. 국학과의 첫 대면이었다.

산둥의 중·고교들은 다른 지역에 비해 밥그릇 싸움이 치열했다. 교장이 바뀌면 교사부터 경리직원까지 학교를 떠났다. 최대 파벌은 베이징대학과 베이징사범대학 출신들이었다. 모교의 교장은 베이징대학파의 보스였다. 특정 파벌에 속하지 않은 사람을 포섭해 세력을 확장하려던 중 칭화대학 출신인 지셴린의 산문을 우연히 읽었다.

교장은 지셴린을 데리고 온 것을 후회했다. 마작판에 어울리지 않았고 작전회의에도 참석하지 않았다. 조직적으로 사대 출신들을 모함하는 재능도 전혀 없었다. 칭화대학 출신들을 규합해 자신을 지지해주기 바랐지만 그것도 착각이었다.

지셴린은 문예지를 만들어 주옥 같은 산문들을 발표하고 학생들에게도 게재할 기회를 줬다. 앉기만 하면 학생들의 잠자리와 먹는 것 걱정이었다. 교장은 자신이 한심했지만 교사들에게는 "대학자의 자질이 있다"며 지셴린의 무능을 감쌌다. 지셴린은 친구들의 출국 소식을 들을 때마다 식은땀이 났다. 유럽의 아름다운 풍광 속에서 노닐 그들은 인간의 모습을 한 신선임이 분명했다.

칭화대학과 독일의 학술교환처(DAAD) 사이에 연구원을 교환하기로 했다는 소식이 들렸다. 매달 120마르크를 지급하고 여비는 자비부담이었다. 한 달에 800마르크씩 받는 관비유학생과는 천양지차였지만 하늘이 내린 기회였다. 지셴린은 대학시절 성적표 하나로 관문을 통과했다. 가장 기뻐한 사람은 교장이었다. 연일 연회를 베풀었다. "귀국하면 꼭 함께 일하자. 유학기간은 길면 길수록 좋다"는 말을 여러 번 했다. 거의 파산상태였던 가족들은 "굶기는 쉬워도 죽는 것은 어렵다"며 지셴린을 안심시켰다.

1991년 7월 25일, 베이징 베이하이(北海)공원에서 열린 싼롄(三聯) 사장단 오찬에 참석한 지셴린(오른쪽 둘째).

고문서 속에 파묻혀 키운 학자의 꿈

1935년 10월 31일, 지셴린은 괴팅겐에 도착했다. 다음 날 일기에 이렇게 적었다.

"독일은 나의 천당이며 이상향이었다. 도저히 올 수 없는 곳이었다. 새로운 꿈은 어디에 있을까? 다시는 돌아올 수 없지만 영원히 소멸될 수 없는 영광의 상징인 고대문자를 연구하겠다."

먼저 와 있던 장융(章用)이라는 중국학생이 범문(梵文)을 권했다. 장융은 전 교육총장 장스자오(章士釗)의 아들이었다. 12월 16일 일기에 이렇게 다짐했다.

"중국 문화는 인도 문화의 영향을 가장 많이 받았다. 중국과 인도의 문화관계를 철저히 파헤치겠다."

괴팅겐 대학은 19세기 초부터 동방 고문자 연구의 총본산이었다. 도서관에는 범문과 트루판·바빌론·아랍·페르시아·터키의 연구서와 고본들이 산더미처럼 쌓여 있었다.

지셴린은 꿈을 찾았다. 이후 70여 년간 한 가지 꿈만을 꾸었다. 하루가 48시간이 아닌 것이 한(恨)이었다.

제2차 세계대전이 발발하는 바람에 2년 예정의 독일 유학은 10년이 걸렸다. 열정 하나로 버틴 청년 시절이었다. 지셴린은 여든이 넘어서도 색 바랜 중산복(中山服)을 입고 도서관 열람실을 찾았다. 집안도 책이 많은 것 외에는 일반인의 집 실내와 다를 바 없었다.

2009년 7월 11일, 98세를 일기로 타계했다. 언론들은 그의 서거 소식을 전하며 '국학대사'나 '국보'라는 용어를 사용했지만 지셴린은 언어학·민족학·사학을 넘나든 명번역가이며 명산문가였다. 800

여만 자의 저술과 번역을 남겼다.

　말년에 그의 병상을 국가 지도자들이 연이어 방문했다. "국가를 찬양하는 것만 애국이 아니다. 불만을 표출하는 것도 애국이다"라는 말을 자주 했다. 노학자에 대한 예우가 국내외에 보도되는 바람에 중국의 품격을 높이는 데도 큰 몫을 했다.

　국학대사나 국보급 인물은 예전에도 많았고 지금도 많다. 그러나 당대의 학자들 가운데 끝까지 소박함을 잃지 않고, 남보다 특출난 존재라는 생각을 단 한 번도 해본 적이 없는 사람은 지셴린이 유일하다.

학력學歷보다 학력學力이다

"선충원은 전통적인 시골사람의 눈으로
중국의 인간과 자연을 노래했다."

인문학과 자연과학의 소통 강조한 후스

1928년 봄, 상하이의 명문 중국공학(中國公學)에 학생소요가 발생했다. 이사회는 전 베이징대학 교장 차이위안페이(蔡元培)를 교장으로 영입해 사태를 무마하려고 했다. 학생들은 "도덕과 학문은 나무랄 데가 없는 분이지만 겸직이 많은 것이 흠이다. 학교 일에 전심전력을 다하지 못할까 봐 두렵다"며 거절했다. 학교 측은 졸업생 중에서 교장감을 물색했다. 후스(胡適) 외에는 적당한 사람이 없었다.

후스는 무지와 무능으로 무장된 이들이 높은 자리에 앉아 기상천외한 발상을 내놓는 것을 경멸하는 사람이었다. 조용히 있으며 봉급이나 축내는 것이 차라리 낫다고 생각했다. 취임식 날 '무위이치'(無爲而治)를 선언했다.

"권한을 쥐고 있다 보면 개인의 지식이나 능력에 한계가 있다는 것을 망각하기 쉽다. 남들이 상상도 못했던 일을 한다며 함부로 결정하고 시행하는 것은 강도보다 더 위험하다."

후스가 생각하는 '무위이치'는 "아무것도 안 하고 내버려두면 일이 저절로 굴러간다"는 전통적 의미가 아니었다. 각자가 할 일을 알아서 하라는 식이었다. 단, 교수 임용과 교육은 직접 챙겼다.

후스의 교육은 문리(文理)의 소통이 핵심이었다.

"인문학과 자연과학의 소통은 학생들의 수준을 향상시킨다. 조기 전문교육은 지식의 폭을 좁게 만든다. 말하는 기계보다는 사고와 이성의 노예를 양성해야 한다."

이과에 뜻을 둔 학생들에게 문학과 역사를 호되게 교육시켰다. 인문학 전공자들은 자연과학 과목을 이수해야 졸업을 할 수 있었다. 위안스카이의 손자며느리 우젠슝(吳健雄)은 세계적인 여성 핵물리학자였지만 문학과 역사에 대한 지식이 남달랐다. 사람들이 의아해할 때마다 한결같이 "학창시절 후스가 교장으로 온 뒤부터 문학과 역사를 열심히 공부했다"는 대답을 했다. 후는 우에게 작문 점수 100점을 준 적이 있었다. 그날 밤 일기에 적었다.

"우젠슝이 100점을 맞은 것은 나에겐 평생을 두고 즐거워해도 좋을 선물이다."

우젠슝은 자신의 손으로 키워낸 노벨물리학상 수상자 양전닝(楊振寧)에게도 인문학의 중요성을 항상 강조했다.

교수로 임용된 26세 무학의 작가 선충원

후스는 교수들의 학력(學歷)보다 학력(學力)을 훨씬 중요하게 여겼다. 학력(學歷)을 유일한 기준으로 삼다 보면 가짜 학력이 판칠 수 있다는 것이 이유였다.

후스는 『아라비안 나이트』에 실릴 만한 인사를 단행했다. 1929년 8월, 26세의 청년작가 선충원(沈從文)을 교수로 임용하자 학교 안팎

1952년 미국에서 타이완으로 돌아온 후스는
해외 출장이 잦았다. 출국하는 후스를 배웅하는
부총통 천청(陳誠·오른쪽). 1958년 4월,
후스는 장제스의 요청으로 타이완에 정착했다.

이 술렁거렸다. 선충원은 시골 사숙에 몇 년 다닌 것이 고작이었다. 학생들보다 학력(學歷)이 낮고 단 한 편의 연구논문도 없었다.

첫 수업은 가관이었다. 며칠 동안 준비한 것을 10여 분 만에 다 떠들어버리자 목소리가 나오지 않았다. 끝나는 시간까지 멍하니 서 있다가 칠판에 이렇게 썼다.

"첫 수업이라 준비를 많이 했다. 뭘 했는지 다 까먹었다. 여학생들이 너무 많다. 나는 너희들이 무섭다."

이야기를 들은 후스는 그냥 웃기만 했다.

하루는 한 여학생이 교장실을 찾아왔다. 편지를 한 묶음 내밀며 읽어보라고 했다. 선충원에게 받은 편지들이었다. 후스는 침착하게 편지를 다 읽었다. 구구절절 명문장이었다. 후스는 여학생에게 말했다. "너와 선충원은 모두 미혼이다. 총각이 마음에 드는 처녀에게 연애편지 보내는 것은 아주 자연스러운 일이다. 답신을 보내고 안 보내는 것은 네 자유지만 이 편지들을 절대 버리지는 마라"며 여학생을 달랬다. 증국번의 『가서』(家書), 루쉰의 『양지서』(兩地書)와 함께 중국의 3대 서간집이라 해도 손색이 없는 『충원가서』(從文家書)가 탄생하는 순간이었다.

후는 20개월간 교장 노릇을 했다. 학교를 떠날 땐 학생 수가 네 배로 늘어나 있었다.

거리를 전전한 배고픈 습작시절

선충원은 1917년 15세 때 군대에 들어갔다. 정규군과 비적 중간쯤 되는 꼬마 군벌이 지휘하는 부대였다. 지휘관은 고전과 고서화를 좋아했다. 제 돈 주고 산 것은 하나도 없었지만 수장품의 양과 질이 굉장했다. 글을 아는 선충원에게 분류와 관리를 맡겼다. 덕분에 5년간 군인 노릇을 하면서 원 없이 눈 호강을 했다.

못 볼꼴도 많이 봤다. 죽고 죽이는 일을 수없이 목도했다. 아귀(餓鬼)들의 다툼과 다를 바 없었지만 가족과 자녀가 있는 멀쩡한 사람들 사이에 벌어지는 일이었다. 나름대로 얽히고설킨 사연들이 있었다. 인간 세상은 참으로 복잡했다.

상무인서관(商務印書館)에서 나온 찰스 디킨스 전집을 읽었다. 당장 써도 그만큼은 쓸 것 같았다.

1922년 봄, 육군 상사 선충원은 군복을 벗었다. 석 달치 봉급 27원을 받았다. 친구와 친척집을 다니며 겨우 10원을 빌렸다. 집안 구석에 굴러다니던 『성경』(聖經)과 『사기』(史記)를 챙겨들고 작가가 되겠다며 고향을 떠났다. 창사, 한커우(漢口), 정저우(鄭州), 쉬저우(徐州), 톈진을 거쳐 베이징에 도착했을 때 7원 60전이 남아 있었다. 역전 여관 숙박부에 '20세, 학생, 후난성, 펑황현(鳳凰縣) 사람'이라고 적었지만 대학생이 되고자 했던 꿈은 일찌감치 포기했다. 당시 시행되던 중국어 표기법조차 제대로 모르는 시골 청년을 받아주는 대학은 없었다. 낮에는 대학 주변을 맴돌고 해가 지면 석탄 창고를 찾아갔다.

고도(古都) 베이징은 거대한 박물관이었다. 거리에 문물들이 널려 있었다. 온종일 책방에 서 있어도 나가라고 하는 사람은 없었다. 견디기 힘들 정도로 배가 고프고 몰골은 말이 아니었지만 하루하루가 황홀했다. 고향에 내려갈 생각은 추호도 없었다.

신중국 수립 후 선충원은 '분홍색 작가'라는
비판을 받고 문단과 베이징대학 교수직에서 쫓겨났다.
대륙과 타이완 양쪽에서 그의 작품은 금서였다.
1979년 11월 6일, 30년 만에
중국 문학예술공작자대회에 모습을 나타낸 선충원.

1924년 말, 선충원은 생명에 위협을 느꼈다. 그동안 수많은 신문과 잡지에 글을 보냈지만 바다에 진흙 던지기였다. 2년간 굶어 죽거나 얼어 죽지 않은 것은 기적이었다. 글로만 접했던 위다푸(郁達夫)에게 구원을 청하는 편지를 보냈다. 도쿄제국대학 경제학과를 졸업한 후 소설 한 편으로 명성을 얻은 베이징대학 통계학과 강사 위다푸는 낯선 청년의 편지를 받고 한밤을 뒤척거렸다. 날이 밝기가 무섭게 발신자의 주소를 찾아 나섰다.

선충원의 글을 알아본 위다푸와 쉬즈모

홑껍데기에 피골이 상접한 청년을 만난 위다푸는 어쩔 줄을 몰랐다. 입고 있던 솜옷을 벗어 입히고 무조건 끌고 나왔다. 방 안에 온기라곤 하나도 없었다. 선충원은 아사 직전이나 다름없었다. 제대로 걷지도 못했다. 우선 아무 식당이나 들어갔다. 위다푸는 입도 벙긋하지 않았다. 정신없이 먹어대는 선충원의 모습을 멍하니 바라보기만 했다. 밥값 1원 70전이 나오자 5원을 냈다. 거스름돈을 선충원 쪽으로 슬그머니 밀어놓고 그냥 나와버렸다. 말 한 마디 제대로 나누지 못하고 헤어졌지만 두 사람 모두 이날의 감격을 평생 잊지 못했다.

위다푸는 우체국으로 달려갔다. 『신보부간』(晨報副刊)의 새로운 편집인으로 내정된 쉬즈모(徐志摩)에게 선충원으로부터 받았던 편지를 보냈다. "그렇게 총명해 보이는 눈을 본 적이 없다"는 말을 덧붙였다. 쉬즈모가 영국에서 귀국하기 직전이었다.

『신보부간』은 베이징에서 최대 부수를 자랑하던 『신보』의 문예 섹션이었다. 지난 신문들을 쭉 훑어본 쉬즈모는 짜증이 났다. 서슴지 않고 "변비 걸린 사람들이 끙끙거리며 만들어낸 것 투성이였다. 필자도 허구한 날 그놈이 그놈"이라고 말할 정도였다. 채택되지 않았던 원고들을 유심히 살폈다. "역시"라며 위다푸의 혜안에 감탄했다.

쉬즈모는 선충원의 글을 연달아 독자들에게 선보였다. 자신의 감상문을 함께 싣기도 했다. 선충원은 하루아침에 후스, 량치차오(梁啓超), 류하이쑤(劉海粟), 원이둬(聞一多) 등 당대의 명류(名流)들과 어깨를 나란히 했다. 이후 10여 년간 80권의 저서를 펴냈다. 베이징을 대표하는 '경파(京派)문학의 영수'라는 명칭이 씌워졌다.

중국 신문학운동의 선구자들은 현대 서구사상의 세례를 받은 사람들이었다. 체계적이고 정교한 이론을 갖추고 있었다. 선충원은 이들과 달랐다. 후스처럼 서구인들의 세계관이나 방법론으로 중국 문화를 해석하지 않았고, 저우쭤런(周作人)처럼 중국 구문화의 전통 안에 자신만의 정원을 건설하지도 않았다. 루쉰과 궈모뤄와도 달랐다. 전통문화의 폐해를 폭로하거나 마르크스주의의 세계관으로 중국 사회를 관찰하려 하지 않았다. 대단한 사상이나 학설이 아닌 전통적인 시골사람의 눈으로 중국의 인간과 자연을 노래했다.

'자본론' 들여온 마이푸
'셰익스피어' 번역한 량스치우

"독서만이 내가 할 수 있는 일이다. 관료는 소질이 없다."

『사고전서』 3만 6,000여 권을 다 읽다

마이푸(馬一浮)는 철학과 문학에 정통했던 학자이며 시인이고 서예가였다. 외국어도 영어와 프랑스어·독일어·일본어·스페인어·라틴어를 자유롭게 구사했다. 서법과 시(詩)는 유행을 따르지 않았고 속되지 않았다.

마이푸는 저장성 사오싱(紹興)에서 태어났다. 어릴 때부터 책이라면 닥치는 대로 읽었다. 항저우(杭州)에 황실 장서각인 문란각(文瀾閣)이 있었다. 『사고전서』(四庫全書)가 소장된 곳이었다. 소년 시절 3년간 문란각 인근의 광화사(廣化寺)에 기거하며 『사고전서』 3만 6,000여 권을 다 읽었다고 한다. 중국의 전통문화에 대한 자부심이 강했지만 서구의 문화와 학술에 관한 호기심도 많았다. 영·불·독어를 익히기 위해 각고의 노력을 했다.

20세 되는 해에 미국으로 갔다. 세인트루이스에 머물며 도서관과 서점을 학교 삼아 아리스토텔레스·헤겔·다윈·단테 등 서구의 사상과 문학에 심취했다. 4년간을 그러다가 독일 문학에 흥미를 느껴 다시 독일로 갔다. 독일에서 『자본론』을 처음 접했다. 그는 저자의 이론과 풍부한 지식, 세련된 문장에 푹 빠져들었다. 감상하며 탄복하기를 반복했다.

마르크스주의의 중국 전파사

1905년 마이푸는 귀국길에 올랐다. 일본에 한동안 머물렀다. 일본인들도 『자본론』을 모를 때였다. 경쟁이라도 하듯이 그를 찾아와 가르침을 구했다. 일본에서는 이때부터 『자본론』이 전파되기 시작했다. 그의 귀국은 '마르크스주의의 중국 전파사'라는 면에서 큰 의의를 갖는 사건이었다.

마이푸는 친지와 친구들에게 열정적으로 『자본론』을 소개하고 선전했다. 그러나 읽고 감상하는 데 그쳤을 뿐 번역해서 전파하려고 하지는 않았다. 서구의 선진사상을 소개하기 위해 『20세기 번역세계』라는 잡지를 창간해 '프랑스 혁명당사' '러시아의 허무주의사' 같은 글들을 발표했지만 『자본론』에 관해서는 내용의 일부라도 소개하지 않았다. 그러나 하루도 빠짐없이 『자본론』을 읽으며 경탄하곤 했다.

마이푸는 정치나 사회 문제에는 관심이 없었다. 1912년 1월, 난징에 설립된 중화민국 임시정부는 마이푸를 교육부 비서장에 임명했다. 1개월 후 "독서만이 내가 할 수 있는 일이다. 관료가 되려면 또 다른 학문이 필요하다. 나는 소질이 없다"라며 사직했다. 베이징대학 교수직도 거절했다. 20년대 중반 동남지구 5개 성의 통치자인 대군벌이 마이푸와 시국담을 나누려 항저우에 왔을 때도 "병이 깊어 완치가 되지 않았다"며 만나기를 거절했다.

중화인민공화국 수립 후에도 학자생활은 변하지 않았다. 초대 상

1950년대 중반 천안문광장에 걸려 있는
마르크스와 엥겔스의 초상.

하이 시장이 된 화동군사령관 천이는 군인이었지만 지식인들을 존중했고, 본인도 시인이었다.

천이는 마이푸를 방문했다. 마이푸는 손님이 온 줄 모르고 잠에 취해 있었다. 그날따라 비가 내렸다. 천이는 몇 시간을 문 앞에 서서 기다렸다. 사람들은 '마문입우'(馬門立雨: 마이푸의 문전에 서서 비를 맞으며 기다리다)라며 두 사람을 칭송했다. 이날을 계기로 마와 천은 평생 친구가 되었다.

마이푸가 처음 들여와 감상하고 음미하기를 반복하던 『자본론』은 1920년대 말에서 30년대 초에 와서야 젊은 학자들에 의해 소개되기 시작했다. 1930년 최초의 중역본이 나왔지만 원본의 1부 중 1편만 번역한 것이었다. 완역본은 1929년 궈다리(郭大力)와 왕야난(王亞南)이 번역에 착수해 9년 만인 1938년에 출판되었다. 마이푸가 독일어 원본을 들여온 지 33년 만이었다.

최고의 산문가 량스치우의 진면목은 번역과 연애편지

지난 세기말까지만 하더라도 중국의 초·중·고교 교과서에는 루쉰의 문장이 5편씩 실렸다. 20세기가 끝나갈 무렵 3편으로 줄어들더니 '화해사회'(和諧社會)의 건설과 자본가의 부활이 본격화되면서 아예 없애버렸다. 대신 '반동 문인' 취급을 받던 영문학자 량스치우(梁實秋)의 글이 자리를 차지했다.

신중국 수립 이후 량의 책들은 출판이 불가능했지만 그의 이름을 모르면 중국인이 아니었다. 루쉰과 마오쩌둥 덕분이었다. 량은 젊은 시절 루쉰과 논쟁을 벌인 적이 있었다. "문학에는 계급이 없다"며

'정치의 도구로 이용될 소지가 있는 문학'을 경계했다. '사상의 자유'를 요구했고 '사상의 통일'을 반대했다. 좌익 계열의 작가들과도 필전(筆戰)이 그치지 않았다. 루쉰으로부터 "상갓집에서 빈둥대는 자산계급의 주구"라는 소리를 수없이 들었다.

  1927년부터 시작된 두 사람의 논쟁은 1936년 루쉰이 세상을 떠나면서 흐지부지 끝나버렸다. 내용은 별게 아니었지만 영향은 만만치 않았다. 항일전쟁 기간에는 전시수도 충칭(重慶)에 머물며 "문학은 항일전쟁과 아무 상관이 없다"는 주장을 폈다. 신보적인 작가들로부터 호된 비판을 받았다. 혁명 진영과 자칭 진보인사들치고 량에 대한 험담을 안 해본 사람이 거의 없었다. 마오까지 나서서 '자산계급 문학의 대표인물'로 낙인을 찍어버렸지만 '아사소품'(雅舍小品)을 연재해 전쟁으로 상처받기 쉬운 인성(人性)을 달랬다. 그의 글을 읽는 순간만이라도 사람들은 자신이 전쟁의 불구덩이 속에 있다는 것을 잊을 수 있었다.

  량스치우의 산문은 중국 현대 산문 가운데 최고의 출판 기록을 세웠지만 진면목을 보여준 것은 번역과 연애편지였다. 1930년 말, 후스가 교육문화기금회 산하의 번역위원회 주임을 맡아 5개년 계획을 세웠다. 『셰익스피어전집』도 그 안에 들어 있었다. 1856년 선교사들에 의해 이름이 알려지기 시작한 이래 찔끔찔끔 단행본들이 나온 적은 있었다. 거의가 엉터리였다.

하루 2,000자씩 40년간 셰익스피어와 씨름하다

  후스는 원이둬·쉬즈모·천위안(陳原)·예궁차오(葉公超)·량스치

1926년 미국 유학에서 돌아온 량스치우.
오른쪽은 경찰관이었던 아버지.
량스치우는 4년간 학비와 생활비가 보장된
국비유학생이었지만 좋아하던 여자가 다른 남자와
결혼할까 봐 3년 만에 귀국했다.

우 등 5명을 역자로 선정했다. 량스치우는 별로 기분이 내키지 않았다. 그래도 시작은 했다. 한참 하다 보니 나머지 네 사람은 시작도 하지 않았다는 것을 알았다. 원이둬는 민주화 운동을 하느라 바빴고, 쉬즈모는 연애에 정신이 없었다. 예궁차오는 글 한 번 잘못 썼다가 한밤중에 끌려가 얻어맞고 나오더니 대학에 있다간 제 명에 못 죽을 것 같다며 정계로 투신했다. 천위안은 국제연맹 대표로 영국으로 떠나버렸다.

후스는 난감했다. "차나 한잔 하자"며 량스치우을 불러냈다. 이날 량은 벽돌 반쪽만한 찐빵 12개와 자장면 세 그릇을 앉은 자리에서 먹어 치웠다. 물끄러미 바라보던 후스는 "번역을 너 혼자서 한번 해보라"며 량의 어깨를 두드렸다. "마치는 날 멋진 파티를 열어주겠다"는 말도 잊지 않았다. 이즈음 상하이의 한 상인 집에서 43년 후 량의 부인이 될 한징칭(韓菁淸)이라는 여자아이가 태어났다.

량스치우는 하루에 2,000자씩 40년간을 셰익스피어와 씨름했다. 1948년 타이완으로 나온 후에는 더위와 치질에 시달렸다. 펜을 놓고 일어날 때마다 의자에는 붉은 피가 얼룩져 있었다. 1970년 전집 40권이 완간되는 날 8년 전 세상을 떠난 후스가 그리워 엉엉 울었다고 한다. 자본가의 주구 소리를 들었지만 단 한 푼도 외부의 지원을 받지 않았다.

1974년 봄, 량은 상처했다. 미국 시애틀에서 부부가 함께 시장에 장보러 갔다가 건물 간판이 떨어지는 바람에 부인만 변을 당했다. 조강지처를 그리는 글들을 발표해 뭇사람들의 심금을 울렸지만 잠시였다. 우연한 자리에서 왕년의 상하이 가후(歌后) 한징칭을 만나자 구애의 편지를 보내기 시작했다. 한도 처음에는 답장을 보냈지만 점차 엄두가 나지 않았다. 하루에 1통은 기본이고 2통, 3통씩 보내는 날이 더 많았다.

  73세의 량은 부인 사망 10개월 만에 재혼에 성공했다. 량이 한에게 보낸 연애편지는 연령·수량·기간이 모두 범상치 않았다. 오죽했으면 기네스북에도 올랐을까.

재녀들 속에 방황하는 서정시인 쉬즈모

"우리는 입으로 말하지만 루샤오만은 눈으로 말한다."

타고르에게 초청편지 쓴 쉬즈모

  1920년 북양정부 재정부장을 사직한 량치차오와 전 외교부장 린창민(林長民) 등이 강학사(講學社)라는 학술 단체를 조직했다. 듀이·러셀·타고르·드리슈 등을 초청해 순회강연을 열었다. 중국에서는 이들을 '4대 명철'(四大明哲)이라고 불렀다. 특히 타고르는 1913년 노벨문학상을 수상한 후부터 중국에 본격적으로 소개되기 시작해 불과 몇 년 만에 300여 종의 판본이 대도시의 서점에 깔려 있었다. 명성이 나머지 세 명을 합친 것보다 높았다. 듀이·러셀·드리슈의 초청강연을 성공적으로 마친 강학사는 타고르와 접촉을 시도했다. 타고르는 선뜻 응하지 않았지만 딱 부러지게 거절도 하지 않았다.

  타고르의 의사·가족·친지들은 건강을 이유로 중국행을 말렸고 프랑스의 로맹 롤랑은 절대 가지 말라는 편지까지 보냈지만 타고르가 쉽게 결정하지 못한 원인은 주변의 만류나 건강 때문이 아니었다. 중국은 자신들의 시와 사상과 교육방법이 확실하게 있는 나라였다. 아무리 생각해봐도 좋은 소리를 들을 것 같지가 않았다. 까딱하면 무슨 망신을 당할지 몰랐다. 결국 "종교인들처럼 전할 복음이 없고, 철학자의 이론도 갖추지 못했다"며 사양하는 서신을 보냈다. 량치차오는 영국 유학에서 막 돌아온 시인 쉬즈모를 찾아가 모든 것을 위임했다.

타고르를 초청하기 위해 쉬즈모가 보낸 편지가 남아 있다.

"우리나라의 청년들은 이제 막 옛 전통에서 벗어나기 시작했다. 그들은 신선하고 나약한 꽃봉오리와 같다. 남쪽에서 불어오는 따뜻한 바람에 안기고 새벽의 이슬이 입맞춤해주기를 고대한다. 당신이야말로 바람과 이슬이다."

쉬즈모의 과장된 언사는 '자연과 생명의 시인'을 움직이고도 남았다. 겨울이 지나고 봄바람이 불면 중국을 찾겠다는 답장을 보냈다.

1924년 4월 12일, 63세의 타고르가 상하이에 첫발을 디뎠다. 중국과 인도의 문화교류가 단절된 지 1,000년 만이었다. 북방의 학계를 대표해 상하이까지 내려온 쉬즈모의 영접을 받은 타고르는 항저우·난징·지난·톈진 등 대도시에서 강연을 하며 관광을 즐겼다. 항저우에서 "우리 인도는 패전국이다. 굴욕의 민족이다. 실리가 지배하는 세상, 어떻게 하는 것이 남에게 도움이 되는지를 모른다. 상처를 입히는 방법도 익힐 기회가 없었다"로 시작되는 강연을 했다. 잠시였지만 "중국에 전혀 도움이 안 될 사람"이라는 소문이 퍼지기 시작했다. 쉬즈모는 가는 곳마다 통역을 도맡아 했다.

4월 23일, 이들을 태운 열차가 베이징에 도착했다. 역 광장에서 폭죽이 요란하게 터지고 문화계의 명사들이 총동원되다시피 했다. 그날 밤 대형 환영회가 톈탄(天壇)공원에서 열렸다.

1924년 5월 8일, 징산(景山)에 살던 푸이(溥儀)의
영어교사 존스턴(맨 뒤)의 집을 방문한 타고르(앉은 사람 왼쪽),
쉬즈모(맨 왼쪽)와 린후이인(앞줄 왼쪽 둘째)의 모습이 보인다.
타고르 오른쪽에 앉은 사람은 국무총리 옌후이칭(顔惠慶),
옌의 바로 뒤에 서 있는 소년은 푸이의 매제이며
황후 완룽(婉容)의 동생 룬치(潤麒).

"망한 나라의 시인이 우리를 가르치다니"

중국의 지식인들이 타고르를 대하는 태도는 극과 극이었다. 자유주의적 성향이 강한 지식인들은 환영했지만 루쉰·궈모뤄·린위탕 등은 냉담하다 못해 노골적으로 적대시했다. 타고르의 강연은 주로 박애와 평화에 관한 것들이었다. 동방문명의 우수성을 강조하며 서구문명을 여지없이 깎아내렸다. 정(靜)으로 동(動)을 제압해야 한다며 폭력으로 폭력을 구축하는 것에 반대했다. 당시 중국은 전통사상 비판이 기승을 부리고 혁명의 열기가 팽배해 있을 때였다. 강연장마다 전단이 뿌려졌다.

"우리는 왜 타고르에게 반대하나."

"망해먹은 나라의 시인이 우리를 가르치려 하다니……"

"빨리 가줬으면 좋겠다."

루쉰은 몇 차례의 조롱으로 끝냈지만 천두슈(陳獨秀)는 "과학과 물질문명의 가치를 모르는 사람, 동방민족의 해방운동을 잘못된 곳으로 인도하는 사람"이라며 맹공을 퍼부어댔다. 린위탕은 '타고르는 도대체 뭐 하는 물건이냐'라는 글을 발표했다. 타고르는 여섯 번으로 예정된 베이징 강연을 다 마치지 못하고 귀국했다.

타고르의 방문은 본인도 모르게 중국의 문화계에 엉뚱한 후유증을 남겼다. 이를 계기로 링수화(凌叔華)와 린후이인(林徽音), 후스로부터 "하나의 풍경"이라는 극찬을 받았던 루샤오만(陸小曼), 중국 최초의 여성 금융인 장유이(張幼儀) 등 당대의 재녀(才女)들과 요절한 서정시인 쉬즈모의 복잡한 관계가 본격적으로 시작됐기 때문이다.

타고르가 베이징에 도착한 날부터 량치차오와 린창민은 린후이인에게도 통역을 부탁했다. 린후이인은 량치차오가 예전부터 점찍어 놓은 며느릿감이었다. 타고르가 가는 곳에는 영락없이 쉬즈모와 함께 린후이인이 있었다. '삼우도'(三友圖)라는 제목을 붙인 세 사람의 모습이 연일 신문에 실렸다. 한 폭의 그림 같았다. 남들은 알 턱이 없었지만 쉬즈모와 린후이인은 초면이 아니었다.

린후이인과 루샤오만으로 머릿속 복잡한 쉬즈모

1920년 봄, 미국 유학을 마치고 중국에 돌아왔던 쉬즈모는 부모가 정해준 네 살 연하의 장유이와 하기 싫은 결혼을 억지로 했다. 다시 영국으로 유학을 떠났다. 공부하러 간다는 것처럼 도망가기에 좋은 핑곗거리도 없었다. 케임브리지에서 정치경제학을 전공하던 중 웰스(H.G. Wells)를 만나면서 문학에 심취하기 시작했다. 돤치루이(段祺瑞) 내각의 사법총장직에서 쫓겨난 린창민도 국제연맹 중국 측 대표 자격으로 딸 린후이인과 함께 런던에 와 있었다. 24세의 기혼자 쉬즈모는 린후이인을 본 날부터 잠을 설쳤다. 애정 공세를 퍼부어댔다. 린후이인도 만만치 않았다고 한다. 대담하기로 이름난 린창민이 쉬즈모에게 간곡한 내용의 편지를 보낼 정도였으니. 량치차오의 얼굴이 눈에 어른거렸던지 린창민은 국제연맹이고 뭐고 다 걷어치우고 귀국 보따리를 꾸렸다.

모든 게 장유이 때문이라고 생각한 쉬즈모는 장유이를 어르고 달랬다. 온갖 정성을 다하고 지혜를 짜낸 보람이 있었는지 중국 민법에 이혼 조항이 생긴 이래 최초의 현대식 이혼에 성공했다. 쉬즈모는 당

위 | 1920년 런던에 체류하던
시절의 린창민·린후이인 부녀.
아래 | 페이화(培花)여고 시절,
사촌들과 함께한
린후이인(오른쪽 첫째).

시자와 중인들의 도장이 찍힌 서류를 보물처럼 들고 귀국했다. 베이징에 와서 보니 린후이인이 량치차오의 아들 량스청(梁思成)과 열애 중이라는 소문이 파다했다. 린후이인을 직접 찾아갔지만 일이 간단하지 않았다.

방황하는 쉬즈모의 앞에 또 한 명의 재녀가 나타났다. 미국 웨스트포인트 육군사관학교를 졸업한 하얼빈 경찰국장 왕껑(王庚)의 부인 루샤오만이었다. 후스의 소개로 쉬즈모를 알게 된 왕껑은 "내가 베이징을 비우는 동안 집사람을 잘 부탁한다"는 싱거운 말을 시도 때도 없이 두 사람 앞에서 해대곤 했다. 사관학교를 졸업하는 날까지 아이젠하워와 한방에서 지냈던 이 우수하고 단정한 직업군인은 하얼빈과 베이징을 오가는 생활을 하고 있었다.

루샤오만은 프랑스어와 영어에 능통했다. 18세 때부터 외교사절들의 통역을 도맡아 했고 경극과 시·서·화 모두에 능했다. 춤도 일품이었다. 쉬즈모와 루샤오만은 처음 만난 날부터 주위 사람들이 의아해하고도 남을 행동을 했지만 순조롭게 풀릴 수 있는 일은 아니었다. 타고르의 중국 방문 시기는 쉬즈모의 머릿속이 린후이인과 루샤오만으로 인해 한참 복잡할 때였다.

타고르와 그림으로 대화한 '당돌한 재녀' 링수화

또 한 여인이 등장했다. 타고르가 옌징(燕京)대학을 방문하던 날 학생을 대표해 일행을 맞이한 여학생이 후일의 '뤄자산(珞珈山) 3걸(三傑)' 중 한 사람인 링수화였다. 링은 베이징시장에 해당하는 순천부윤(順天府尹)과 즈리포정사(直隸布政司)를 지낸 고관의 딸이었다.

유년기에 서태후의 궁정화가와 천스쩡(陳士曾)·왕주린(王竹林)에게 그림을 배웠고, 학계의 괴걸 구훙밍(辜鴻銘)은 영어 가정교사였다. 캉유웨이(康有爲)·위취위안(兪曲園)·치바이스(齊白石)·천인커(陳寅恪) 등 당대의 명류들 치고 그의 집 문턱을 드나들지 않는 사람이 없었다. 20대 초반이었지만 말과 행동거지가 예술과 교양덩어리였다. 이날 링수화는 30여 명을 모두 집으로 초대했다. 당돌한 제의였지만 타고르가 수락했다. 궁정식 정원이 펼쳐진 거실에 정좌하자 링수화가 타고르에게 물었다.

"시에 관한 이야기들은 많이 나눴을 테니 오늘은 그림이나 그리며 놀지요. 그림 좋아합니까?"

일행들은 기겁을 했지만 링은 개의치 않았다. 타고르는 유화 1,500여 점을 남긴 화가이기도 했다. 불상과 연꽃을 그렸다. 링도 국화 아홉 송이를 그려 화답했다. 쉬즈모·후스·쉬베이훙(徐悲鴻) 모두 어처구니없다는 표정을 지으며 혀를 내둘렀다.

쉬베이훙은 타고르에게 초상화를 그려 선물했다. 이날 그 자리에는 린후이인도 있었고 장차 링의 남편이 될 천위안도 있었다. 후일 링수화는 "너무 어렸다. 기가 워낙 성하다 보니 위아래도 없었고 무례했다. 생각하면 자꾸 얼굴이 화끈거린다"며 당시를 회상했다.

제일 멀쩡한 사람은 타고르였다. 링수화의 집을 나오며 주변을 힐끗 보더니 남들 몰래 쉬즈모의 귀에 대고 "린후이인보다 나으면 나았지 빠지는 게 하나도 없다"고 말했다.

쉬즈모의 아버지도 타고르에 못지않았다. 아들의 이혼 소식을 접하자 재산 3분의 1을 "내가 결혼을 승낙한 며느리에게 해줄 것이라

베이징 스자후퉁(史家胡同)의 집에서
회화에 열중하는 링수화.

곤 이것밖에 없다"며 장유이에게 줘버렸다. 조리사만 800여 명을 둔 반찬가게와 간장공장을 운영했고 상하이에서 다섯 손가락 안에 드는 전당포와 전구공장을 소유한 거부였다.

쉬즈모, 과거의 애정행각 링수화에게 털어놓다

1924년 5월 29일, 타고르는 쉬즈모와 함께 상하이를 떠났다. 상황을 파악한 량치차오는 량스청과 린후이인을 미국으로 유학 보냈다. 아들과 며느릿감, 쉬즈모 모두 상처받기를 바라지 않았다. 3개월 후 부인이 세상을 떠났을 때 아들에게 알리지 않았고 린창민이 흉탄을 맞고 숨졌을 때도 린후이인의 귀국을 말렸다.

중국을 떠난 타고르는 쉬즈모와 2개월간 일본을 여행했다. 홍콩에서 헤어질 때 이듬해 봄 유럽에서 다시 만나자며 쉬즈모에게 '쑤어스마'라는 인도식 이름을 지어 줬다. 그동안 링수화는 일본과 홍콩에서 날아온 쉬즈모의 편지를 48통 받았다. 까막눈이 아닌 다음에야 쉬즈모의 편지를 받고 나가떨어지지 않을 여인은 중국 천지 어디에도 없었다.

귀국한 쉬즈모는 툭하면 링수화를 불러냈다. 도도하기 이를 데 없던 링이었지만 상대는 당대 최고의 서정시인이었다. 두 사람은 주로 베이하이공원을 산책했다.

링은 쉬로부터 온갖 이야기를 다 들었다. 얼떨결에 했던 결혼과 이혼, 런던 시절 린후이인에게 품었던 감정, 왕껑의 부인 루샤오만과의 관계 등이 주된 것이었다. 들으면 들을수록 어처구니없는 내용들이었지만 쉬의 입에서 나오다 보니 한 마디 한 마디가 모두 시였다. 이성

적이었던 링은 천위안과 사귀기 시작했다. 어찌나 감쪽같았는지 주변에 아는 사람이 하나도 없었다.

1925년 3월, 쉬즈모는 베이징대학에 사직원을 제출하고 유럽 여행을 준비했다. 타고르와 약속도 있었지만 루샤오만과의 애정 행각이 온 장안에 퍼져 있다 보니 그 압력을 견딜 재간이 없었다. 동서고금을 막론하고 이런 일에는 여자들이 더 대담해지는 법, 루는 "왕껑과의 문제는 내가 알아서 처리할 테니 나가 있어라"며 쉬의 등을 떠밀었다.

출국 전 쉬즈모는 루샤오만 몰래 가죽상자를 들고 링수화를 찾아갔다.

"루샤오만이 보면 곤란한 것들이야. 내겐 가장 중요한 보물이니까 보관하고 있다가 무슨 일이 생기면 내 전기를 써 줘. 팔보상(八寶箱)이거든."

링은 고개를 끄덕이며 물었다.

"후스는?"

쉬는 씩 웃었다.

"하여간 딴 놈들은 절대 보여주지마, 너만 봐."

팔보상 안에는 쉬즈모가 지인들과 주고받은 서신과 생각날 때마다 써 뒀던 시와 산문의 수고(手稿)가 들어 있었다. 가장 중요한 것은 런던 시절 린후이인에게 빠져 있을 때 영문으로 쓴 2권 분량의 '케임브리지 일기'와 1922년 11월, 이혼 서류를 들고 귀국했지만 린이 홱 돌아선 뒤 실연의 아픔을 기록한 일기였다. 루샤오만을 만나기 전에 일어났던 일들이지만 루가 보기라도 하는 날에는 "내가 대용품이

1927년 9월 30일 발행된
『양우화보』 표지에 '쉬즈모 부인'으로
소개된 루샤오만.

냐"며 무슨 큰 난리가 벌어질지 몰랐다.

남자는 메이란팡, 여자는 루샤오만

쉬즈모는 4개월간 유럽과 소련을 떠돌아다녔지만 루샤오만과의 관계는 식을 줄 몰랐다. 우여곡절 끝에 1926년 10월 3일, 베이하이 공원에서 두 사람은 결혼식을 올렸다. 량치차오와 후스가 궂은일을 도맡아 했다.

루샤오만은 음력 9월 19일, 관세음보살의 생일날 태어났다. 어릴 때 별명이 '꼬마 관세음보살'(小觀音)이었다. 학생 시절 그의 유화를 구입하기 위해 무던히 애를 쓴 프랑스인이 많았다. 국제사회에 '웰링턴 쿠'라는 이름으로 널리 알려진 중국의 제1세대 외교관 구웨이쥔에 의해 18세 때부터 3년간 외교계에 발을 들여놓았다. 구로부터 극찬을 받았다.

"루샤오만의 아버지를 보면 총명한 구석이라곤 단 한 군데도 없다. 저렇게 영리하고 예쁜 딸이 태어난 것을 보면 알다가도 모를 일이다."

화가 류하이쑤는 "시는 명·청대의 문인들과 견줘 손색이 없고 자태는 신의 조각품과 같다"는 말을 자주 했다. 쉬즈모가 후스와 선충원에게 "우리는 입으로 말하지만 루샤오만은 눈으로 말한다"고 하면 다들 동의했다. "남자는 메이란팡(梅蘭芳), 여자는 루샤오만!" 이건 상식이었다.

쉬즈모는 1931년 11월 19일 비행기 추락으로 사망했다. 만주를 일본군에 점령당한 지 2개월 만이었다. 시인 쉬즈모의 위력은 대단했다. 신문마다 "중국은 성 하나를 또 잃었다" "중국의 문화계가 무자비하게 폭격당했다"고 보도했다. 전국적으로 추도회와 시 낭송회가 열렸다.

이류당, 일류 문화인들의 행복한 살롱

"우리는 정객이 아니다. 소시민들이다."

내로라하는 문화인들을 불러모은 '20세기 맹상군' 탕위

중·일전쟁이 발발하자 상하이의 일류 문화인들 거의가 전시수도 충칭을 향했다. 공산당 근거지 옌안은 주로 젊은 축들이 줄을 이었다. 충칭은 도시 전체가 피란민들로 북새통을 이뤘다. 인구 16만이었던 도시가 순식간에 통계가 불가능할 정도의 대도시로 변했다.

쓸 줄은 알아도 버는 재주는 없었던 문화인들은 한동안 살길이 막막했다. 입는 것은 그렇다 치더라도 먹고 자는 문제가 보통 일이 아니었다.

이들 앞에 생각지도 않았던 구세주가 나타났다. 이류당(二流堂)의 당주(堂主)로 중국인들에게 영원히 회자될 '20세기의 맹상군(孟嘗君)' 탕위(唐瑜)였다.

탕위는 난양(南陽)화교 출신이었다. 집안이 버마(현재 이름 미얀마)의 대자본가였지만 사업보다는 영화 쪽에 관심이 많았다. 문장도 신랄했다. 여배우 롼링위(阮玲玉)가 자살했을 때 '누가 롼링위를 살해했나'라는 글로 상하이를 뒤집어놓았던 장본인이 탕위였다. 중공 총정치부 선전부장 판한녠(潘漢年)과 화남국 서기였던 극작가 샤옌

(夏衍) 등 중공의 문화정책 담당자들과 친했다.

중·일전쟁 기간 버마에서 윈난(雲南)으로 연결되는 도로는 외부의 보급품이 중국에 유입될 수 있는 유일한 통로였다. 탕위는 랑군(현재 이름 양곤)에 있는 형들에게 충칭에서 사업을 하겠다며 온갖 거짓말을 다해 돈을 타냈다. 대형 트럭 2대와 최고급 승용차에 뭔가를 가득 싣고 충칭에 와서는 차량들까지 처분해버렸다. 원로 연극배우 뤼언(呂恩)의 회고에 의하면 탕위가 들고 온 물건들의 자산가치가 은행을 하나 차려도 될 정도였다고 한다.

탕위는 대형 거실이 딸린 번듯한 집을 구입한 뒤 요리사와 세탁부를 고용했다. 상하이 시절부터 알고 지내던 문화인들이 몰려들기 시작했다. 중국인이라면 아이부터 어른에 이르기까지 남녀노소를 막론하고 그 이름을 모르는 사람이 없는 시사만화가 딩충(丁聰), 뭘 물어봐도 모르는 게 없었지만 단 한 줄의 글도 남기지 않은 음악가 청자룬(盛家倫), 여류작가이며 배우였던 펑쯔(鳳子), 이름난 화가에 산문가였지만 지금은 서예가로 더 알려진 황먀오쯔(黃苗子), 왕런메이(王人美)와 헤어진 한국인 영화황제 김염(金焰)과 훗날 결혼하게 되는 친이(秦怡), 왕런메이의 두 번째 남편이자 중국 발레의 초석을 놓은 현대무용가 다이아이롄(戴愛蓮)의 첫 번째 남편이었던 화가 예첸위(葉淺予), 당시에는 경제학자였던 저우유광(周有光), 극작가 우쭈광(吳祖光), 우쭈광의 첫 번째 부인이나 다름없었던 미녀 연극배우 뤼언, 한국전쟁 당시 중공군 위문단으로 나왔다가 북한 여배우와의 스캔들로 총살당할 뻔했던 미남 배우 진산, 홍색공주 쑨웨이스에게 남편 진산을 도둑맞은 장루이팡, 장칭과 한방에 하숙했던 죄로 문혁

1943년 충칭 시절의 탄허.

시절 영문도 모른 채 온갖 고초를 겪었던 황먀오쯔의 부인인 여류화가 위펑(郁風), 시장경제의 제창자 우징롄(吳敬璉)의 어머니 덩지싱(鄧季惺) 등이 상객(常客)이었다.

각 분야의 내로라하는 인물들이 하루도 빠지지 않고 몰려 있다 보니 폭소가 그칠 날이 없었다. 한결같이 한때 작은 사고 몇 건씩은 저질러본 사람들이었다. 언제 무슨 말들이 튀어나와 없는 사이에 웃음거리가 될지 몰라 여간 급한 일이 아니면 빠지려 하지 않았다. 다들 이류(二流)로 자처했다.

틈만 나면 저우언라이·랴오청즈·차오관화(喬冠華) 등과 함께 탕위의 집을 찾아와 한바탕 떠들어야 속이 시원하던 궈모뤄가 이들에게 당호(堂號)를 선사했다.

'일류인물 이류당'(一流人物 二流堂).

세상에 이렇게 멋진 당호가 없었다. 당주는 당연히 탕위였다. 다들 흡족해했다. 20여 년 후 거의 죽다 살아날 정도로 날벼락을 맞으리라고는 아무도 상상하지 못했다.

소문난 요릿집 덕분에 신이류당이 된 베이징 우쭈광의 집

이류당이라는 말은 듣기도 좋고 부르기도 편했다. 기억하기도 좋았다. 전쟁 시절 문화예술인·학자·언론인들이 모여 먹고 마시고 마음에 담아두었던 말들을 편하게 나눌 수 있는 유일한 장소였다. 충칭에 상주하던 저우언라이·둥비우·린뱌오 등도 자주 얼굴을 내밀었다. 처음에는 공산당의 정책과 정치에 관한 이야기를 하려 했지만 딩충이 "정객(政客)들의 치국(治國) 행위가 정치다. 우리는 정객이 아니다. 소시민들이다"라고 한 다음부터는 혁명이나 정치에 관한 이야기를 입에 올리지 않았다.

저우언라이는 빈손으로 오는 법이 없었다. 항상 옷이나 담요를 들고 왔다. 말이 없던 린뱌오는 가끔 "죽을 끓이면 천하에 별미"라며 공산당 근거지 옌안에서 수확했다는 대추와 좁쌀을 들고 와 슬그머니 놓고 가곤 했다. 국민당 남방 집행부 주임 왕신헝(王新衡)도 툭하면 황먀오쯔를 따라 이류당을 찾았다. 공산당 쪽 사람들이 더 붙임성이 있었다. 문화인들은 본인들도 모르는 사이에 서서히 '좌경 유치병'(左傾幼稚病) 환자가 되기 시작했다. 딩충은 증세가 특히 심했다.

중·일전쟁이 끝나자 이류당에 모이던 사람들은 하나둘 충칭을 떠났다. 원래의 생활터전인 상하이와 홍콩 등지로 뿔뿔이 흩어졌다. 차오관화는 "이류당은 장차 베이징에서 할 일이 많다. 문화인들을 위한 살롱을 만들어 휴식할 장소를 제공해줄 곳은 이류당밖에 없다"며 미래를 기약했다. 후일 중국의 초대 유엔 대표로 주목을 받았던 '백발의 노신사' 차오관화도 당시에는 이류당에서 날을 지새우던 국제 문제 평론가였다.

1949년 가을, 신중국이 수립되자 베이징에 있는 우쭈광의 집 건너편에 쓰촨요릿집이 문을 열었다. 숙친왕(肅親王)의 막내딸이 주인이라는 소문이 파다했다. 사실이라면 친언니는 한간(漢奸)으로 총살당한 '동양의 마타하리' 진비후이(金璧輝), 일본명 가와지마 요시코(川島芳子)였다. 왕녀가 어떻게 생겼는지 두 눈으로 봐야 직성이 풀리겠다는 사람들로 쓰촨요릿집은 항상 문전성시를 이뤘다. 주인이 미혼이라는 것까지 알려지자 오후 서너 시부터 사람들이 뱀처럼 줄을 섰

1950년대 말 우파분자로 몰린 우쭈광·딩충·황먀오쯔(왼쪽부터)는 지금의 헤이룽장(黑龍江)성 싼장(三江)평원인 베이다황(北大荒)에 끌려가 3년간 노동을 했다. 1961년 베이징으로 돌아온 세 사람.

다. 쓰촨요릿집에서 각자 볼일을 마친 문화인들은 으레 우쭈광의 집을 찾았다. 우쭈광의 집은 완전히 '신(新)이류당'으로 변했다. 쓰촨요릿집 덕분에 우쭈광의 집을 찾아오는 사람들이 더 늘어났다.

감당하기가 버거운 우쭈광은 꾀를 냈다. 유명한 식당이 없는 곳에 집을 한 채 구입해 상하이에 있는 부모를 모셔 오면 손님들의 발길이 줄어들겠거니 했다. 아버지는 중·일전쟁이 발발하자 고궁박물관 소장 문물들을 남쪽의 안전한 지역으로 옮긴 '고궁 문물의 수호신'이었다. 우쭈광의 판단은 착오였다. 노인에게 인사 오는 사람들 때문에 방문객이 이사 오기 전보다 더 많았다. 인근에 이름난 식당은 없었지만 교통이 너무 편했다.

왕스샹의 집 '팡자위안'은 신이류당의 새로운 집결지

우쭈광은 골병이 들었지만 수확도 있었다. 쓰촨요리를 먹으러 왔던 왕스샹(王世襄)이 이류당을 제 발로 찾아왔다. 왕스샹은 푸젠성(福建省)의 대대로 내려오는 망족(望族) 집안 출신이었다. 어려서부터 영어가 유창했다. 아버지는 외교관이고 어머니는 평생 금붕어만 그린 중국 최초의 영국 유학생 출신 화가 진장(金章)이었다.

왕스샹은 법과대학에 들어가기 위해 형사 재판을 한번 방청했디. "죄 지은 사람들 앞에서나 큰소리치는 한심한 직업이 법관"이라며 생각을 바꿨다. 부모가 의과대학을 권했다. 입학해보니 체질에 맞지 않았다. 병으로 고통받는 사람들을 치료하기는커녕 생사람 잡을까 봐 겁이 났다. 개·비둘기·매·귀뚜라미 등을 데리고 노는 것이 훨씬 재미가 있었다.

"어릴 때부터 대학을 마칠 때까지 놀기만 했다. 곤충과 동물들이 친구였다. 가을에는 귀뚜라미 싸움에 넋을 잃었고, 겨울에는 곤충들을 품에 넣고 다니며 우는 소리를 즐겼다. 매를 날려 토끼를 쫓고, 개들과 함께 오소리를 잡으러 다녔다. 아무리 놀아도 피로하지 않았다. 애지중지 키우던 비둘기를 멀리 날려보낼 때는 내가 자유를 얻은 듯 통쾌했다."

책 근처에는 가지도 않았다. 옌징대학 인근에 사는 사람들은 매일 아침 눈이 부리부리한 매 한 마리를 어깨에 얹고 등교하는 학생을 볼 수 있었다.

1939년 왕스샹은 어머니를 잃었다. 이제는 야단칠 사람도, 감싸줄 사람도 없다고 생각하니 허전해서 견딜 수가 없었다. 아버지는 있으나 없으나 별 차이가 없었다. 어머니가 그렇게 좋아하던 중국고대회화에 갑자기 정이 갔다. 5년에 걸쳐 『중국화론연구』(中國畵論硏究)를 완성했다. 70만 자에 달하는 대작이었다.

"3년상은 너무 짧았다. 영원히 돌아올 수 없는 길을 떠난 어머니에게 선물을 하고 나니 홀가분했다. 살 것 같았다."

왕스샹은 가출했다. 허난(河南)·산시(陝西) 일대를 떠돌았다. 린후이인·량스청 부부와 함께 각지에 흩어져 있던 고건축물 실태를 조사하며 고증을 통한 고대건축의 연구에 매달렸다. 이류당이 있는 충칭까지 흘러 들어갔지만 이류당 사람들과 접촉할 기회는 없었다.

왕스샹의 집 '팡자위안'(芳嘉園)은 베이징의 대표적인 전통가옥이었다. 우쭈광의 집에서 이류당 사람들과 알게 된 왕스샹은 황먀오쯔·위펑 부부와 만화가 장광위(張光宇)에게 팡자위안으로 이사올 것

문혁 기간인 1972년 후베이성 셴닝(咸寧)의
57간교(干校)에서 노동 중인 왕스샹. 자연 속에서 소와 함께
있다 보니 항상 즐거웠다고 훗날 회상했다.

신화사(新華社) 사장 시절 담배를 피우다 부인 징푸춘(經普春)에게
들킨 랴오청즈가 부하 직원들 앞에서 호되게 야단맞는 장면.
당시 신화사에서 가장 재미있는 구경거리였다.

을 권했다. 문화부 부부장 샤옌과 딩충의 집도 지척에 있었다. 샤옌은 이들의 대장이었다. 광자위안은 신이류당의 새로운 집결지로 탄생했다.

왕스샹은 요리의 대가였다. 남의 집에 가서도 음식을 직접 만들었다. 그가 만든 국수와 야채요리는 천하의 별미였다. 비결을 물으면 "좋은 재료를 고를 줄 아는 눈만 있으면 된다. 가급적이면 남보다 먼저 시장에 가라"는 말을 자주 했다. 왕스샹은 새벽마다 시장을 한 바퀴 돌았다. 음식점도 그가 다녀갔다는 소문이 퍼지면 하루아침에 유명세를 치를 정도였다.

랴오청즈가 동생이라 부른 타이완 총통 장징궈

이류당 이야기에 랴오청즈를 빼놓을 수 없다. 랴오청즈는 신중국 수립 후에도 심심할 때마다 이류당 사람들과 어울렸다.

1979년 1월, 중화인민공화국과 미국이 수교했다. 중공은 타이완 문제에 여유가 생겼다. 무력통일 대신 화합과 대화를 통한 국·공 문제 해결을 제시했다. 자존심이 상한 타이완의 국민당 정부는 '불담판·불접촉·불타협'의 3불(三不) 정책을 고수했다.

1982년 7월 25일, 전인대 부위원상 랴오청즈는 『인민일보』를 봉해 타이완 총통 장징궈에게 보내는 '즈장징궈신'(致蔣經國信)을 발표했다. "그간의 증오를 털어버리고 다시 합작의 길을 모색하자"는 내용이었다. "내 동생 징궈"(經國吾弟)로 시작되는 가서(家書) 형식의 편지였다. "나이가 들면 지난날이 더욱 그리운 법, 요원하기만 한 남쪽하늘 넋 잃고 바라보느니, 너만 괜찮다면 당장 짐을 꾸려 네가 있는 타이페이로 가겠다"며 "땅끝까지 가서 파도만 도둑질하면 그곳에 내 형제가 있다. 서로 만나 한 번 웃으면 은혜와 원한 모두가 물거품"이라는 루쉰의 시까지 한 구절 인용했다. 말미에는 노부인 쑹메이링에게 대신 문안인사를 전해줄 것을 청하고 팡량(方良: 장징궈의 부인), 웨이궈(緯國: 장징궈의 동생)와 조카들의 안부를 챙겼다.

랴오청즈는 장징궈를 공개적으로 "내 동생"이라고 불러도 전혀 이상할 것이 없는 유일한 사람이었다. 두 사람은 소년 시절 한 울타리 안에서 살았다. 랴오청즈는 황푸군관학교 서기 랴오중카이의 아들이었고, 장징궈는 교장 장제스의 아들이었다.

반우파 운동에 이류당 문화인들 된서리 맞다

1956년 10월, 헝가리에서 정변이 발생했다. 주동은 생명과 자유와 사랑을 노래하다 요절한 민족시인을 추앙하던 지식인 조직 '페퇴피 서클'(Petöfi Circle)이었다. 공산당에서 축출당한 전임 총리를 새로운 지도자로 추대하려 했다. 사회주의 진영에서는 '자본주의의 복벽'이라고 단정했다. 무력을 동원해 진압해줄 것을 소련에 강력히 요구했다.

헝가리 사태는 마오쩌둥에게 경종을 울렸다. 하루아침에 헝가리 공산당처럼 되지 말라는 보장이 없었다. 실제로 베이징·상하이·우한 등 대도시에서는 공산당을 비판하는 학생집회가 간간이 열렸다. 헝가리 사태의 초기와 흡사했다.

마오쩌둥은 "혁명에 승리하자 일부 동지의 의지가 쇠퇴했다. 인민을 위해 봉사해야 한다는 정신은커녕 지위와 명예에만 눈이 벌겋다.

앉았다 하면 먹고 입는 이야기로 시간을 보내고 누가 얼마를 더 받고 덜 받는 타령이나 해대는 것들이 서서히 고개를 들기 시작했다"며 본격적인 당(黨) 내 정풍운동(整風運動)을 전개했다. 관료주의도 호되게 비판했다.

"관료주의는 금품이나 받아먹고 시치미 떼는 부패한 것들보다 죄질이 더 나쁘다. 군중을 대할 때 좋은 말로 하는 법이 없고 매도할 궁리만 한다. 문제가 발생해도 달려가 해결할 생각을 하지 않는다. 타도해야 마땅한 것들이다."

이어서 '반우파 운동'이 전국적으로 벌어졌다. 초등학교 교사에서 부장급에 이르기까지 온갖 부류의 사람들 50여만 명이 우파로 낙인이 찍혔다. 문화부 부부장 중 한 사람이 『문예보』(文藝報)에 장편의 글을 발표했다. 제목이 '이류당 우파 소집단을 철저히 분쇄하자'였다. 이류당에 출입하던 문화인 거의가 된서리를 맞았다.

남편 우쭈광을 사랑한 최고의 평극 배우 신펑샤

베이징 영화제작창은 전체확대회의를 열어 반혁명 우파분자 우쭈광을 성토했다. 문화부 부부장이 우쭈광의 부인 신펑샤(新鳳霞)를 호출했다.

"네 남편은 정말 나쁜 놈이다. 태도를 분명히 해라."

신펑샤는 되물었다.

"어떻게 하면 됩니까?"

부부장은 당일 배포된 『인민일보』를 내밀었다. 우파분자인 남편과 이혼하고 공산당 입당을 자청한 여인의 결단을 찬양하는 기사가 대문짝만하게 실려 있었다.

"바로 이거다. 좀 보고 배워라."

신펑샤는 주저하지 않고 거절했다.

"당은 지식분자들을 개조한다고 했다. 남편을 개조시키면 될 거 아니냐."

"개조가 불가능한 사람이다."

"가능하다."

"아주 먼 곳으로 보내겠다. 영원히 못 볼지도 모른다."

"돌아올 때까지 기다리겠다."

"도대체 얼마 동안을 기다리겠다는 말이냐."

신펑샤는 평극(平劇)에 등장하는 주인공 이름을 거론했다.

"왕바오촨(王宝釧)은 쉐핑구이(薛平貴)를 18년간 기다렸다. 나는 28년을 기다리겠다."

부부장은 발끈했다.

"당장 나가라. 다시는 내 앞에 나타나지 마라."

이 부부장은 훗날 묘한 말을 남겨 당사자들을 곤혹스럽게 했다.

"신펑샤만이라도 구하기 위해 내 깐에는 무진 애를 썼지만 허사였다."

신펑샤는 톈진의 빈민굴 출신이었다. 문맹이었지만 노래를 잘했다. 여섯 살 때부터 목소리 하나로 가족들을 부양했다. 천하의 기재(奇才) 우쭈광을 만나 글을 깨쳤다.

"내게는 너무 과분했지만 우쭈광은 하늘이 보내준 유일한 선물이었다."

1950년대 중반 자녀들과 함께한 우쭈광·신펑샤 부부.
신펑샤(왼쪽)는 여섯 살 때부터 노래를 부른 당대 최고의
평극 배우였다.

결국은 여배우 뤼언과 동거 중이던 우쭈광을 손아귀에 넣은 당대 최고의 평극 배우였다.

하다 보니 신이류당의 당주가 되었던 우쭈광은 1958년 봄, 500여 명의 우파분자와 함께 베이다황(헤이룽장성 북부, 지금은 곡창지대로 변했지만 당시엔 황무지였다)행 새벽 열차를 탔다. 그날따라 눈이 내렸다. 여성들에게 인기가 많아 늦게 결혼한 딩충은 출산을 앞둔 부인 선쥔(沈峻)을 병원에 둔 채 황먀오쯔, 여류작가 딩링 등과 함께 베이징을 떠났다.

딩충과 황먀오쯔는 벌목장에 배치받았다. 체격이 우람한 사람들은 고생이 많았지만 두 사람은 키 작은 덕을 단단히 봤다. 여러 명이 나무를 운반할 때 어깨가 나무에 미치지 않았다. 타고난 재주는 어쩔 수 없었던지 그 와중에서도 『베이다황문예』(北大荒文藝)를 편집했다.

문혁 시절 4인방은 '중국의 폐퇴피 구락부'라며 이류당을 정조준했다. 최종 목표는 저우언라이였다. 산전수전 다 겪은 저우가 모를 리 없었다. 홍위병들에게 "문인들이 모이던 곳이다. 조직이 아니다. 이류당을 블랙리스트에 올리는 것은 적절하지 않다"며 설득했지만 역부족이었다. 온갖 흉악한 용어가 이류당 사람들의 이름 앞에 다시 난무했다. 문혁이 끝난 후 이류당은 정치색이라곤 전혀 없는, 그냥 문화인들이 모이던 곳이라는 판정을 받았다.

국부 쑨원의 경호원 4

쑨원은 중국인답지 않게 사람을 잘 믿는 습관이 있었다.
"의심 많아서 손해볼 것 없다"는 만고의 진리를 무시할 때가 많았다.
"의심은 죄악이다. 단, 국민들이 국가 지도자를 자처하는 사람들에게
의혹의 눈초리를 보내는 것은 당연하다. 워낙 잘 속이기 때문이다."
"광저우를 떠나라. 천중밍의 동향이 심상치 않다"고
일러바치는 사람이 있어도 믿지 않았다. 확인은커녕
"반란이 발생해도 광저우를 떠나지 않겠다"며 대책도 세우지 않았다.
6월 15일 밤, 광둥군이 총통부와 쑨원의 거처를 포위했다.
16일 새벽 2시, 총통부 비서와 군 연락책이 특무대장과 함께
쑨원의 방문을 도끼로 내리쳤다. 잠결에 피신을 강요당한 쑨원은
정신이 번쩍 들었다. 다급하게 쑹칭링宋慶齡을 흔들어 깨웠다.
"큰일 났다. 빨리 도망가자."

나에겐 혁명정신 외에는 아무것도 없다

"사람 치료하는 인의人醫로 평생을 지내느니
나라의 환부를 도려내는 국의國醫를 하겠다."

혁명과 여자와 책을 사랑한 쑨원

수천 년간 중국의 지도자들은 거의가 독서광이었다. 쑨원도 마찬가지였다. 간암으로 세상을 떠나기 직전에도 통증을 참으며 손에서 책을 놓지 않았다.

일본 망명 시절 대정객 이누카이 쓰요시(犬養毅)와 나눈 대화가 여러 문헌에 남아 있다. 하루는 이누카이가 "가장 좋아하는 게 무엇이냐"고 쑨원에게 물었다. 질문이 떨어지기가 무섭게 "레벌루션!"(Revolution)이라는 답이 돌아왔다. 이누카이는 뭔가 만족스럽지 못한 표정을 지었다. "그건 세상 사람이 다 아는 일이다. 혁명 말고 정말 좋아하는 게 무엇이냐"고 되물었다. 쑨원은 옆에서 차 시중을 들던 이누카이의 부인을 힐끗 보며 웃기만 했다.

이누카이의 부인은 눈치가 빠른 여인이었다. 남편이 쑨원에게 빨리 말하라고 재촉하자 씩 웃으며 슬그머니 자리를 피했다. 쑨원의 입에서 "우먼!"(Woman)이 튀어나오자 이누카이는 손뼉을 쳤다. "하오"(好)를 연발하며 하나를 더 대보라고 했다.

쑨원은 머뭇거리지 않았다.

"북!"(Book).

이누카이가 무릎을 쳤다.

"여자를 좋아하지 않는 남자는 세상천지에 없다. 책보다 여자를 먼저 거론한 것이 절묘하다. 가장 좋아하는 것이 책이라는 것을 전부터 알고 있었다."

쑨원은 원래 외과의사였다. 의사 경력도 다채로웠다. 홍콩에서 영국인이 운영하던 중학을 마친 후 광저우에 있는 의학당에 진학했지만 1년 만에 포기하고 1892년 5월 홍콩의 영국인 외과의사 집에서 학위증서를 받았다. 1등으로 졸업했다고 하지만 학생이 12명에 불과했고 성적도 다들 비슷비슷했다.

당시 홍콩엔 유명한 서양의사들이 운영하는 병원이 많았다. 개업을 해도 환자들이 올 것 같지 않았다. 마카오로 건너갔다. 당시 마카오 사람들은 서양의술을 믿지 않았다. 쑨원은 친구들에게 빌린 돈으로 '중서약국'(中西藥局)이라는 병원을 열었다.

인간세상에는 별 생각 없이 한 일이 엉뚱한 명예를 안겨주는 일이 심심치 않게 있다. 쑨원도 세월이 흐르면서 중국의학과 서양의학을 결합시킨 선구자라는 소리를 들었다. 순전히 간판 덕분이다. 쑨원의 전통의학에 관한 지식은 중국인이라면 누구나 다 아는 상식 수준을 넘지 않았다.

수술칼 들고 세상에 나와 보니 수입이 그럴 듯했다. 1년에 만(萬) 여 원을 벌어들였다. 고소득자였던 세관원이나 세무서원들이 한 달에 50원 받고 거들먹거릴 때였다.

쑨원은 의사가 체질에 맞지 않았다. 멀쩡한 사람 놔두고 허구한 날

혁명의 길로 들어선 쑨원은 "정신 똑바로 차리고 상황을 제대로 파악하는 길은 독서밖에 없다"며 온종일 책을 끼고 살았다. 신해혁명 2개월 후인 1911년 12월, 임시대총통 취임을 앞두고 16년 만에 홍콩을 방문한 쑨원(앞줄 오른쪽). 뒷줄 왼쪽 첫째는 혁명 기간 동안 홍콩의 혁명세력들을 보호해준 징례국의원 히치(何啓). 앞줄 왼쪽은 홍콩 총독부 포정사 클로드 서번(Claude Seven).

환자들과 씨름하다 보니 할 짓이 못 됐다. 돈도 돈이지만 책 볼 시간이 없었다. 하루하루 머리가 썩어 들어가는 것 같았다. 1894년 9월, 실권을 장악하고 있던 즈리총독(直隸總督) 겸 북양대신(北洋大臣) 리훙장에게 보내는 개혁과 구국에 관한 의견서를『만국공보』(萬國公報)에 발표했다.

리훙장은 어처구니가 없었지만 측근 성쉬안화이(盛宣懷)가 "단순한 글 장난이 아니다. 독서를 많이 한 사람 같다"며 읽어볼 것을 권하자 그제야 관심을 보였다.

"도대체 뭐 하는 아이냐?"

30세가 채 안 된 의사라고 하자 "젊은 의사가 독서는 무슨 놈의 독서, 치국(治國)을 제대로 이해할 리가 없다. 군사문제로 바쁘다. 그런 거 볼 시간 없다. 전쟁 끝나면 보자"며 콧방귀를 내질렀다.

청·일전쟁 직전이다 보니 그럴 만도 했지만 리훙장은 형사범과 아픈 사람들만 상대하는, 요즘으로 치면 법관과 의사들을 무시하는 습관이 있었다. "궁지에 몰린 사람들 상대로 큰소리치며 등쳐먹는 고약한 놈들"이라는 등 이유가 분명했다. 소식을 들은 쑨원은 맞는 말이라며 병원 간판을 내렸다. 개업 2년 만인 28세 때였다.

"사람 치료하는 인의(人醫)로 평생을 지내느니 나라의 환부를 도려내는 국의(國醫)를 하겠다."

"내게 독서는 밥보다 중요하다"

혁명의 길로 들어선 쑨원은 "혁명은 부단히 진화한다. 현상만 갖고는 성공과 실패를 가늠할 수 없다. 정신 똑바로 차리고 상황을 제대로 파악하는 길은 독서밖에 없다"며 온종일 책을 끼고 살았다. 한가할 때는 물론이고 목숨이 경각에 달했을 때도 손에서 책을 놓지 않았다. 일반인들은 흉내조차 내기 힘들 정도였다.

쑨원의 독서벽은 수많은 일화를 남겼다. 신해혁명 2년 전인 1909년, 유럽을 방문한 적이 있었다. 화교들에게 혁명을 선전하다 런던에 도착했을 때 돈이 거의 바닥난 상태였다. 하루 세 끼를 싸구려 빵으로 때우는 수밖에 없었다. 형편을 안 유학생들이 쑨원에게 제대로 된 밥을 먹이자며 40파운드를 모금했다.

일주일 후 학생들이 쑨원을 방문했다. 여전히 맹물에 딱딱한 빵을 씹으며 "덕분에 루소의 민약론과 프랭클린의 자전, 서구의 부르주아 혁명에 관한 책을 샀다"며 즐거워했다. "생활의 어려움은 조금도 두렵지 않다. 항상 그래왔다. 몇 끼 굶는 것은 별게 아니지만 책이 없으면 불안하다. 내게는 독서가 밥보다 더 중요하다"며 이해를 구했다. 여학생 한 명이 훌쩍거리자 다시는 그러지 않겠다며 허둥대는 모습이 볼만했다. 다들 폭소가 터졌다.

해외 망명 시절에도 짐 보따리 속에는 책이 가장 많았다. 비 오는 날 우산은 챙기지 않아도 책은 놓고 나가는 법이 없었다. 전쟁터에서 작전을 지휘힐 때도 한 손에 신간 서적이 들려 있었다. 처음 만나는 사람에겐 요즈음 무슨 책을 보느냐고 꼭 물었다.

1911년 10월, 쑨원은 혁명군의 우창(武昌) 점령 소식을 뉴욕의 식당에서 아침을 먹다가 접했다. 당일로 귀국을 서둘렀다. 그 와중에도 『사회주의 개론』 『사회주의 이론과 실행』 등 서구의 신간 챙기는 것을 잊지 않았다.

임시대총통 선거 실시, 쑨원 취임

1911년 10월 11일 아침, 후베이성 우창의 유서 깊은 황허루(黃鶴樓)에 낯선 깃발이 펄럭였다. 별 18개가 그려진 혁명군 깃발이었다. 보기에는 촌스러웠지만 대청제국의 몰락을 알리는 조기(弔旗)나 다름없었다.

당시 쑨원은 미국에, 황싱(黃興)은 홍콩에 있었다. 지도자를 찾던 혁명군은 후베이 신군(新軍) 통령(統領: 여단장과 사단장 중간) 리위안훙(黎元洪)을 후베이 군정부(軍政府) 도독에 추대했다. 그날 밤, '공화적중화민국'(共和的中華民國)의 수립과 청 왕조의 연호를 폐지한다고 선포해버렸다. 각 성의 신군들도 제각각 군정부를 수립해 호응했다. 세상이 복잡하게 돌아갈 징조였다.

11월 30일, 11개 성 대표 23명이 한커우의 영국 조계에 모였다. 임시정부가 수립되기 전까지 후베이 군정부가 중앙 군정부 직무를 대행하기로 의결했다. 이어서 청나라 정부의 내각총리대신 위안스카이가 공화제를 지지하면 임시대총통에 추대하기로 합의했다.

회의가 진행되는 동안 장쑤와 저장의 연합군이 난징에 입성하고 청나라 군대가 한양(漢陽)을 점령하자 사정이 달라졌다. 수도를 난징으로 하고 임시대총통 선출을 위한 선거인단 구성안을 통과시켰다.

난징을 점령한 세력들은 생각이 달랐다. 상하이에 와 있던 각 성 대표를 소집해 회의를 열었다. 황싱을 대원수에 추대해 임시정부를 조직하게 하고 리위안훙을 부원수로 천거했다. 리위안훙은 기분이 상했던지 취소를 요청하는 전문을 보냈다.

12월 14일, 우한과 상하이를 비롯한 각 성 대표가 난징에 집결했

1912년 2월 15일, 난징에서 쑨원이 임시정부 관원들과 함께 한족의 마지막 왕조였던 명(明)나라 개국황제 주원장의 능을 참배하고 있다. 신해혁명은 만주족 왕조였던 청나라를 무너뜨린 민족혁명이었다. 1911년 12월, 귀국 후 쑨원은 임시대총통에 선출됐지만 북방의 위안스카이가 황제를 퇴위시키고 공화제를 선포하자 총통직을 내놓고 임시정부를 해산했다.

다. 소식을 접한 위안스카이는 팔짱만 끼고 있지 않았다. 조선 주둔 시절 측근으로 발탁한 탕사오이(唐紹儀) 편에 자신의 속내를 전했다.

"나도 공화제를 지지한다. 명분이 있어야 한다. 국민회의를 열어서 공화제를 의결해라. 황제 퇴위는 책임지겠다."

전군을 장악하고 있는 위안스카이의 의중이다 보니 천금의 무게가 있었다. 임시대총통 선출이건 뭐건 뒤로 미뤘다.

그래도 뭔가 결정은 해야 했던지 리위안훙을 대원수로, 황싱을 부원수로 추대했다. 황싱이 거절하자 리위안훙은 대원수 명의로 황싱에게 대원수 직무대행을 위임했다. 난징 갈 채비를 하던 황싱은 쑨원의 귀국이 임박했다는 소식을 듣자 상하이에 주저앉았다.

"쑨원 귀국 후에 결정하겠다."

12월 25일, 쑨원이 상하이에 도착하자 대총통 선거가 탄력을 받기 시작했다. 29일 오전 9시, 17개 성 대표 45명이 상하이의 장쑤성 자의국(咨議局)에서 대총통 선거를 실시했다. 후보는 쑨원·황싱·리위안훙 세 사람이었다. 투표권은 각 성당 한 표였다. 쑨원이 16표를 얻었다.

1912년 1월 1일 오후 5시, 쑨원을 태운 열차가 난징에 도착했다. 추위가 뼛속을 파고드는 듯했고 비가 부슬부슬 내렸다고 한다. 무슨 취임식을 밤 11시에 했다.

밤 깊도록 천하대사 논한 쑨원과 위안스카이

1912년 2월, 위안스카이가 공화제를 빌미로 여섯 살배기 황제를 퇴위시켰다.

쑨원은 "공화제를 실현시키면 위안스카이에게 총통직을 넘기겠다"는 약속을 지켰다. "민족(民族)·민권(民權)·민생(民生), 삼민주의(三民主義)가 완성단계에 이르렀다. 만주족을 몰아냈으니 민족주의는 성공했다. 민권에 관한 문제는 위안스카이에게 실험할 기회를 주면 된다. 나는 민생을 챙기겠다"며 임시대총통직에서 사임했다.

정식으로 임시대총통직을 꿰찬 위안스카이가 쑨원을 베이징으로 초청했다. 며칠간 코믹한 광경이 벌어졌다. 위안스카이와 대좌한 쑨원은 밤이 깊어도 천하대사를 논하자며 자리를 뜰 줄 몰랐다. 위안스카이는 쑨원이 뭐라고 떠들건 연신 고개를 끄덕이며 "하오"만 연발했다. 하품을 참으며 빨리 끝났으면 하는 기색이 역력했지만 쑨원은 눈치를 채지 못했다.

연회석상에서 위안스카이가 "중산(中山)선생 만세"를 외치자 쑨원은 감격했다. "위안 대총통 만세"를 부르며 "10년간 대총통 자리에 앉아 백만 대군을 양성해라. 나는 철도 경영에 매진하겠다. 철길을 20만 리만 놓으면 중국은 부강해지지 않을 수 없다"며 결연한 모습을 보였다.

쑨원은 진지했지만 위안스카이는 건성이었다. 쑨원이 돌아가자 위안스카이는 주위 사람들에게 "사람 됨됨이는 나무랄 데가 없다. 생각이 나보다 앞서 있고 뜻도 고상하지만 실천력이 없어 보인다. 발기인 정도라면 모를까 나라를 맡기기에는 곤란한 사람이다. 해외에서 화교들 상대로 혁명을 선전하며 기부금 걷는 게 직업이다 보니 어쩔 수 없다"며 안중에도 두지 않았다. 그러나 "여건상 당장은 할 수 없는 일이라도 언젠가는 가능할 날이 있게 마련이다. 세월이 지나면 저런 사람들이 원견(遠見)이 있었다는 말을 듣는다"며 허탈해했다.

신해혁명의 밑거름 된 장즈둥 총독의 '후베이 신정'

쑨원도 자신의 결점을 모르지 않았다. 위안스카이와 헤어진 후 후베이성 우한을 찾았다. 6개월 전, 혁명의 첫 총성이 울린 도시에서 "난피(南皮)의 '후베이 신정'(湖北新政)이 없었더라면 신해년 거사는 불가능했다. 난피야말로 혁명에 필요한 경제적 기반과 인재(人才)를 마련한 사람이다. 혁명이라는 말을 한 번도 입에 올린 적이 없는 대혁명가"라며 3년 전 세상을 떠난, 전 후광총독(湖廣總督) 장즈둥(張之洞)의 업적을 찬양했다. 장즈둥은 원적이 즈리성(直隷省) 난피였다. 흔히 '장난피'라고 불렀다.

1889년, 후광총독에 임명된 장즈둥은 전임지 광저우에 세우려던 총기제작창과 제철소를 한양으로 이전시켰다. 한양병기창은 전국에서 규모가 가장 컸다. 청말에서 민국 초년에 이르기까지 전국의 보병들이 사용하던 총에는 어김없이 '한양조'(漢陽造) 세 글자가 선명했다. 1907년부터 신해혁명 3년 전인 1909년까지 한양병기창에서 생산된 무기와 탄약이 기·보병용 총기 13만 정, 각종 대포 986문, 실탄 6,177만 발이었다.

장즈둥은 제철소도 후베이로 옮겼다. 당시 '한양철창'(漢陽鐵廠)은 하루 평균 60여 톤의 쇳덩이를 쏟아내던 동양 최대의 철강기업이었다. 장즈둥은 교육과 인재 양성에 머리를 싸맸다. 현재 우한대학

(武漢大學)과 화중농업대학(華中農業大學), 우한과기대학(武漢科技大學)의 전신인 서원과 학당을 개설하고 우수하건 못났건 해외유학을 권장했다. 1906년 후베이의 일본 유학생이 5,000명을 돌파했다면 믿을 사람이 거의 없을 것이다.

장즈둥은 "불학무식한 부류들이 총기 가까이 있다 보면 폭도로 변하는 법"이라며 군사학교 무비학당(武備學堂)을 세우고 학생들에게 매달 은(銀) 4냥을 지급했다. 당시 농촌의 한 가구 일 년 생활비에 해당하는 액수였다. 대신 지저분한 행동을 하다 발각되면 그날로 내쫓았다.

후베이 '무비학당' 출신 중에는 일본 유학생이 유난히 많았다. 거의가 도쿄에 있는 동안 망명객 쑨원의 거처를 드나들며 민주사상을 접하다 보니 귀국 후 거사를 당연시 여겼다. 서태후가 "후베이의 인재 양성이 도를 넘어섰다. 무슨 일이 벌어질지 우려된다"고 할 정도였다.

후베이는 사병 수준도 중국 최고였다. 장즈둥은 문화 수준이 낮은 청년들에겐 군복을 입히지 않았다. 과거제도가 폐지되고 신식교육을 일으키자 봉건 지식인들의 분화가 가속화됐다. 이들 대부분이 군문으로 몰려들었다. 사병 중에 지방고시에 합격한 수제(秀才) 출신들이 수두룩했다. 1911년 10월 10일의 거사를 '사병혁명'(士兵革命)이라고 불러도 크게 무리는 아니다.

장즈둥의 성격도 거사에 한몫을 단단히 했다. 장즈둥은 군벌형 인물이 아니었다. 위안스카이처럼 군대를 사병(私兵)화하지 않았다. 혁명세력들의 군대 잠입을 막았지만 정도가 심하지 않았다. 조정의

혁명에 필요한 경제적 기반과 인재를 양성한 후광총독 장즈둥(왼쪽)은 외국인을 가장 많이 고용한 지방관이었다. 1906년 군기대신으로 자리를 옮기기 전까지 18년간 '후베이 신정'을 주관했다.
1903년 5월, 바오딩(保定)에서 즈리총독 위안스카이의 정치고문 모리슨(G.E. Morrison: 영국군 장교)과 만나는 모습을 사진으로 남겼다.

질책이나 간섭을 초래할 정도가 아니면 크게 단속하지 않았다. 일부러 그랬는지, 정말 몰라서 그랬는지 그 속은 알 길이 없다.

얼결에 혁명 지도자가 된 리위안훙

신해혁명은 순식간에 세계적인 인물들을 쏟아냈다. 어느 구석에 있는지 보이지도 않던 사람들이 본인의 의사와 상관없이 하루아침에 역사의 전면에 등장하는 경우가 허다했다. 중화민국 총통을 두 차례 역임하게 되는 리위안훙도 그중 한 사람이었다.

지독한 빈농 집안에서 태어난 리위안훙은 어릴 때부터 밥 구경 하는 날보다는 굶는 날이 더 많았다. 누나와 함께 빈 그릇을 들고 이 집 저 집 기웃거리기 일쑤였다. 정 배가 고프면 남의 집 무밭에서 숨을 죽이곤 했다. 훔치는 방법이 남달랐다. 무를 뽑아낸 후 윗부분은 잘라서 원래 있던 곳에 놓고 자리를 떴다. 겉으로 보기에는 도둑 맞은 표가 나지 않다 보니 주인에게 들키는 법이 없었다.

리위안훙은 군대가 체질에 맞았다. 당시 후베이 신군에는 총독 장즈둥의 초빙을 받은 영국인 고문들이 많았다. 리위안훙은 밤낮을 가리지 않고 이들을 따라다니며 영어를 배웠다.

진급을 거듭하면서 리위안훙은 청나라 황실에 불만을 품기 시작했다. 하는 짓 치고 마음에 드는 게 하나도 없었다. 그래도 뒤집어엎을 생각은 꿈에서도 감히 해본 적이 없었다. 겉으로는 나무랄 데 없는 보황주의자(保皇主義者)였다.

신해혁명은 지도자가 없는 무장폭동이었다. 도시를 점령한 혁명군은 경악했다. 혁명을 부추겼던 사람들은 이미 잡혀서 목이 잘리거나 도망친 후였다. 혁명군 장교들은 지도자감을 찾아 나섰다. 여단장보다 조금 높은 협통(協統) 리위안훙이 떠올랐다. 혁명과 전혀 상관이 없고 혁명의 주동세력인 후베이 신군을 대표할 만한 위치에 있지도 않았지만 윗대가리들이 다 도망간 마당에 내세울 사람이라곤 리위안훙이 유일했다.

신군 장교들은 첩집 식탁 밑에 숨어 있던 리위안훙을 강제로 끌어냈다. 일설에는 참모의 집 모기장 뒤에 납작 엎드려 있었다고 하지만 그런 건 중요하지 않았다. 머리에 총구를 들이대고 후베이 군정부 도독(軍政府都督) 취임서와 포고문에 서명하라고 윽박질렀다.

리위안훙은 서명을 거부했다. 협박을 당했든 뭘 했건 서명과 동시에 '범상작란'(犯上作亂)의 죄를 뒤집어쓰는 것은 불을 보는 듯했다. 범상작란은 무조건 사형이었다.

리위안훙이 끝까지 버티자 성질 급한 장전우(張振武)가 혁명 포고문 말미에 "도독 리위안훙"(都督 黎元洪)이라고 대신 써버리자 울상을 지었다. 어차피 죽은 목숨, 이래 죽으나 저래 죽으나 그게 그거였다. 결국 군정부 도독직을 수락했다.

혁명에 참가하기로 결심한 리위안훙은 완전히 변신했다. 제 손으로 변발(辮髮)을 잘라버리고 사병들에게 혁명군 지도자로 손색없는 훈시를 했다.

"나는 부덕한 사람이다. 중의(衆意)를 내치기 힘들어 스스로 운명에 순응키로 했다. 이틀 전까지도 결심을 못했고, 어제도 결심을 못 내렸다. 오늘 오전에도 주저했다. 이제야 겨우 마음을 정했다. 성공과 실패, 운과 불운, 삶과 죽음을 개의치 않겠다."

여단장에 불과했던 리위안훙(가운데)은 혁명이 발발하자 혁명군을 총지휘했다.

모든 성명서가 리위안훙 명의로 발표되자 사병들의 사기가 오르고 민심이 안정되기 시작했다. 베이징의 황제폐하만 노래하던 리위안훙이 혁명군 지도자라면 세상은 완전히 뒤바뀐 거나 다름없었다. 10월 10일 거사에 가담하지 않고 숨어 있던 중소 지휘관들이 제 발로 군정부에 복귀하기 시작했다.

혁명의 대가는 참혹했다. 강제로 혁명군을 지휘하게 됐지만 리위안훙은 호락호락한 사람이 아니었다. 눈알을 부라리며 혁명 포고문에 대신 서명한 혁명 원훈 장전우를 처형했다. 만주족과 북방 말을 쓰는 사람들도 내버려두지 않았다.

쑹자오런, 우한행 미루다 혁명파 장악 실패

몽골족이 대륙을 지배하던 원(元)나라 말기, 민간에 나돌던 말이 있었다.

"8월 15일 몽골 놈들을 박살낸다."

1911년 9월 23일, 후베이성 혁명단체 공진회(共進會)와 문학사(文學社) 대표들이 우한의 외딴집에 모였다. 이들은 원래 상극이었다. 평소 만났다 하면 별것도 아닌 일로 머리통 깨지고 팔다리 부러진 사람이 한둘이 아니었다. 이날만은 달랐다. 연장자가 제의하자 다들 수긍했다.

"우리는 모두 혁명당 사람들이다. 목적은 같으면서 명칭이 다른 게 문제다. 이 순간부터 공진회나 문학사라는 말은 입에도 올리지 말자."

듣고 보니 맞는 말, 거절할 명분은 누구에게도 없었.

이튿날, 100여 명이 모인 회의에서 거사를 의결했다. 달력을 펼쳐

보니 10월 6일이 음력 8월 15일이었다. 홍콩과 상하이에 있는 황싱, 쑹자오런(宋敎仁), 탄런펑(譚人鳳)에게 지휘를 청하기 위해 사람을 파견키로 하고 장이우(蔣翊武)를 임시총사령관에, 쑨우(孫武)와 류궁(劉公)을 군정부장(軍政部長)과 총리로 추대했다. 여기서 말하는 총리는 총무 정도로 보면 된다. 황싱과 쑹자오런의 지휘를 받기로 한 이유를 놓고 온갖 해석이 난무하지만 해답은 간단하다. 국내에서만 활동하다 보니 외국 경험 많은 사람들을 한 수 위로 보는 습관이 있었다.

상황은 혁명파들에게 유리했다. 후베이 신군 1만 7,000명 중 6,000여 명이 두 단체의 회원이었다. 게다가 쓰촨성에 긴급사태가 발생하는 바람에 9,000명이 쓰촨으로 이동한 후였다. 술 한잔 들어가면 성공이라도 한 것처럼 할 말 못할 말 가리지 못하는 사람들이 한둘 생겨났다.

예나 지금이나 입소문은 무서운 법, 정보원들의 보고가 일치하자 후광총독은 황급히 계엄령을 선포하고 포고문을 발표했다.

"영내에 대기해라. 탄약을 회수하고 무슨 명의건 집회를 불허한다. 중추절 회식도 하루 앞당겨 실시한다."

혁명파 지휘부는 거사를 음력 8월 18일(10월 9일)로 연기했다.

상하이에 있던 쑹자오런과 탄런펑은 거사 지휘 요청을 받자 흥분했다. 황싱이 홍콩에서 올 때까지 기다릴 여유가 없었다. 우한행을 서둘렀지만 탄런펑이 이상한 병에 걸리는 바람에 상하이를 떠나지 못했다.

발목을 잡는 사건도 발생했다. 암살죄로 종신형을 선고받고 후베

후일 국민당을 창당하게 되는 쑹자오런(앞줄 오른쪽 둘째)은
동맹회의 전신 중 하나인 화흥회(華興會) 출신이었다.
앞줄 가운데가 후잉(胡瑛), 앞줄 왼쪽 첫째가 황싱.
1905년 일본 도쿄에서 찍은 사진이다.
1911년 9월, 후베이의 혁명파들은 29세의 쑹자오런에게
지휘를 요청했다.

이에서 복역 중이던 후잉이 온갖 재주를 부려서 파견한 사람의 편지를 받았다. "후베이 경내에 발도 들여놓지 마라. 거사는 물 건너갔다"는 내용이었다. 어떤 어려움도 같이 나눌 수 있는 친구의 서신을 접한 쑹자오런은 우한행을 포기했다.

쑹자오런은 혁명파를 장악할 기회를 계속 놓쳤다. 10월 3일, 소속 정파인 동맹회 총부에서 빨리 가라고 재촉하자 6일 후에 떠나겠다는 대답만 할 뿐 움직이지 않았다. 핑계는 얼마든지 있었다. 그사이 우한에서 대형 사건이 터졌다.

줄행랑친 후베이성 도독과 군사령관

1911년 10월 6일, 혁명군 군정부장에 추대된 쑨우는 총리 류궁과 거사 준비를 서둘렀다. 쑨우는 유인물을 만들고 포고문에 찍을 도장도 직접 새길 정도로 손재주가 남달랐다. 사제폭탄도 만들 줄 알았다. 사진관 주인이다 보니 화학약품 구입이 남들보다 수월했다. 하루에 엉성한 폭탄 50개 정도 만드는 건 일도 아니었다.

10월 9일 오후, 거사를 이틀 남겨놓고 엉뚱한 사건이 터졌다. 류궁에게 온종일 담배를 물고 다니는 류둥(劉同)이라는 동생이 있었다. 어머니가 부른다며 형을 만나러 왔다가 별생각 없이 성냥불을 바닥에 던져버렸다. 방 안에 염산·흑연·유황·철편 등이 널려 있었다. 구석엔 완성된 폭탄들도 쌓여 있었다. 눈 깜짝할 사이에 쑨우의 얼굴과 두 손이 괴물처럼 변했다. 쑨우는 죽을힘을 다해 도망쳤다. 혁명당원 명부나 문건 따위는 챙길 겨를도 없었다.

현장에서 체포된 류둥은 16세 소년이었다. 혹형을 견디지 못했다.

혁명단체의 거점을 아는 대로 불어버렸다. 검거선풍이 불었다. 주모자급 3명의 목을 성문에 효수했다. 지휘부는 흔적도 남지 않았다.

후베이성 도독은 얼치기 불교신자였다. 대자대비는커녕 지혜도 갖추지 못한 사람이었다. 덜컥 겁이 났던지 염주를 들고 불당에 들어가 나오지 않았다. 중국 역사에 흔히 등장하는 장면을 연출하지 못했다. 하급군관들을 모아놓고 "여기 반란을 획책한 사람들의 명단이 있다. 나는 펼쳐보지도 않았다. 너희들이 보는 앞에서 소각하겠다"며 불구덩이에 던져버리면 간단히 끝날 사건이었다.

지휘부가 궤멸되고 거사자 명단이 압수됐다는 소식이 나돌자 온 부대가 들썩거렸다. 어차피 죽을 목숨, 10월 11일까지 기다릴 여유가 없었다. 10일 새벽, 거의가 빈 총에 실탄 몇백 발을 들고 병영을 뛰쳐나와 무기고를 점령해버렸다. 총소리에 놀라 불당을 뛰쳐나온 도독은 짐 보따리를 쌌다. 군사령관도 줄행랑을 놨다.

두 사람은 후일 쑨원의 칭송을 받았다.

"신해혁명의 가장 큰 공로자는 후베이성 도독과 군사령관이다. 이들이 없었더라면 혁명은 성공하지 못했다."

'대포'라는 별명답게 큰소리부터 치는 쑨원

우한의 혁명파들이 지휘를 요청한 세 사람 중 쑹자오런과 황싱이 우한행을 포기하자 입원 중이던 탄런펑은 분노했다. 병원에서 약품을 훔쳐 들고 우한으로 향했다. 중도에 혁명이 발생했다는 소식을 듣자 주먹으로 맨땅을 치며 통곡했다.

"이런 일은 현장에 있고 없는 것이 가장 중요하다. 내 나이 51세,

나이는 먹을 대로 먹었지만 역량이 쑨자오런과 황싱에 미치지 못한다. 지금 간다 한들 쑨원에게 도움이 될 일이 없다. 쑨원의 앞날이 순탄치 못할 것을 생각하니 애통하다."

탄런펑의 예언은 정확했다. 쑨원은 1884년 무장폭동에 실패한 후 27년간 해외를 떠돌아다니다 보니 국내 기반이 신통치 않았다. 혁명은 성공했지만 한동안 귀국을 못했다. 빈손으로 돌아갔다간 무시당하기 십상이었다. 영국·미국·프랑스를 다니며 지원을 요청했지만 다들 냉담했다. 그사이 중국의 쑨원 추종자들은 큰소리치고 다니느라 쉴 틈이 없었다.

"대형 함대에 무기와 황금을 가득 싣고, 미국 장군들과 함께 혁명을 지휘하러 오는 중이다."

12월 21일, 홍콩에 첫발을 디뎠을 때 기자들은 귀국 보따리에 뭐가 들어 있는지를 집중적으로 물었다. 빈털터리일 줄은 아무도 생각하지 못했다.

쑨원은 젊은 시절부터 별명이 '대포'였다. 되건 안 되건 큰소리부터 치는 성격이었다. 이날도 그랬다.

"귀국 선물은 단 한 가지, 혁명정신 외에는 아무것도 없다."

국민은 어리석다. 유지하시만 효과가 있었다.

바람둥이 쑨원 쑹칭링에게 청혼하다

"쑨원 선생을 도울 수 있다는 것이 꿈만 같다.
그는 나를 필요로 한다."

후원자 쑹자수의 두 딸을 넘본 쑨원

1892년 가을, 선교사 쑹자수(宋嘉樹)는 상하이에서 쑨원을 처음 만났다. 만나는 횟수가 늘면서 쑨원의 혁명사상에 심취했다. 이듬해 1월, 둘째 딸 칭링이 태어났다. 쑹자수는 쑨원에게 강보에 싸인 딸을 보여줬다. 20년 후 황당한 일이 벌어질 줄은 꿈에도 생각 못했다.

쑹자수는 사업에도 소질이 있었다. 선교 활동을 하며 인쇄소를 차렸다. 중국어판 『성경』을 찍었다. 문맹 못지않게 독서 인구도 많은 나라였다. 글 좀 읽었다는 사람들 사이에 소문이 퍼졌다.

"『홍루몽』 못지않게 재미있는 책이다. 등장인물이 많지만, 다들 개성이 독특하고 짜임새도 뛰어나다. 「시편」은 아름답기가 이루 말할 수 없다. 『시경』 못지않다."

찍는 족족 팔렸다. 돈이 쌓이자 밀가루 공장을 세우고 미국산 기계 대리점도 운영했다. 거부(巨富) 소리를 들었다.

쑹자수는 쑨원의 혁명사업이라면 돈을 아끼지 않았다. 미국 명문학교의 학부형이 되는 게 소원이다 보니 자녀들 교육에도 마찬가지였다. 3남 3녀를 모두 미국으로 유학 보냈다. 쑹칭링도 열네 살 때 미국행 배를 탔다.

1913년 8월, 6년간 유학 생활을 마친 쑹칭링은 귀국 도중 일본에서 아버지와 합류했다. 쑹자수는 망명 중인 쑨원에게 칭링을 데리고 갔다. 설마 했겠지만, 딸을 쳐다보는 대혁명가의 눈빛이 심상치 않다는 것을 눈치채지 못했다. 쑨원은 툭하면 쑹자수에게 기침을 쿨럭이며 다 죽어가는 소리로 전화를 했다. 그럴 때마다 쑹자수는 병간호를 위해 칭링을 쑨원이 있는 곳으로 보냈다. 칭링이 언니 아이링(靄齡)도 만날 겸 해서 가보면 크게 아픈 사람 같지도 않았다.

쑨원의 고문이었던 호주 출신 신문기자 도널드(William Henry Donald)에 의하면 쑨원은 비서로 있던 쑹자수의 큰딸 아이링에게 눈독을 들이고 있었다고 한다.

"쑨원은 쑹아이링과 결혼하겠다는 말을 자주 했다. 농담이 아니라 아주 진지했다. 부인과는 어쩔 심산이냐고 물으면 이미 이혼을 요구했다며 아무렇지도 않게 말했다. 내가 보기엔 큰일 날 사람이었다."

아이링이 공자의 후손으로 알려진 쿵샹시(孔祥熙)와 결혼하자 쑨원은 한동안 "아이링이 고리대금업자 놈에게 시집갔다"며 분통을 터트려 주위 사람들을 곤혹스럽게 했다. 쿵샹시는 은행과 전당포의 중간쯤 되는 전장(錢莊)집 아들이었지 고리대금업자는 아니었다. 도널드의 기록이니 믿을 수밖에 없다.

쑨원이 칭링에게 영문비서 일을 부탁하자 쑹자수는 선뜻 수락하고 귀국했다. 사실 쑨원은 영문비서가 필요 없었다. 영어를 모국어처럼 할 뿐 아니라 측근에 영어 잘하는 사람이 한둘이 아니었다. 전생에 무슨 인연이 있었던지 칭링도 쑨원의 청을 거절하지 않았다. 미국

1914년 6월, 일본 요코하마(橫濱)에 머무르던
쑹자수(뒷줄 왼쪽 둘째) 일가.
앞줄 왼쪽부터 3남 쯔안, 차녀 칭링,
부인 니구이전(倪桂珍), 장녀 아이링.
뒷줄 왼쪽 첫째는 차남 쯔량, 오른쪽 첫째가
아이링의 남편 쿵샹시. 장남 쯔원(子文)과
막내딸 메이링은 미국 유학 중이었다.

에 있는 동생 메이링에게 보낸 편지가 남아 있다.

"세상에 태어나서 요즈음처럼 즐거운 나날을 보낸 적이 없다. 어릴 때부터 꿈속에서나 가능했던 일들이 지금 내게 벌어지고 있다. 나는 혁명운동의 중심에 접근해 있다. 나는 중국을 도울 수 있다. 쑨원 선생을 도울 수 있다는 것이 꿈만 같다. 그는 나를 필요로 한다."

쑨원은 가는 곳마다 칭링을 데리고 다녔다.

산책을 좋아하던 쑨원이 후한민(胡漢民), 랴오중카이, 다이지타오(戴季陶)와 유람을 떠난 적이 있었다. 쑹칭링이 빠질 리 없었다. 하루는 쑨원이 등산을 가자고 하자 다들 따라나섰다.

나이가 가장 어린 칭링은 발걸음이 가벼웠다. 칭링이 정상에 오른 것을 본 쑨원이 바로 뒤에 오던 랴오중카이에게 따라오지 말라고 손사래를 쳤다. 랴오중카이는 눈치가 빨랐다. 몸을 돌려 사람들을 데리고 하산했다. 그날 따라 산속에 유람객이라곤 찾아볼 수도 없었다.

쑨원과 칭링은 오밤중에 숙소로 돌아왔다.

결혼 반대하며 딸 칭링을 골방에 가둔 쑹자수

1915년 6월, 쑨원은 도쿄의 어느 공원에서 쑹칭링에게 청혼했다. 쑹칭링 22세, 쑨원 49세 때였다. 쑹칭링은 부모의 동의를 구하겠다며 상하이로 떠났다. 쑨원이 "그럴 필요 없다. 결혼은 당사자들이 결정할 일이다. 구습을 타파하는 것이 혁명"이라고 역설해도 듣지 않았다.

불쑥 나타난 딸이 쑨원과 결혼하겠다고 하자 쑹자수 부부는 진노했다. 남편 쑹자수를 한참 노려보던 부인 니구이전은 쑹칭링를 붙잡고 통곡했다.

"너 미쳤구나. 돌아도 단단히 돌았구나. 쑨원인지 뭔지 하는 인간이 몇 살인지 알기나 하고 하는 소리냐. 네 나이보다 곱절도 더 많은 사람이다. 게다가 결혼까지 하고 첩도 있는 놈이다. 절대로 안 된다."

쑹자수에게도 갖은 원망을 퍼부어댔다.

"도둑놈에게 홀려서 있는 돈 없는 돈 다 갖다 바치더니 꼴좋다. 저 애가 다 썩어빠진 과일 맛에 취했다. 이를 어쩔거냐."

쑹자수는 쑹칭링을 골방에 가둬버렸다.

상황을 파악한 쑨원은 쑹자수의 의중이 궁금했다. 자신의 일을 남의 일처럼 빗대서 말하기 좋아하는, 마치 옆집에서 벌어진 일을 전하는 척하며 상대의 속을 떠보는, 중국인 특유의 수법을 동원했다. 쑹자수에게 편지를 보냈다.

"칭링이 가정 있는 남자를 좋아한다는 소문이 파다하다. 더구나 그 사람은 대반역자다. 결혼까지 하려고 한다니 나도 뭐가 뭔지 모르겠다. 『아라비안 나이트』에나 나올 만한 이야기다."

쑹자수도 절묘한 답장을 보냈다.

"금시초문이다. 하늘은 물론이고, 아이들이 들어도 웃을 일이다. 칭링이는 그런 말을 한 적이 없다. 나는 선생을 존경한다. 무슨 일이 있어도, 선생과 선생이 하고자 하는 일을 존중한다. 대반역자는 우리 모두의 영원한 적이다. 칭링도 그런 사람을 증오한다. 뜬소문에 불과하다. 만에 하나 가정이 있는 남자와 결혼하겠다면 나는 허락하지 않겠다. 이 점은 선생도 나와 같으리라 믿는다. 명성(名聲)은 명예(名譽)나 체면[面子]보다 중요하다."

쑹칭링, 하녀의 도움으로 탈출

쑨원이 부인과 이혼하고, 쑹칭링을 취하려 한다는 소문이 퍼지자 반대가 잇따랐다. 쑨원은 무장 거사를 결심했을 때보다 더 단호했다.

"쑹칭링과 결혼만 할 수 있다면 다음날 새벽에 죽어도 후회하지 않겠다. 나는 너희들과 천하대사를 의논했지 사사로운 가정문제는 의논하고 싶지 않다."

쑨원은 마카오에 있는 부인 루무전(盧慕貞)을 일본으로 불렀다. 문맹에 전족을 한 루무전은 쑨원의 말을 한 번도 거역한 적이 없었다. 이날도 남편이 시키는 대로 했다. 이혼 서류에 엄지손가락을 꾹 찍고 뒤뚱거리며 마카오로 돌아갔다. 쑨원은 이 고마운 조강지처를 죽는 날까지 보살폈다.

같은 해 10월 초, 쑹칭링은 하녀의 도움으로 탈출에 성공했다. 10월 24일 오후, 쑨원은 외부에서 걸려온 전화를 받자 총알처럼 튀어나갔다. 회의 중이던 혁명동지들은 어안이 벙벙했다. 눈치 빠른 사람들은 혀를 찼다. 낄낄대는 자들도 있었다.

후일 쑹칭링은 이날의 일을 상세히 회고한 적이 있다.

"쑨원이 혼자 역에 나와 있었다. 나를 서구식 주택으로 데리고 갔다. 작고 예쁜 집이었다. 일본인 변호사에게 전화를 걸어 내가 도착했다고 알렸다. 다음 날 아침 입회인이 될 변호사 집에서 결혼식을 올렸다."

난징의 쑨원기념관(孫中山紀念館)에 일본어로 작성된 두 사람의 결혼서약서가 남아 있다.

"빠른 시일 내에 중국 법률에 부합하는 정식 혼인수속을 밟는다. 앞으로 영원히 부부관계를 유지한다. 서로의 행복을 증진시키기 위해 공동으로 노력한다. 서약에 위배하는 행위를 했을 경우 법률과 사회적 제재를 받아도 이의를 제기하지 않는다. 각자의 명예를 위해 상대방을 헐뜯거나 원망해서는 안 된다."

20년간 쑨원의 부인이었던 천추이펀

1915년 10월 25일, 도쿄에서 열린 쑨원과 쑹칭링의 결혼식은 초라했다. 하객이 거의 없었다. 다들 연락은 받았지만 참석하기를 꺼려했기 때문이다. 일본인 친구들 외에 중국인이라고는 랴오중카이 부부와 천치메이(陳其美)가 전부였다. 문 앞까지 왔다가 "에잇" 하며 돌아간 사람도 있었다.

비슷한 내용의 구술을 여러 사람이 남겼다.

"루무전과 천추이펀(陳粹芬)이 눈에 어른거렸다. 축하해주고 싶은 마음이 조금도 내키지 않았다."

루무전은 쑨원의 조강지처였고, 천추이펀은 쑨원이 임시대총통에 취임하기 직전까지 무려 20년간 '쑨원의 부인' 대접을 받은 홍콩 여인이었다.

동서고금을 막론하고 남녀관계의 출발점은 감동(感動)과 호감(好感)을 따라살 게 없다. 천추이펀은 열아홉 살 때 문먼(屯門)의 예배당에서 쑨원을 처음 만났다. 천추이펀은 "황제를 길바닥으로 내쫓아버리겠다"는 26세 의사 지망생의 호언장담에 감동했다. 쑨원도 천추이펀에게 호감을 느꼈다.

"한미(寒微)한 집안에서 태어나 배운 게 없다 보니 악습(惡習)에 물들 기회가 없었다. 성격도 좋았다. 뭐든지 감지덕지, 불평이란 걸

1915년 10월 25일, 도쿄의 우메야 쇼키치 집에서
결혼식을 올린 쑨원과 쑹칭링.
쑨원은 쑹칭링에게 "19발은 적에게 사용하고
1발은 급할 때 자신을 위해 쓰라"며
실탄 20발과 권총 한 자루를 결혼선물로 줬다.

해본 적이 없는 여자였다."

일본·베트남·말레이시아·싱가포르, 어디건 쑨원이 가는 곳에는 천추이편이 있었다. "혁명동지들의 밥과 빨래, 온갖 위험하고 궂은 일을 도맡아 했다. 뭐 사먹으라면서 꼬깃꼬깃한 돈을 쥐여주며, 싱긋이 웃고 내빼던 천추이편을 생각하면 복장이 터진다"며 가슴을 치는 동지들이 한둘이 아니었다.

쑨원이 직접 나서는 수밖에 없었다. "나는 혁명가다. 수천 년간 내려오는 악습의 지배를 받지 않겠다"고 해도 사람들은 얼굴을 풀지 않았다. 결국 "나는 신(神)이 아니다. 너희들과 똑같은 사람이다"라는 말을 듣고서야 고개를 떨구며 긴 한숨들을 내쉬었다. 이날 쑨원은 천추이편을 호적에 첩으로 올려놨다는 말은 하지 않았다.

사위 쑨원에게 딸 잘 부탁한다고 세 번 절한 장인 쑹자수

속이 답답하기는 쑹칭링의 아버지 쑹자수도 마찬가지였다. 딸을 데려오겠다며 일본으로 떠났다. "갈 필요 없다. 이미 다 된 밥, 다시 쌀이 되기는 틀렸다"고 말려도 듣지 않았다. 쑹자수는 도쿄에 도착하기가 무섭게 쑨원의 거처로 알려진 우메야 쇼키치(梅屋庄吉)의 집으로 달려갔다. 우메야도 쑹사수 못시않은 쑨원의 후원자였다.

쑹자수는 우메야의 집 앞에서 고래고래 소리를 질러댔다.

"총리 나와라. 뻔뻔한 얼굴 내 눈으로 직접 봐야겠다."

쑨원이 밉다 보니 우메야까지 한통속으로 보였다. 집 안을 향해, 있는 욕 없는 욕을 튀어나오는 대로 퍼부어댔다.

우메야와 쑹자수는 평소 못하는 말이 없을 정도로 가까운 사이였다. 멀리서 온 친구를 길에 세워놓을 수 없다며 나가려 하자 쑨원이 제지했다.

"이건 내 일이다. 내가 해결하겠다."

역시 쑨원이었다. 쑹자수는 계단 위에 버티고 선 쑨원을 보자 한동안 넋 나간 표정을 지었다.

"무슨 급한 일이라도 생겼는가요? 어디 들어봅시다."

쑨원의 말이 떨어지기가 무섭게 쑹자수는 맨땅에 무릎을 꿇었다.

"철없는 딸을 부탁드리러 왔습니다. 부디, 잘 보살펴주시기 바랍니다."

이어서 세 번 절하고 자리를 떴다.

도쿄 한복판에서, 중국의 대혁명가와 후원자 사이에서 벌어진 희비극을 우메야의 딸이 몰래 숨어서 지켜봤다. 훗날 기록을 남겼다.

"사위가 장인에게 절한다는 말은 들었어도 장인이 사위에게 절한다는 말은 들어본 적이 없었다. 중국인은 참 이상한 사람들이라는 생각이 들었다."

뻔뻔함이 극에 달하면 당당해진다는 것을 모르다 보니 어쩔 수 없었다.

항일전쟁 시절, 에드거 스노를 만난 쑹칭링은 우메야의 딸과 다른 이야기를 했다.

"아버지는 나의 결혼을 파열시키기 위해 쑨 박사를 호되게 윽박질렀다. 내가 미성년이고 부모의 동의를 받지 않았다는 것이 이유였다. 뜻을 이루지 못하자 쑨 박사와 절교했다. 나와는 부녀 관계를 청산했다."

수완 좋고 대범한 혁명의 후원자 쑹자수

"청원서 따위로 될 일은 이 세상에 없다.
중국은 워싱턴이나 링컨 같은 사람이 필요하다."

미국으로 건너가 일하고 공부하며

중·일전쟁 시절 일본은 장제스, 쑹쯔원, 쿵샹시, 천궈푸(陳果夫)·천리푸(陳立夫) 형제 등 네 집안을 중국 최대의 부패집단으로 매도했다. 전시 선전수단 치고는 효과가 있었다.

국·공내전이 벌어지자 중공 선전부는 일본이 했던 것처럼 4대 가족을 관료자본의 상징이라고 몰아붙였다. 특히 마오쩌둥의 정치비서였던 마르크스주의 이론가 천보다(陳伯達)의 저서 『중국의 4대가족』(中國四大家族)은 국민당을 민중으로부터 격리시키는 역할을 톡톡히 했다. 수천 년 역사상 청백리가 열 손가락으로 꼽기 힘들다 보니 권력은 부패가 따른다는 것을 당연시 여기는 민족이었다.

한동안 네 가족은 원성의 대상이 되고도 남았다. 이들 중 천씨 형제를 제외한 나머지 3명이 쑹자수의 아들과 사위였다. 쑨원까지 사위이다 보니, 이야깃거리를 많이 남길 수밖에 없었다.

쑹자수의 본명은 한자오준(韓敎準)으로 하이난도(海南島) 원창(文昌)의 빈농 집안 자식이었다. 1864년에 태어났다고 하지만 본인도 정확한 나이를 몰랐다. 남들이 물으면 "부모가 그렇다니까 그런 줄 아는 거지. 제 나이 정확히 아는 사람이 몇이나 있을까! 언제 태어났는지 어머니나 아버지에게 들은 적이 없다"는 말을 자주 했다.

600여 년간 원창의 남자 아이들은 철 들기가 무섭게 목선을 타고 동남아로 건너가는 전통이 있었다. 해상 실크로드의 중간지역이다 보니 그럴 만도 했다. 한자오준도 19세 때 형을 따라 인도네시아로 갔다. 남이나 다를 바 없는 친척집을 떠돌아다니며 잡일을 하던 중 쑹씨 집안에 양자로 들어갔다.

양아버지는 미국에 가야 큰돈 번다며 보스턴에 차(茶) 도매상을 열었다. 미국으로 가던 쑹자수는 풍랑을 만나 남극까지 흘러 들어갔다. 남극에 발 디딘 최초의 중국인이 될 줄은 몰랐다. "세상일은 우연투성이다. 전쟁과 정치가 특히 그렇다. 경제는 예외다. 우연이 거의 없다"는 말을 자주 했다.

당시 미국에는 청나라 정부가 파견한 관비 유학생이 많았다. 명문학교에 다니는 비슷한 또래의 중국인들을 보자 자신의 처지가 한심했다. 양아버지에게 편지 한 통 남기고 집을 나섰다. 보스턴항에는 정박해 있는 배가 많았다.

선장은 독실한 기독교 신자였다. 선창 한구석에 웅크리고 있는 중국 소년을 경찰에 넘기지 않았다. 가벼운 일을 시키며 기독교를 믿으라고 권했다. 배가 윌밍턴(Wilmington)에 도착하자 쑹자수를 데리고 교회로 직행했다.

1880년 11월 7일, 쑹자수는 찰리 쑹, 후일 상하이 사람들이 쑹차리(宋査理)라고 부르게 되는 이상한 이름을 받았다. 세례명이라고 했다. 멀쩡한 이름 놔두고 뭔가 싶었지만 싫다 좋다 따질 형편이 못

쑹자수 일가는 가족이 모두 한자리에 모일
기회가 거의 없었다. 앞줄 왼쪽 앉은 차례로 아이링·쯔원·
쯔안·칭링. 뒷줄 왼쪽부터 쯔량·쑹자수·니구이전·메이링.
쑹씨 일가가 한자리에 모인 유일한 모습이다.

됐다. 2년 후 신학대학에 들어갔다. 다닐 만했다. 두툼한 책을 달달 외우며 밤에는 인쇄 공장에 다녔다.

어릴 때부터 밭농사, 잡화상 점원, 수부(水夫) 등 안 해본 일이 없다 보니 두 손을 어떻게 써야 하는지 잘 알았다. 노동이 즐겁고 아무리 피곤해도 한숨 자면 거뜬했다. 인간에게 가장 중요한 것이 태양과 바람과 수면이라는 만고의 진리를 일찍 터득했다. 이 세 가지만 있으면 어딜 갔다 놔도 살 자신이 있었다. 고귀한 집안 출신의 중국 유학생들이 도저히 못하겠다는 일들을 도맡아 했다. 계급 관념이 전혀 없는 사람이라는 소리를 들을 때마다 기분이 좋았다. 항상 패기가 넘치고 유머가 풍부했지만 신학원 교수들은 쑹자수가 못마땅했다.

"『성경』구절은 모르는 구석이 없지만 신앙심이 약하고, 종교에 관해 진지하게 고민해본 적이 없는 사람이다. 차라리 중국에 가서 전도나 하라고 하면 어떨지 모르겠다."

1886년 미국 성서공회는 쑹자수를 상하이로 파견했다.

"매달 15달러 줄 테니 너희 나라에 가서 선교에 전념해라."

선교는커녕 먹고 살기에도 부족한 액수였다.

선교는 뒷전, 영어 교사로 이름 날려

쑹자수는 미국 감리교 교단이 중국에 파견한 최초의 중국인 선교사였다. 선교 지역은 상하이와 쑤저우(蘇州) 일대였다.

"조국에 왔다고 생각하니 온종일 콧노래가 나왔다. 상하이항은 보스턴항보다 요란했다. 온갖 배들이 자신의 존재를 알리기 위해 기적 소리를 뿜어댔다."

미국인 담임목사는 쑹자수를 싫어했다. "중국인도 아니고 미국인도 아니다. 선교를 할 재목이 못 된다"며 검소한 중국 농민이 겨우 생활을 유지할 수 있는 돈밖에 주지 않았다. 목사는 춘절(春節) 때 고향에 다녀오겠다는 쑹자수의 청도 거절했다.

쑹자수가 미국에 있는 친구에게 보낸 편지가 남아 있다.

"아직 어머니, 아버지도 만나지 못했다. 내 처지는 창고 구석에 숨어서 탄성만 내지르는, 한 마리 쥐새끼에 불과하다. 때가 오면 이들의 오만과 권위를 날려버리겠다. 나는 가장 불성실하고 규율을 무시하는 선교사가 될지도 모른다. 지금 가장 필요한 것은 인내다."

쑹자수가 『성경』을 펴놓고 열을 올리면 중국인들은 엉뚱한 소리들만 해댔다.

"네가 중국인이라니까 나도 한마디하겠다. 큰 뜻을 펼칠 생각이 있다면 우선 오래 살 궁리부터 해야 한다. 30대 초반에, 그것도 사형으로 세상을 떠났다니 지혜롭지 못하다. 다시는 안 그러겠다고 싹싹 빌거나, 뇌물을 써서라도 풀려나야 큰일을 할 수 있다."

쑹자수는 핀잔도 많이 받았다.

"아무리 들어도 무슨 말인지 모르겠다. 1,900년 전에 태어났다는, 네가 시주다시처럼 ㅏ시는 사람의 저술이나 친필이 있으면 가져와봐라. 문집을 남기지 않았다면 그건 엉터리다."

기록을 중요시 여기는 민족이다 보니 어쩔 수 없었다.

쑹자수는 선교 실적이 거의 없었다. 교회학교에서 영어교사를 했다. 학생들 거의가 시골 소년이었다. 훗날 막내 사위 장제스와 많은 일화를 남긴 후스도 그에게 처음 영어를 배웠고 이런 기록을 남겼다.

"쑹자수는 중국어를 제대로 못했다. 짝달막한 키에 짧은 머리, 넓은 어깨는 전형적인 광둥사람다웠다. 생김새는 웃음을 자아내기에 족했지만 영어 하나는 일품이었다. 청나라 정부의 여권도 없이 혼자 힘으로 미국에 건너가 명문대학을 나왔다는 말을 듣고 다들 기가 죽었다. 너무 외로워 보였다. 일 년이 지나자 학생 수가 배로 늘어났다."

쑹자수의 고독을 이해하는 친구가 해결 방법을 일러줬다.

"중국에는 완벽한 여인들이 많다."

항저우 여인과 결혼한 쑹자수는 인쇄소를 차렸다. 처가는 중국 최고의 기독교 명문이었다. 예수회 선교사 마테오 리치와 함께 유클리드 기하학을 중국에 처음 소개한 과학자 서광계(徐光啓)의 후예였다.

1889년 7월, 첫 딸 아이링이 태어났다. 미국에서 귀국한 지 3년 만이었다. 4년 후 둘째 딸을 봤다. 칭링이라는 이름을 지어줬다. 아들 쯔원이 연년생으로 태어났을 때는 시큰둥했다.

3년 후, 딸 메이링이 태어나자 "미국 명문 여자대학의 학부형이 될 수 있다"며 밤잠을 설쳤다. 장차 이 아이들이 국·공 양당의 안방과 곳간 열쇠를 꿰찰 줄은 꿈에도 생각 못했다.

외국 선교사들의 횡포에 구국혁명 결단

1840년, 영국의 대포와 아편이 중국을 능욕했다. 미국·프랑스 등이 뒤를 이었다. 청나라 정부는 서구 열강이 내민 불평등조약 문서에 군말 없이 서명했다. 조문마다 선교의 보장과 교회 건립, 선교사 보호에 관한 조항은 빠지는 법이 없었다. 1850년대 말, 프랑스와 맺은

조약에 "외국 선교사들은 중국 전역에서 토지를 빌리거나 구입할 수 있고, 무슨 건물이건 지을 수 있다"는 조문이 있을 정도였다.

교회는 중국의 법률이 미치지 못했다. 치외법권 지역이나 매한가지였다. 선교사들은 외교사절이 부럽지 않았다. 면책특권 등 온갖 혜택을 누렸다. 십자가만 내걸면 아무리 흉악한 사건을 일으켜도 시비를 따지는 사람이 없었다. 청나라 정부는 이들을 수수방관했다. 국력이 약하다 보니 어쩔 수 없었다.

중국에 와 있던 외국인 선교사 중에는 형편없는 자들이 많았다. 토지 몰수는 기본이었다. 부녀자 겁탈 정도는 사건 축에 들지도 못했다. 직접 찾아와서 누구네 집 딸이 예쁘다고 알려주는 중국인들도 심심치 않게 있었다. 세상에 이런 별천지가 없었다.

1894년 청·일전쟁이 발발했다. 중국은 철저히 패배했다. 대청제국은 점점 안으로 움츠러들었다.

"이 넓은 땅덩어리, 들고 갈 것도 아니고 빈 땅에 교회를 짓건 말건 내버려둬라."

교회는 외국인들의 활동거점으로 둔갑했다. 전국 방방곡곡에 4,000여 개의 교회 건물이 올라갔다. 산둥 지역에만 1,300여 개가 있었다. 민 옛날 황건적의 발상지라며 두려워하는 선교사들도 있었다. 한 영국인 선교사가 런던의 친구에게 보낸 편지가 남아 있다.

"중국은 외국의 선교사와 상인, 학자들에게 우리가 생각지도 않았던 곳까지 개방시켰다. 이 나라는 완전히 우리 수중에 떨어진 거나 다름없다. 외국인 선교사들이 중국인들의 농토를 점령하고, 평생 눌러앉을 생각을 한다면 엄청난 죄를 저질러야 한다. 언제 무슨 난리가 일어

날지 모른다. 생각만 해도 무섭다. 그런 상황이 벌어지면, 하늘은 우리를 돌보지 않을 게 분명하다. 그때는 무력에 의존하는 수밖에 없다."

외국 선교사들의 횡포가 극에 달했지만 정부는 무능했다. 그러나 현실은 사람들을 변화시켰다. 냉가슴을 앓던 미국 감리교 선교사 쑹자수는 혁명파들의 주장에 귀를 기울이기 시작했다.

중국의 하늘〔天〕은 서양의 하늘과 뜻이 달랐던지 창강 유역에서 서양종교 배척운동이 벌어졌다. "서양귀신 내쫓자!"는 전단들이 도시의 대로와 골목을 수놓았다. 시도 때도 없이 교회 창문에 돌덩이가 날아들었다. 선교사들은 아침에 일어나면 마당에 뿌려진 인분 냄새에 코를 막았다. 밖에 나왔다가 팔다리가 부러지거나 머리통을 싸매고 돌아오는 선교사들이 속출했다. 화염에 휩싸이는 교회가 한둘 생겨났다. 외국인들은 공포에 떨었다. 중국인 신자들은 "서양귀신 믿었다가 큰일나겠다"며 교회 근처에 얼씬거리지도 않았다.

쑹자수는 1개월간 현지조사에 나섰다.

"원인은 간단했다. 단테의 말이 맞았다. 권력은 사람을 부패시킨다."

쑹자수는 일기에 이렇게 적었다.

외국 선교사들의 내정간섭에 중국인들의 거센 반감

쑹자수는 뭐든지 눈으로 확인해야 직성이 풀리는 사람이었다. 창강 유역에서 기독교 배척운동이 발생하자 실태 파악에 나섰다. 서양 선교사들이 위험하다고 말려도 개의치 않았다.

"정확한 원인은 책상머리에서 나오지 않는 법, 현장에 가야 답이 나온다. 중국인은 중국인을 때리지 않는다."

실제로 위험지역을 다니는 동안 얻어맞거나 돌팔매질을 한 번도 당하지 않았다.

상하이로 돌아온 쑹자수는 미국 감리교 중국 교구에 보고서를 보냈다.

"선교사들 중에는 서양깡패로 전락한 사람들이 많다. 중국 부녀자 5명을 한집에 데리고 사는 미국인 선교사를 내 눈으로 직접 봤다. 지방관과 결탁해 무고한 농민을 사형에 처한 선교사도 있었다. 이건 엄연한 중국의 사법권 침해다. 중국인들이 울분을 느끼는 건 당연하다."

서구 열강이 선교활동을 보호하기 위해 군함 20여 척과 사병 3,000명을 파견했다. 쑹자수는 선교사들을 찾아다니며 호소했다.

"무장한 외국 군인들이 거리를 순시하며 기독교에 반대하는 사람들을 폭도로 다룰 태세다. 우리 측에 희생자가 나와도 저들을 처벌해서는 안 된다. 예수 그리스도는 십자가에 매달리면서도 우매한 민중을 탓하지 않았다."

외국 선교사들은 쑹자수에게 삿대질을 해댔다.

"네 말대로 했다간 언제 맞아 죽을지 모른다. 우리 모두 중국을 떠나란 말이냐. 네가 맞아 죽어봐라. 네 집사람이 우리보나 너 길길이 뛸 거다."

거의 막말 수준이었다. 쑹자수는 굽히지 않았다.

"교회 권력이 지나칠 정도로 비대하다. 그간 온갖 간섭을 다했다. 선교에만 충실하고, 중국의 내정을 간섭하지 않으면 반감이 일어날 이유가 없다. 우리가 먼저 화해를 청하자. 잘못을 인정하고 반성하겠

19세기 말, 미국성서공회는 독립선교를 표방한 쑹자수에게
중국어판 『신약성서』 판권을 줬다. 충칭에 도착한 중국어 『성경』.
중국옷을 입은 서양 선교사들의 모습이 흥미롭다.

다는 전단을 배포하자."

그러나 쑹자수는 핀잔만 들었다.

"인쇄소 차려서 재미본 사람이라 어쩔 수 없다. 뭐든지 인쇄할 생각만 한다."

선교사들은 상하이 도대(道臺: 지방장관)에게 교회와 신자들의 안전을 책임지라고 압박했다. 청나라 정부는 이들의 요구를 받아들였다. 광서제(光緖帝) 명의로 기독교 반대운동에 참여하는 자들을 신속히 진압하라는 포고령을 내렸다.

쑹자수는 무릎을 쳤다.

"모든 원인은 선교사들의 횡포 때문이 아니다. 청나란지 뭔지를 쓸어버리지 않는 한 중국에 희망은 없다."

둘째 딸 칭링이 태어나자 "부디 위대한 반역자가 되게 해달라"고 기도했다.

혁명자금 마련 위해 공장 경영

쑹자수는 미국 감리교회와 결별했다. 중국기독교자립회(中國耶穌敎自立會)를 결성하고 독립선교를 선포했다. 자신의 집에서 첫 번째 회의를 열었다. 종파를 구별하지 않다 보니 참석자들이 많았다. 외국인 선교사들도 적지 않았다.

이날 쑹자수의 설교는 일품이었다고 한다. "미국은 혐오감을 느끼게 하는 것들이 많지만 위대한 나라다. 인류문명의 모범인 사상의 자유와 민주주의의 전통을 수립했기 때문"이라며 미국인들을 치켜세웠다. 이어서 중국인 신자들에게 눈길을 줬다.

"예수 탄생 1620년 후, 102명의 청교도들이 메이플라워호를 타고 미국의 플리머스에 도착했다. 이들은 메이플라워 서약을 통해 자립 정신의 토대를 마련했다. 지금 중국의 정치는 한 치 앞을 내다보기 힘들고, 국민은 우매하다. 우리는 마음을 다해 국가를 사랑하고(盡心愛國), 민간의 지식을 계발(開通民智)시키기 위해 온 힘을 쏟아야 한다. 중화민족의 자립정신을 환기시키는 것이 우리의 목표다."

독립은 자유와 고독을 수반했지만 쑹자수는 평소 쌓아온 교양과 사업의 번창, 중국을 뒤집어엎겠다는 일념으로 이런 것들을 극복했다.

혁명에는 돈이 필요했다. 쑹자수가 세운 화메이(華美)인쇄소는 『성경』을 염가에 보급하고 밀가루 공장도 세웠다. 돈이 쌓이자 혁명파들의 요구라면 무조건 들어줬다. 낮에는 쑤저우 방언으로 된 『신약성서』를 찍고 밤에는 혁명단체의 선언문과 전단을 찍었다. 혁명채권을 찍을 때도 있었다.

쑹자수는 하다 보면 중국의 조지 워싱턴이나 링컨이 될 사람을 만날 날이 온다고 굳게 믿었다. 후일 청천백일기(靑天白日旗)의 설계자로 중국 역사에 기록될 루하오둥(陸皓東)을 통해 쑨원이라는 청년이 있다는 말을 들었다.

쑨원과 천사오바이, 가운과 청진기를 벗어던지다

1894년 1월 말, 광저우의 동서약국(東西藥局) 진료소는 한바탕 난리를 떨었다.

"의사 쑨원이 돈을 들고 잠적했다."

회계직원은 홍콩에 있는 천사오바이(陳少白)에게 급전을 보냈다.

"유동자금이 한 푼도 없다. 당장 살길이 막연하다."

천사오바이는 쑨원과 홍콩의과대학(西醫書院) 동기로 동서약국의 동업자였다. 홍콩에서 동지들을 규합 중이던 천사오바이는 광저우로 달려갔다. 쑨원이 갈 만한 곳을 이 잡듯이 뒤졌다. 종적이 묘연했다. 다들 저세상으로 갔다고 여길 즈음 쑨원이 나타났다. 미안하단 말 한 마디 없이 종이 몇 장을 천사오바이에게 건넸다.

"고향 집에 가 있었다. 방문 닫아 걸고 북양대신 리훙장에게 보낼 건의서를 작성했다. 네가 품위 있게 다듬어봐라."

고전 실력이 뛰어났던 천사오바이는 8,000여 자에 달하는 '리훙장에게 올리는 글'(上李鴻章書)을 한 자도 건드리지 않았다. 천하명문이라며 찬탄을 금치 못했다.

"서방 자산계급을 본받아야 한다. 선진 과학기술을 도입해 공업과 농업을 발전시키고, 공상업을 봉건제의 속박에서 벗어나게 해야 한다. 인재 양성은 국가 지도자의 의무다. 국가의 독립과 부강을 위해, 교육과 인재 선발제도를 개혁해야 한다. 부강과 치국의 근본은 별게 아니다. 사람이 재능을 마음껏 발휘하고, 땅의 이점을 충분히 활용하며, 물건이 쓰임새를 다하고, 재물의 소통이 원활하면 된다."

천사오바이 25세, 쑨원 28세 때였다. 두 사람은 의사 가운과 청진기를 아궁이 속에 집어던졌다. 옆에 있던 약국 직원들이 잘들 논다며 한심한 표정 짓는 것도 눈치채지 못했다.

쑨원은 루하오둥과 함께 리훙장이 있는 톈진으로 향했다. 당시 중국은 일본과 전쟁 중이었다. 리훙장은 시골 청년들을 만날 겨를이 없었다. 쑨원은 "리훙장이야말로 중국의 비스마르크라고 열을 올리던 의과대학 선생들의 말은 새빨간 거짓말"이라며 혁명을 결심했다.

쑹자수, 쑨원에게 중국의 링컨이 되라고 하다

광저우로 돌아오던 쑨원은 상하이에서 루하오둥의 소개로 쑹자수를 만났다. 평소 귀에 못이 박히도록 들은 이름이었다.

부두에서 기다리던 쑹자수는 기쁨을 감추지 못했다. "이렇게 젊은 사람인 줄 몰랐다"며 쑨원을 끌어안았다. 익숙지 않은 행동에 쑨원은 당황했다. 어색한 농담이 나왔다.

"중국인이지만 꼭 서양귀신〔洋鬼子〕 같다."

쑹자수는 움찔했다. 전형적인 중국 서생의 눈빛에 기가 질렸다. 6년 후 의화단의 난이 발생했을 때 쑨원의 첫인상을 미국 친구에게 말한 적이 있다.

"거리에 나갔다가 형장으로 끌려가는 젊은 의화단 지도자와 마주쳤다. 그 눈빛이 몇 년 전 쑨원을 처음 봤을 때와 똑같았다."

쑨원을 집으로 안내하던 쑹자수는 보인문사(輔仁文社)의 근황을 궁금해했다. 보인문사는 쑨원이 2년 전에 조직한 홍콩 최초의 혁명단체였다. "내가 태평천국 지도자 홍수전처럼 왕을 칭하겠다고 하자 반대하는 사람이 있었다. 치고받은 적도 있다"고 하자 쑹자수가 웃으며 말했다.

"조심해라, 우리 사이에도 그런 일이 벌어질지 모른다."

집 문 앞에 오자 쑹자수가 쑨원을 가로막았다.

"제2의 홍수전이 되려는 사람은 들어올 수 없다. 중국의 링컨이 되겠다면 환영하겠다."

1913년 3월, 일본에 체류하던
쑨원(앞줄 가운데)과 함께 오사카(大阪)의 일본인
친지들을 방문한 쑹자수(앞줄 왼쪽 첫째).

쑨원은 "낙하산을 타고 들어가겠다"고 응수했다.

쑨원의 행적을 들은 쑹자수는 면박을 줬다.

"청원서 따위로 될 일은 이 세상에 없다. 중국은 워싱턴이나 링컨 같은 사람이 필요하다."

쑨원도 공감했다.

"맞는 말이다. 중국의 워싱턴이나 링컨을 찾아 나서겠다."

쑹자수가 언성을 높였다.

"네가 해라. 제2의 홍수전이 되겠다는 사람이 제2의 워싱턴이나 링컨이 못 될 이유가 없다."

쑨원은 말이 막혔다. 하와이의 형 집에 가 있는 동안 링컨의 이름은 들었어도 아는 건 별로 없었다.

그날 밤, 쑹자수는 30년 전에 세상을 떠난 링컨의 이야기를 쑨원에게 들려줬다. 같은 말을 여러 차례 반복했다. 쑨원은 아무리 들어도 지루하지 않았다.

"국민의, 국민에 의한, 국민을 위한 정부!"

생각하면 할수록 희한한 말이었다. '민족·민권·민생', 삼민주의의 종자가 뇌리에 박히는 밤이었다.

쑹자수는 지식이 힘이라고 믿었다

중국 혁명가나 대(大)정객들의 사생활은 엉망이었다. 쑨원, 장쉐량(張學良), 장제스의 고문을 역임한 윌리엄 도널드가 혀를 내두를 정도였다. 쑨원이 특히 심했다며 재미있는 구술을 남겼다.

"임시대총통에 취임한 위안스카이는 총통직에서 물러난 쑨원의 요구를 들어줬다. 전국의 철도를 총괄하는 철도독판(鐵道督辦)에 임명하고 매달 3만 원을 봉급으로 책정했다. 엄청난 액수였다. 쑨원은 전에 서태후가 이용하던 전용열차를 타고 전국을 돌아다녔다. 모두 열여섯 량의 열차 안에는 참모, 경호원을 비롯해 온갖 사람들이 타고 있었다. 그중에는 야릇한 차림을 한, 정체불명의 미녀들이 많았다. 밤마다 복도 다니기가 민망했다."

'이동하는 동물원' 같았다는 표현은 하지 않았다.

쑨원의 고굉(股肱)이나 다름없는 쑹자수만은 예외였다. 기독교 목사, 매판상인, 혁명가가 합쳐진 복잡한 사람이었지만 사생활은 건전했다. 자녀 교육에 많은 시간을 할애하다 보니 부인 니구이전 외에 여자 친구를 사귈 시간도 없었다. 쑹자수는 자녀들에게 자신이 겪은 모험담을 들려주기를 즐겼다. 항상 이런 말로 끝을 맺었다.

"세상에는 어려운 일이 없다. 마음가짐이 문제다."

셋째 딸 메이링이 아버지를 한마디로 평한 적이 있다.

"대범한 사람이었다. 둘째 언니 칭링과 쑨원의 결혼을 무산시키지 못한 것 외에는 무슨 일이건 해내고야 말았다. 아버지가 살아 있었더라면 나와 장제스의 결혼도 많은 이야깃거리를 남겼을 거라는 생각이 든다."

쑹자수 부부는 "가장 선진적이고, 과학적인 것이 위대한 교육방식이다. 천성이 곧 개성이다. 개성을 억압하는 것처럼 미련한 짓은 없다"며 암기 위주의 중국식 전통교육을 무시했다. 지식의 신봉자이기도 했다. "지식이 힘이다. 믿을 거라곤 머릿속에 든 지식밖에 없다. 지식을 갖춰야 경험을 활용할 줄 안다"는 말을 입에 달고 다녔다.

쑹자수는 자녀 6명을 모두 미국의 명문대학에 유학시켰다.
1915년 하버드대학 외국인 학생회
부회장 시절의 쑹쯔원(둘째 줄 왼쪽 셋째).

뭐든지 읽고, 생각나는 건 무조건 쓰게 했다. 자녀들이 쓴 글을 모아 『상하이아동보』(上海兒童報)을 만들어 사람들에게 돌릴 정도였다.

언론의 중요성도 강조했다.

"아무리 좋은 일을 해도 남들이 모르면 한 게 아니다. 널리(廣) 알리지(告) 않으면 아무 의미가 없다. 불필요한 일 한 것과 다를 게 없다. 안 하느니만 못하다."

쑨원, 쑹자수 만나 혁명가로 변신

1927년 4월 4일, 막내 사위 장제스를 시발로 아들·딸·사위들이 『타임』지 표지를 수차례 장식할 줄 예견이라도 한 사람 같았다. 쑹자수는 "미래의 지도자는 친구 쑨원처럼 동서를 관통해야 한다"는 확신이 있었다. 영어도 중요시했다. 미국에 사람을 보내 구입한 다량의 아동서적을 아이들과 함께 읽고 썼다. 붓글씨 교육도 게을리하지 않았다. 목적을 분명히 설명했다.

"세상 돌아가는 일을 알려면 영문 실력이 뛰어나야 한다. 중국 고전도 중요하다. 배울 게 많다."

쑹자수는 뛰어난 이야기꾼이기도 했다. 아는 것도 많았지만 풀어내는 재주가 탁월했다. 장남 쑹쯔원은 나이가 들어서도 어린 시절 들었던 이야기를 잊지 못했다.

"아버지의 이야기는 모두 사람에 관한 것이었다. 인물 묘사는 당할 사람이 없었다. 등장인물마다 성격이 선명하고 코믹했다. 경험과 지식의 결정체였다."

쑹자수는 자신이 쑹씨 왕조(宋家王朝)의 문을 연 사람이라는 소리를 들을 줄은 꿈에도 모른 채 1918년 세상을 떠났다.

지금도 천안문광장에 가면 마오쩌둥의 대형 초상화 건너편에 쑨원의 초상화가 걸려 있다. 마오는 정권을 장악하고 신중국의 문을 열었지만 쑨원은 그러지 못했다. 1895년 29세 때부터 1911년 봄까지 12차례 무장폭동을 일으켰지만 모두 실패했다. 제대로 된 정부의 수반 자리를 차지한 적도 없었다. "법치를 무시하고 폭동만 일삼는 투기꾼" 소리도 많이 들었다. 그래도 '국부' 혹은 '중국 혁명의 선구자' 소리를 듣는 이유를 궁금해하는 사람들이 많다.

쑨원은 혁명관이 확실했다.

"무력으로 뒤집어엎는 것이 혁명이다. 성공하면 몇 년간 강력한 군사독재를 실시해야 한다. 남들이 뭐라건 안정이 됐다고 느끼면 헌정에 충실하고 민주제를 정착시켜야 한다."

중국인들은 쑨원이라면 이렇게 했으리라고 굳게 믿기 때문이다. 번번이 실패하다 보니 "대포"라는 별명을 들으며 조롱거리가 된 적도 있지만 구국이나 결단 따위의 말은 함부로 입에 담지 않았다.

1925년 베이징에서 사망했을 때 빈소에 걸린 유언도 왕징웨이(汪精衛)가 쑨쯔원이 보는 앞에서 작성한 "혁명은 아직 끝나지 않았다. 동지들은 계속 분발해라"였다. 쑨원은 이런 유언을 한 적이 없다. 쑹칭링의 손을 붙잡고 "달링" 소리 몇 번 한 게 다였지만 이의를 제기하며 시시콜콜 따지는 중국인도 거의 없다.

쑹자수를 만나기 전까지 쑨원은 흔해 빠진 청년 개혁가에 불과했다. 중국을 대표하는 혁명가로 변신하는 과정에서 쑹자수를 만난 것은 행운이었다.

국부 쑨원의 경호원

"제국주의와 봉건군벌의 정치적 주장에 반대한다."

쑨원, 펑위샹과 합작 위해 아픈 몸 이끌고 북행

1924년 9월 중순 펑톈(奉天)군벌 장쭤린이 병력 17만을 산하이관(山海關)으로 이동시켰다. 산하이관은 수도 베이징의 관문이나 다름없었다.

총통 차오쿤(曹錕)은 우페이푸(吳佩孚)를 총사령관에 임명했다. 두 사람은 지금의 허베이성(河北省) 일대를 근거지로 한 즈리파(直隸派)의 영수 격이었다.

제2차 펑즈전쟁(奉直戰爭)의 막이 올랐다. 25만 대군을 거느린 우페이푸는 산하이관과 러허(熱河)에서 장쭤린의 펑톈군과 치고받았다. 베이징이 허술해진 틈을 같은 즈리파 군벌 펑위샹(馮玉祥)이 파고들었다. 10월 23일 심야에 병력을 몰고 회군한 펑위샹은 총동부를 포위하고, 차오쿤을 연금시켰다. 소문이 퍼지자 전선에 있던 우페이푸의 병력은 와해됐다. 우페이푸는 전쟁할 맛이 안 났다. 초라하기가 패잔병보다 못한 병력을 이끌고 바다로 나갔다. 뱃길을 이용해 후베이성에 안착하자 정신이 돌아왔다.

정변에 성공한 펑위샹은 차오쿤을 총통직에서 퇴위시켰다. 자금성(紫禁城)에 살며 외국 국가원수 예우를 받던 마지막 황제 푸이도 궁궐에서 내쫓았다. 군대 명칭도 국민군(國民軍)으로 바꿔버렸다. 펑위샹은 남쪽의 혁명세력을 대표하는 쑨원에게 전보를 보냈다. 내용이 밥상 기다리는 거지보다 더 절박했다.

"국민들은 온갖 눈치보며 생글거리기 잘하고, 말장난이나 일삼는 무리들에게 농락당하기 쉽다. 국가대계는 현명하고, 무모할 정도로 의지가 강한 사람들끼리 머리를 맞대야 한다. 나는 선생이야말로 '민국의 창조자'라고 굳게 믿는 사람이다. 열정과 기백을 전 국민이 추앙한 지 오래다. 빨리 북쪽으로 와서 우리를 어루만져주기 바란다."

광저우의 대원수부(大元帥府)에 있던 쑨원은 북행(北行)을 결심했다. "북방은 호랑이 굴이다. 장쭤린의 존재가 찜찜하다. 무슨 흉악한 일이 벌어질지 모른다"며 막는 사람이 많았다. 쑨원은 "나도 저들 못지않게 흉악한 사람"이라며 안심시켰다. 부인 쑹칭링도 걱정이 태산 같았다. 정국이 워낙 복잡해서 뭐가 뭔지 알 수 없는 것은 그렇다 치더라도 쑨원의 건강이 문제였다. 남편의 기력이 전만 못하다는 것을 느꼈지만 남들에게 말했다간 속으로 자기 때문이라고 흉볼 게 뻔했다. 가끔 통증을 호소했지만 주변에 그 정도 아프지 않은 사람은 없었다.

11월 10일, 쑨원이 북상선언(北上宣言)을 발표했다.

"제국주의와 봉건군벌의 정치적 주장에 반대한다. 국민회의 소집을 요구하고, 중국의 통일과 건설을 도모하겠다."

전국이 환호했다. 선언 3일 후 쑨원은 쑹칭링과 수행원 20명을 데리고 광저우를 떠났다. 쑨원은 결혼한 날부터 가는 곳마다 쑹칭링을 데리고 다녔다. 전쟁에 나갈 때도 마찬가지였다. 지금도 그렇지만 당시 중국에서는 보기 드문 광경이었다. 오죽 심했으면 "전쟁터에 여자가 어른거리면 재수 없다. 병사들 사기에도 문제가 많다"며 만류하는 측근이 있을 정도였다. 이번에는 쑹칭링의 동행을 막는 사람이 없었다. 이유는 단 한 가지, 누가 봐도 쑨원은 병색이 티가 났다.

1925년 1월 1일, 베이징역에 도착한 쑨원을 10만 인파가 에워쌌다. 중도에 온갖 행사를 치른, 47일간의 여행은 쑨원을 중환자로 바꿔놓기에 충분했다. 시국 논의는커녕 몸도 가누지 못했다. 쑨원은 3개월 후 세상을 떠났다.

쑨원 사망 56년 만에 공산당 입당한 쑹칭링

쑨원 사망 56년이 지난 1981년 5월 14일 밤, 중국 국가 부주석 쑹칭링은 사경을 헤매고 있었다. 고열로 온몸이 펄펄 끓었다. 이튿날 새벽, 잠시 정신이 들자 병문안 온 저우언라이의 부인 덩잉차오와 중공 정법위원회 서기 펑전(彭眞)에게 입당(入黨) 의사를 밝혔다. 그것도 한 번이 아니라 세 번 반복했다.

쑹칭링의 입당 요구는 처음이 아니었다. 1958년 저우 언라이에게 입당을 자청했을 때 "한동안 당 밖에 있는 것이 우리 모두에게 유리하다. 입당을 안 해도 우리는 모든 일을 수시로 보고하고 고견을 듣겠다"는 대답이 돌아오자 어찌나 훌쩍거리며 울던지 옆에 있던 류사오치가 혼비백산한 적이 있었다.

이번은 경우가 달랐다. 반세기 동안 형제들과 결별까지 해가며 중

"뜻이 있으면 이루고야 만다"(가운데 위),
"혁명은 아직 성공하지 않았다"(오른쪽),
"동지들은 여전히 노력해라."
위와 같은 펼침막이 내걸린 쑨원의 빈소를 지키는 가족들.
오른쪽부터 손윗동서 쿵샹시, 처남 쑹쯔원,
쑨원의 아들 쑨커(孫科), 사위 다이언싸이(戴恩賽),
쑹칭링, 쑨즈핑(孫治平·쑨커의 장남), 쿵링이(孔令儀·쿵샹시 장녀),
쑨즈창(孫治强·쑨커의 차남), 쑹메이링, 쑹아이링.
장제스는 쑹메이링과 결혼 전이라 가족에 끼지 못했다.

공을 지지한 쑹칭링의 마지막 소원을 못 들어줄 이유가 없었다. 정신이 조금이라도 있을 때 해주자는 공감대가 전화 몇 통으로 형성됐다.

모든 일에는 순서가 있었다. 몇 시간 후 중공 중앙정치국은 긴급회의를 열었다. "열렬히 환영한다"며 쑹칭링의 입당을 의결했다. 그날 밤, 중공 중앙과 전국인민대표대회, 국무원은 "중국혁명의 선구자 쑨원 선생의 부인이며 국제적으로 공인된 20세기의 가장 위대한 여성, 쑹칭링이 위독하다"는 소식을 동시에 발표했다.

다음 날 오전, 권한은 있어도 책임은 없는 최고 실권자 덩샤오핑이 쑹칭링을 찾아왔다. 조심스럽게 입을 열었다.

"당 중앙은 선생의 의견을 존중한다. 만에 하나, 예측치 못한 일이 발생할 경우 우리가 할 수 있는 일을 다하겠다. 하고 싶은 말이 있으면 해주기 바란다. 아무리 사소한 내용이라도 소홀히 하지 않겠다."

쑹칭링은 "유구한 역사에 비하면 인간의 생명은 보잘것없는 것"이라며 "국제문제와 인류의 진보, 아동 교육의 중요성" 외에는 별말을 하지 않았다. 타이완과 미국에 있는 동생과 친척들이 장례식에 오겠다면 허락해달라는 이야기를 할 법도 했지만 입에도 올리지 않았다.

덩샤오핑은 죽음을 앞둔 귀부인의 자존심에 혀를 내둘렀다. 같은 날 오후, 진인대 상무위원회는 "쑹칭링에게 중화인민공화국 명예주석 칭호를 수여하자"는 중공의 건의를 통과시켰다.

덩샤오핑을 필두로 국가주석 리셴녠, 당 총서기 후야오방, 총리 자오쯔양(趙紫陽), 군 최고원로 녜룽전, 친자식이나 다름없는 랴오중카이와 허샹닝의 아들 랴오청즈 등 최고위급 인사들이 신중국 최초의 명예주석에게 경의를 표하기 위해 병실에 줄을 이었다. 축하를 겸

한 작별 인사나 다름없었다.

쑹칭링의 병세는 매시간 전파를 탔다. 전 세계에 널려 있는 중국인들은 뉴스를 들으며 숨을 죽였다. 장제스 사망 후 뉴욕에 머무르던 동생 쑹메이링과 타이완 총통 장징궈도 마찬가지였다.

인간세상 떠날 날이 임박했다는 것을 안 쑹칭링은 외부세계와 마지막 대화를 시도했다. 베이징 교외 샹산 언저리에 사는 탄후이촨(譚惠全)의 부인에게 전화를 걸었다. 신호가 가도 받는 사람이 없었다. 몇 달 전, 덩잉차오가 쑹칭링을 대신해 탄후이촨의 가족들과 찍은 사진을 바라보며 위로를 삼는 수밖에 없었다.

20년 전, 88세로 세상을 떠난 탄후이촨은 쑨원·쑹칭링 부부와 기막힌 사연이 있는 사이였다.

생전이나 사후나 쑨원을 밀착 경호한 탄후이촨

탄후이촨은 쑨원의 충직한 경호원이었다. 쑨원은 생전은 물론이고 사후에도 탄후이촨의 극진한 보호를 받았다.

1922년, 광둥성(廣東省) 광저우에 총통부를 차린 쑨원은 통일전쟁〔北伐〕을 시작했다. 성장 천중밍(陳炯明)은 지방자치의 신봉자였다. 북벌을 탐탁해하지 않았다. 광둥군 총사령관을 겸하고 있던 천중밍은 쑨원을 없애기로 작정했다. 휘하에 1만 5,000명 가량의 무장병력이 있었다. 쑨원의 군대는 거의 전선에 나가 있었다.

쑨원은 중국인답지 않게 사람을 잘 믿는 습관이 있었다. "의심 많아서 손해볼 것 없다"는 만고의 진리를 무시할 때가 많았다.

"의심은 죄악이다. 단, 국민들이 국가 지도자를 자처하는 사람들에게 의혹의 눈초리를 보내는 것은 당연하다. 워낙 잘 속이기 때문이다."

"광저우를 떠나라. 천중밍의 동향이 심상치 않다"고 일러바치는 사람이 있어도 믿지 않았다. 확인은커녕 "반란이 발생해도 광저우를 떠나지 않겠다"며 대책도 세우지 않았다.

1922년 6월 15일 밤, 광둥군이 총통부와 쑨원의 거처를 포위했다. 16일 새벽 2시, 총통부 비서와 군 연락책이 특무대장과 함께 쑨원의 방문을 도끼로 내리쳤다. 잠결에 피신을 강요당한 쑨원은 정신이 번쩍 들었다. 다급하게 쑹칭링을 흔들어 깨웠다.

"큰일 났다. 빨리 도망가자."

잠시 후 쑨원의 후계자 중 한 사람이었던 후한민의 동생이 달려와 합세했다. 쑹칭링은 이들을 거들떠보지 않았다. 까치발을 하고 사방을 두리번거렸다. 언제 나타났는지 모를 초로의 경호원이 눈에 들어오자 만면에 화색이 돌았다.

쑹칭링의 진가가 드러나기 시작했다.

"중국에 나 같은 건 없어도 된다. 당신은 없으면 안 된다. 내가 시간을 끌 테니 먼저 피신해라."

쑨원은 의사 복장을 하고 세 사람을 따라나섰다. 어렸을 때 동네 어른들이 자주 하던 "징 급힐 때는 어자 치마폭에 숨어라. 그보다 안전한 게 없다"는 말이 실감 나는 밤이었다. 그간 부하들 앞에서 큰소리친 걸 후회했다는 기록은 남기지 않았다.

쑨원의 탈출을 먼발치에서 지켜본 사람이 구술을 남겼다.

"사방에서 총소리가 요란했다. 다섯 명이 총통을 에워싸고 나갔다. 총통은 백색 가운에 청진기 목에 걸고 약 상자를 들고 있었다. 와

1922년 6월, 광둥성 광저우의 대원수부에서 경호원들과 함께한 쑨원·쑹칭링 부부.

중에 응급 환자를 치료하러 나가는 사람들 같았다."

다섯 명 중 네 명은 국민당 당사(黨史)에 이름을 남겼다. 나머지 한 사람, 탄후이찬은 사건 82년이 지난 2006년에 와서야 쑹칭링의 유물을 정리하면서 신원이 밝혀졌다. 1961년 세상을 떠나는 날까지 아무런 직책이 없었기 때문이다.

인간사가 다 그렇듯이 탄후이찬과 쑨원 부부의 인연도 우연히 시작됐다. 1911년 10월, 어쩌다 보니 신해혁명에 졸병으로 참여했고, 쑨원이 미국에서 귀국하던 날 주변에 칼 차고 왔다갔다한 게 다였다. 쑨원은 어수룩해 보이는 탄후이찬을 총애했다. 중요한 건 아니지만 같은 마을 태생이라는 것도 나중에 알았다. 쑹칭링의 신임도 남달랐다. 늦은 결혼을 한다는 소문을 접하자 직접 찾아가 옷과 철제금고를 선물할 정도였다.

쑹원에게 피신을 권한 네 사람은 단순한 비서들이었다. 말은 청산유수였지만 전쟁 경험이 없고 무기도 다룰 줄 몰랐다. 총알이 빗발치는, 이승과 저승이 종잇장 하나 차이인 상황에서는 전혀 쓸모가 없었다. 탄후이찬은 이들과 달랐다. 사격은 백발백중이었고 못하는 무술이 없었다. 현지인이라 광둥어에 능숙했고 지리에도 밝았다. 생김새도 유리했다. 나이가 많고(당시 49세) 체격이 왜소해 군인 티가 나지 않았다. 이날 쑹원은 탄후이찬 덕에 안전한 곳으로 피신할 수 있었다.

1925년 3월, 쑹원이 베이징에서 세상을 떠난 후에도 탄후이찬은 쑹원의 영구(靈柩)를 떠나지 않았다. 2년 후, 엉뚱한 사건이 발생했다. 당시 베이징은 펑톈군벌 장쭤린의 천하였다. 1927년 말 펑톈군벌 확대회의가 열렸다. 장제스의 국민혁명군(북벌군)에게 위협을 느낀 장쭝창이 대담한 발언을 했다.

"베이징 교외 샹산 비윈사(碧雲寺)의 금강보좌탑(金剛寶座塔)인지 뭔지에 안치된 쑨원의 시신을 없애버리자."

난징에 쑨원의 묘지를 마련한 북벌군이 국부 쑨원의 시신을 모실 날이 임박했다며 기세가 등등할 때였다.

장쭝창은 언행이 일치하는 사람이었다. 부하들을 몰고 비윈사에 들이닥쳤다. 쑨원의 영구에 삿대질을 해댔다.

"평생 혁명 타령만 해대더니 꼴좋다. 죽어서 탑 속에 갇힌 주제에."

나이를 헤아리기 힘든, 초라한 모습의 탄후이촨이 노려보는 것 따위는 신경도 쓰지 않았다.

난징 능원이 마련되기까지 쑨원의 유해를 지키다

장쭝창은 펑톈군벌 중에서 거친 축에 속했다. 펑톈파 영수 장쭤린 부자라면 모를까, 쑨원의 유해를 없애버리겠다는 '개고기 장군'(장쭝창의 별명)을 꺾을 사람은 중국 천지에 없었다. 영구를 지키던 탄후이촨은 쑨원의 아들 쑨커에게 달려갔다. 남편의 유지를 계승하겠다며 모스크바로 떠난 쑹칭링과는 연락을 취할 방법이 없었다.

탄후이촨은 장쭤린의 장남 장쉐량이 쑨원이 보낸 휘호를 받고 몸둘 바 몰라했다는 말을 들은 적이 있었다. 쑨커에게 장쉐량을 소개만 시켜달라고 청했다. 해질 무렵, 장쉐량은 불청객의 면담 요청을 허락했다. 27세의 청년원수는 50대 초반의 충직한 경호원을 안심시켰다.

"네가 누군지 잘 안다. 내가 저지하겠다. 무슨 일이 생기면 곧바로

1958년 겨울, 베이징에서 열린 중국 국민당 혁명위원회(민혁) 전국대회에 나타난 탄후이찬(왼쪽). 민혁 부주석이었던 항일명장 차이팅카이(蔡廷鍇·가운데)와 초기 중공당원 사오리쯔(邵力子·오른쪽)는 탄후이찬을 '신해노인'(辛亥老人)이라고 불렀다

연락해라."

장쉐량은 장쭝창을 불러서 호통을 쳤다.

"비윈사까지 가서 행패 부렸다는 말을 들었다. 다시 그러면 가만 내버려두지 않겠다."

난징의 국민정부에도 급전을 보냈다.

"유해를 하루빨리 남쪽으로 옮겨라. 무슨 흉측한 일이 벌어질지 모른다."

1991년, 연금에서 풀려난 장쉐량은 64년 전에 만난 탄후이찬을 회상한 적이 있다.

"90 평생에 그처럼 애절한 눈빛을 본 적이 없다."

1927년 10월, 비적들이 쑨원의 유해를 탈취할 거라는 소문이 파다했다. 장쉐량은 탄후이찬에게 방법을 일러줬다.

"동굴이 가장 안전하다."

11월 25일 밤, 탄후이찬은 레닌이 보낸 소련제 관에 방부처리된 쑨원의 유해를 옮겼다. 시산(西山)에 인간의 발길이 닿은 적 없는, 깊은 동굴이 많았다.

1928년 6월 4일, 장제스가 지휘하는 북벌군이 베이징을 압박했다. 근거지 동북으로 철수하던 장쭤린은 선양 인근에서 폭사했다. 범인은 일본 관동군이었다. 동북의 지배자가 된 장쉐량은 펑톈군벌을 해체시키고 장제스의 난징정부에 합류했다. 군사위원회 위원장에 취임한 장제스는 장쉐량을 부위원장에 임명하고 베이징을 포함한 5개 성의 통치권을 일임했다. 탄후이찬은 안도의 한숨을 내쉬었다. 쑨원의 유해도 비윈사로 돌아왔다.

이듬해 1월, 난징에 쑨원의 능원(陵園)이 완성됐다. 이장(移葬) 준비를 마친 국민정부는 탄후이촨에게 공문을 보냈다.

"비원사의 금강보전을 총리 의관총(衣冠塚)이라 명명하고 탄후이촨에게 관리를 맡긴다."

쑨원의 유해가 베이징을 떠나는 날 소련에서 돌아온 쑹칭링은 탄후이촨을 붙잡고 통곡했다.

"미욱한 것도 정도가 있지, 그간 주름살이 늘었다. 내가 없더라도 의관총을 잘 보호해라."

1937년 중·일전쟁이 발발했다. 일본군이 베이징을 점령하자 국민정부는 탄후이촨에게 지급하던 봉급을 중단했다. 탄은 부인이 식모살이 해서 벌어온 돈으로 끼니를 해결하며 의관총을 떠나지 않았다.

신중국 수립 후 비원사는 베이징 원림국(園林局)에 귀속됐다. 탄후이촨도 고정 월급을 받았다.

1956년 11월 12일, 쑨원 탄생 90주년 기념행사가 베이징에서 열렸다. 의식을 마친 저우언라이가 각계 대표들과 의관총을 찾았다. 83세의 탄후이촨은 44년 전 쑨원이 준 옷에 쑹칭링이 직접 달아줬던 훈장 비슷한 것을 가슴에 붙이고 총리를 안내했다.

두 사람의 대화를 엿들은 사람이 기록을 남겼다.

"쑨원 선생의 목숨을 구한 후에 받은 기념품인가?"

"맞다."

"상금은 없었나?"

"40원 받았다."

1924년 1월 1일, 쑨원·쑹칭링 부부는 2년 전
목숨을 구해준 경호원들에게 직접 훈장을 달아줬다.
탄후이찬과의 인연도 이때 시작됐다.

"계속 받았나?"

"아니다."

저우언라이는 매달 40원을 추가로 지급하겠다고 약속했다.

탄후이찬이 받는 액수가 조직 내에서 가장 많다며 재고를 요청하는 간부가 있었다. 저우언라이는 "인연을 소중히 여기고, 당과 정부에 기웃거리지 않고, 평생 한 가지 일만 한 사람에게 표하는 예의"라며 일축했다.

친인척 단속에 철저했던 쑨원

1940년 3월, 중국 국민당 중앙상무위원회 제143차 회의는 쑨원에게 '국부'(國父) 칭호를 부여하기로 의결했다.

중국 공산당도 쑨원에 대한 예의를 소홀히 하지 않았다. 관방 명의로 중화인민공화국이나 중국의 국부로 규정한 적은 없지만 모든 공식 문서에 '민주혁명의 선구자'라는 말을 쑨원의 이름 앞에 꼭 붙인다.

쑨원이 국·공 양당에서 추앙받는 이유는 일일이 열거할 수 없을 정도로 많다. 친인척 관리도 그중 하나다. 쑨원은 형과 누나가 한 명씩 있었다. 형 쑨메이(孫眉)는 열일곱 살 때 하외이에 건너가 개간과 목축업으로 부를 축적한 거부였다. 화교 사이에 영향력도 굉장했다. 중국인들이 마오이도(茂宜島)라고 부르는 하와이 제2의 섬 마우이(Maui)에서 왕(王) 소리를 들을 정도였다.

쑨메이는 동생의 열렬한 지지자였다. 1894년 쑨원이 호놀룰루에서 흥중회(興中會)를 창립했을 때 제일 먼저 입회원서를 제출했고,

거사 자금을 조달하느라 수십 년간 경영하던 사업이 거덜나도 원망하는 법이 없었다.

신해혁명 후 민국정부가 수립되고 쑨원이 임시대총통에 선출되자 광둥의 명망가들이 쑨메이를 성(省) 도독에 추대했다. 쑨원은 혼비백산했다. 당일로 광둥의 사회단체와 언론기관에 반대 의사를 분명히 하는 전문을 보냈다. 길게 생각할 것도 없었다.

"형님은 질박하고 정직한 사람이다. 정치가 뭔지 모르고 소질도 없다. 도독은 책임이 막중한 자리다. 재능이 부족하고 남이 뭐라면 무조건 고개만 끄덕이는 사람이 갈 자리가 아니다."

홍콩에서 어머니를 모시고 있던 쑨메이에게도 전보를 보냈다.

"광둥 사람들이 형을 도독으로 추대하려 합니다. 형이 정치무대에 나서면 만인의 주목을 받게 됩니다. 우쭐대다 실수하기 십상입니다. 남들에게 손가락질당하고 패가망신하지 않으려면 조용히 장사나 하며 먹고살 길을 찾으십시오."

쑨메이는 동생의 권고를 흔쾌히 받아들였다. 1915년 마카오에서 세상을 떠나는 날까지 칩거하며 모습을 드러내지 않았다. 쑨원의 형으로서 손색없었다.

혁명열사들의 가족과 후손을 돌본 쑨원

쑨원은 누나 쑨먀오첸(孫妙茜)과 우애가 돈독했다. 망명 시절 주변 사람들에게 지난날을 회상할 때마다 누나 이야기를 빠트리는 법이 없었다.

"나보다 세 살 많은 누님이 고향에 한 분 있다. 얼마나 예쁜지 모른다. 누님 따라 산에 가서 나무하고 풀 벨 때가 그립다. 나를 끔찍이도 아끼며 보살펴줬다. 감사한 마음을 하루도 잊은 적이 없다."

먀오첸에게 싱충(杏沖)이라는 외아들이 있었다. 쑨원이 임시대총통에 선출되자 "빨리 찾아가서 멋진 일자리 구해보라"고 권하는 사람들이 많았다. 싱충의 대답은 한결같았다.

"외삼촌이 있는 난징은 여기서 너무 멀다. 내가 가면 농사지을 사람이 없다. 다시는 그런 이야기 꺼내지 마라. 어머니가 알면 큰일난다."

1923년 쑨원이 광저우에서 대원수에 취임했을 때 먀오첸이 고향 산나물을 들고 찾아온 적이 있었다. 오랜만에 만난 남매는 이 이야기 저 이야기로 한밤을 꼬박 새웠다. 쑨원이 조카의 근황을 묻자 먀오첸이 어렵게 입을 열었다.

"생활이 말이 아니다. 하는 일 없이 하루하루를 보내니 보기에 안쓰럽다. 적당한 일자리가 있을지 네가 한번 알아봐라."

생전 부탁 한번 해본 적 없는 누나의 완곡한 청을 쑨원은 "농사일도 제대로 못하는 놈이 뭐 하난들 제대로 하겠느냐"며 거절했다.

쑨원은 법적으로 문제될 게 없는 일이라도 형제나 조카들을 위해 천박한 행동을 하지 않았다. 자신은 두말할 것도 없었다. 그러나 혁명 과정에서 희생된 열사들의 가족이나 후손에 관한 일이라면 뭐든지 해주려고 안절부절못했다. 붓글씨를 팔고 은행에서 대출을 받기 일쑤였다. 담보가 없어 쩔쩔맨 적이 한두 번이 아니었다.

중국의 마키아벨리 량스이

"유언비어 치고 사실 아닌 것이 없다."

연합국 도왔지만 돌아온 건 배신

1914년 8월 1일, 독일이 러시아에 선전포고를 했다. 제1차 세계대전의 막이 올랐다. 제국주의의 고통을 맛보았던 중국인들은 "열강들끼리 죽고 죽이는 살육전이 벌어졌다"며 재미있어 했다. 중국과는 아무런 상관도 없는 전쟁 같았다.

위안스카이 정부는 하늘이 준 기회라며 쾌재를 불렀다. 서구 열강과 대등한 관계로 국제사회에 진출할 수 있는 절호의 기회였다. 지식인들도 마찬가지였다. 량치차오는 신속한 전황 파악을 정부에 주문했다. 헌정신문사 통신원 자격으로 러시아와 독일을 둘러보고 온 장쥔리(張君勱)는 독일의 패망을 예언하고 참전을 촉구했다.

"서구 열강과 체결했던 불평등조약을 수정하려면 참전을 서둘러야 한다. 국제사회에서는 힘이 정의라는 것을 중국 청년들은 알아야한다. 용기와 실력을 갖추지 못한 국가는 존중받지 못한다."

연합국의 일원인 일본은 개전과 동시에 칭다오(靑島)를 점령하고 있던 독일군을 몰아내고 산둥반도를 차지했고, 중국의 참전에 대해 기를 쓰고 반대했다. 영국과 프랑스도 일본 편을 들었다. 북양정부는

철도·은행·전보·항만을 장악한
교통계의 수령 량스이(梁士詒).
위안스카이·장쭤린을 비롯해 장제스에
이르기까지 중국의 국가원수 어느 누구도
그를 함부로 대하지 못했다.

중립을 선포했다.

량스이는 대총통 위안스카이의 심복이었다. 북양정부 최대의 파벌 '교통계'(交通系)의 영수로 정부 재정을 한손에 움켜쥔 '재신'(財神)이었다. 세상을 보는 눈이 있었고 무슨 일이건 독특한 견해를 피력하곤 했다. 권모술수에도 능했던지 중국에 와 있던 서방세계의 외교관들은 '중국의 마키아벨리'라며 혀를 내둘렀다. 교활함과 총명함을 갖추었을 뿐 아니라 민첩하고 배포도 컸다. 그가 부장으로 있던 교통1부는 외교에 관한 권한도 완전히 장악하고 있었다. 상인과 정치가와 외교관을 합쳐놓은 인물이었다.

량스이는 전쟁 초기부터 적극적인 참전론자였다. 하지만 "처음부터 청년들을 전쟁터에 내보내는 것은 미련한 짓이다. 배워 올 것이 아무것도 없다"며 정론가를 자처하던 책상물림들을 한 차례 훈계한 후 '이공대병지책'(以工代兵之策)을 제시했다.

"연합국과 밀접한 외교관계를 맺어야 한다. 중립을 선포했지만 실제로는 국제질서를 존중하고 연합국에 가입하기를 갈망한다는 메시지가 필요하다. 군대를 대신해 노동자를 파견하면 성의와 능력을 인정받을 수 있다. 독일을 비롯한 동맹국들도 우리가 중립선언을 백지화했다고 비난할 이유가 없다. 참전은 여유가 있다."

지인들에게도 "전쟁은 파티와 같다. 끝이 있게 마련이다. 이 전쟁에서 독일은 절대 이길 수 없다. 이길 가능성이 있는 곳에 붙어야 전후 국제사회에서 발언권을 행사할 수 있다"는 말을 자주 했다.

2년이 지나자 참전국들의 손실은 엄청났다. 하루 평균 6,046명이 전쟁터에서 죽어나갔다. 특히 프랑스는 16~49세까지의 남성 중

13.3퍼센트가 목숨을 잃었다. 노동력 부족에 시달렸다. 프랑스와 영국은 중국에 손을 내밀었다. 농민으로 구성된 14만 명의 노동자들이 프랑스로 건너갔다. 2만여 명이 현지에서 희생됐고 3,000여 명은 중도에 독일 잠수함의 공격으로 세상을 떠났다.

1918년 11월, 4년을 끌던 전쟁이 끝났다. 이듬해 1월, 파리에서 강화회의가 열렸다. 미국·영국·프랑스의 세 거두는 독일의 조차지(租借地)였던 산동반도를 일본에 할양하기로 합의했다.

대국의 지위를 회복하고 국제사회에서 사람 대접을 받으려 했던 중국인들의 노력은 수포로 돌아갔다. '완전한 사기'라며 중국인들의 분노가 폭발했다. 5월 4일 학생들은 거리로 뛰쳐나갔고 중국은 혁명의 길로 들어섰다.

2년 후 중국공산당이 탄생했다. 노동자들의 유럽 파견이 없었더라면 중국은 파리강화회의에서 치욕을 당했을 일도 없고, 5·4운동도 일어날 리가 없었다.

서태후는 싫어했고 위안스카이는 눈독을 들인 인재

19세기 중반부터 중국을 강타한 외우(外憂)와 내환(內患)은 봉건왕조의 기반을 뿌리째 흔들어놓았다. 중앙의 권위에 허점이 보이자 각양각색의 정치집단들이 출현했다. 정당이라고까지는 말할 수 없지만 오랜 세월 존재했던 붕당(朋黨)과도 성격이 판이했다. 청(淸) 황실은 이들에게 핵심 권력을 잠식당했다.

교통계는 30여 년간 중국 최대의 파벌이었다. 청말에 모습을 드러내기 시작해 1927년 장제스의 국민정부가 수립되기까지 정치·

경제·외교 등 모든 분야를 장악해 다른 계파들을 압도했다. 시작은 량스이였다.

1903년 6월, 서태후는 숨은 인재를 발탁하기 위해 강희제(康熙帝)와 건륭제(乾隆帝)가 했던 것처럼 경제특과(經濟特科)를 실시했다. 34세의 량스이가 최고 점수를 받았다. 량의 고향은 광둥성 산수이(三水)였다. 서태후는 광둥 출신이라면 무조건 싫어했다. "신정(新政)을 펴려면 친정(親政)을 해야 한다"며 황제를 부추기다 외국으로 도망간 캉유웨이와 량치차오의 고향이 광둥이었다.

베이징의 사대부 사회를 들었다 놓을 정도로 재미있는 사건이 발생했다. "량스이가 량치차오의 동생"이라는 소문이 파다하자 광둥인들에게 편견을 갖고 있던 서태후는 그대로 믿어버렸다. 서태후는 시험관들의 보고서를 있는 힘을 다해 바닥에 내팽개쳤다. 소문의 진위 따위는 확인할 필요도 없었다.

경제장원(經濟壯元)이 아니더라도 량스이는 9년 전 대과에 급제한 진사(進士)였다. 당시 정부는 진사들에게 '한림회향 진흥교육정책'(翰林回鄕 振興敎育政策)에 참여할 것을 권장했다. 최고의 지식인인 '한림'들을 고향에 보내 교육에만 전념하게 하는 제도였다. 관직은 맡기지 않았다. 엉터리 같은 선생들이 엄청난 까까려을 일찌감치 체득한 민족의 교육정책이었다. 량스이도 고향의 서원에서 후진을 양성하고 있었다. 고전과 함께 재정·교량·농업 등 실학을 가르쳤다. 서원도 신식학교로 바꿔버렸다.

량스이는 비록 낙방했지만 '경제장원'으로 천하에 명성을 떨쳤다. 톈진에 있던 즈리총독 위안스카이가 그에게 눈독을 들였다. 보물 다루듯이 모셔왔다. "량스이를 데려오기 위해 위안스카이가 서태후의 속을 긁어놨다"는 소문이 나돌 정도였다. 작달막한 키에 생긴 것들도 비슷했다.

국가원수도 눈치를 봐야 했던 교통계의 수령

날개를 단 량스이는 거칠 것이 없었다. 『위안스카이 병서』(袁世凱兵書)를 저술해 북양집단에 발을 들여놓은 후 인도로 향했다. 영국과 끈질긴 협의 끝에 '장인협약'(藏印協約)을 체결해 티베트가 중국의 영토임을 재확인시켰다. 능력을 인정한 정부는 량스이를 우전부 소속 철로총국 국장에 임명했다. 외교적인 능력이 필요한 자리였다.

신해혁명 덕에 정권을 장악한 위안스카이는 량스이를 총통부 비서장에 기용했다. 내정과 외교를 관장하며 교통은행 총재도 겸했다. 다들 '이총통'(二總統)이라고 불렀다.

중국혁명의 아버지 쑨원도 량의 눈치를 봤다. 쑨과 위안은 13회나 만나 국가대사를 논의했다. 량도 항상 동석했다. 세 사람은 황당하고 치밀한 것 외에도 '실업(實業)이 곧 구국(救國)'이라는 공통된 생각을 갖고 있었다. 오래 가지는 않았지만 만나면 서로 말이 통했다. 쑨이 철도청장에 해당하는 자리를 요구하자 위안은 즉석에서 전국의 철도건설에 관한 전권을 쑨에게 위임했다.

중국 역사에서 차지하는 두 사람의 비중을 생각해보면 엉뚱하기가 이를 데 없는 제안이고 수락이었지만 철도·은행·전보·항만을 장악한 교통계의 수령 량스이의 도움 없이는 불가능한 일이었다. 량은 전국철도협회 회장 자격으로 쑨원의 철도건설계획을 적

1914년 량스이(앞줄 왼쪽 넷째)와 함께한 교통계 중진들.
량스이는 용모가 평범하거나 키가 큰 사람들을 싫어했다.

극 지지했다.

량스이는 위안스카이 사후 몰락하는 듯했다. 전국에 수배령이 내리자 홍콩으로 도피했지만 다음 정권에서 다시 기용됐다. 그러기를 네 차례나 반복한 부도옹(不倒翁)이었다. 위안스카이·쉬스창(徐世昌)·장쭤린·돤치루이를 비롯해 장제스에 이르기까지 중국의 국가원수 어느 누구도 그를 함부로 대하지 못했다.

량스이는 평생 신문을 보지 않았다. 대신 마작판을 벌여놓고 세상소식을 들었다. 교통계 사람들을 만날 때마다 "유언비어 치고 사실 아닌 것이 없다"는 말을 자주 했다. 1933년 홍콩에서 64세를 일기로 세상을 떠날 때 유언을 남겼다.

"평생 명예와 모욕을 지고 다녔다. 이 지구상에 나를 이해하는 사람이 있을 것이라는 자신이 있었지만 뭘 잘했고 못했는지, 내가 어떤 사람인지도 나는 잘 모르겠다. 처자들의 비석을 내 무덤 옆에 세워라."

7명의 부인 가운데 가장 어린 부인은 90년대 말에 세상을 떠났다.

돈으로 총통이 된 군벌 차오쿤

"내가 총통을 할 테니 쑨원은 부총통을 해라."

관상쟁이의 말 믿고 창기와 결혼

 1918년 베이징의 북양정부 국무총리 돤치루이는 차오쿤에게 부총통 출마를 권했다. 두 사람은 위안스카이 생존 시 한솥밥을 먹었지만 계파가 달랐다. 돤치루이가 장쑤·산시(陝西)·안후이·산시(山西)·산둥·저장·푸젠·신장 등 8개 성에 기반을 갖춘 환계(皖系)의 영수라면, 차오쿤은 우페이푸와 함께 형·동생 하며 펑톈(랴오닝성의 전신)·지린·헤이룽장·즈리(1928년 허베이로 개명)·허난·후베이·장쑤·장시성 일대를 장악한 직계(直系)의 대표였다.

 차오쿤은 떠돌이 옷감장수 출신이었다. 배운 건 없었지만 됨됨이가 대범하고 솔직했다. 부하들에게 인사와 재정을 공개하고, 한번 쓴 사람은 무슨 일이 있어도 의심하는 법이 없었다. 부하 지휘관이나 참모들에게 비밀이 없다 보니 몇 달간 군량 공급을 못해도 원성을 사지 않았다. 남쪽의 혁명파들과도 관계가 그럭저럭했다.

 베이징 정부는 "의원들을 매수해야 한다"며 은원(銀元) 150만 원을 차오쿤에게 경선 비용으로 건넸다. 혹시 몰라서 한 사람당 2,000원이면 족하다는 말을 강조했다. 상하이의 다섯 식구 한 달 생활비가

30원이면 족할 때였다. 차오쿤은 돈 심부름 하고 돌아온 부하들의 보고를 받고 깜짝 놀랐다. 싫다는 의원이 단 한 명도 없었다는 것이다.

엉뚱한 곳에서 문제가 터졌다. 투표일을 며칠 앞두고 차오쿤이 10만 원을 주고 류펑웨이(劉鳳威)라는 3류 창기(娼妓)를 네 번째 부인으로 삼았다는 기사가 『순천시보』(順天市報)에 큼지막하게 실렸다. 의원들은 자신들의 몸값이 천하디천한 여인의 50분의 1밖에 안 된다는 생각이 들자 한결같이 입이 비뚤어졌다.

차오쿤과 류펑웨이는 기막힌 사연이 있는 사이였다. 장돌뱅이 시절 차오쿤은 거리의 관상쟁이 앞에 앉아 있는 초라한 여인을 발견했다. 관상쟁이의 한 마디가 차오쿤의 귀를 후려갈겼.

"하녀 복장을 했지만 1품 대관의 부인들이 고개를 조아릴 귀인의 상이로다."

알고 보니 청루의 창기였다. 차오쿤은 이 여인의 뒤를 돌보며 온갖 심부름을 다했다. 얼굴 상할까 봐 사진도 못 찍게 했다. 군대에 들어가 승진을 거듭했지만 화류계에서 끄집어낼 방법이 없었다. 부총통이 되려면 의원들 매수보다 류펑웨이를 부인으로 맞는 일이 더 중요했다.

돤치루이는 몸이 달았다. 의원들의 행태는 하도 봐와서 별게 아니었지만 차오쿤이 자신을 몰락시키기 위해 돤치루이가 재주를 부렸다고 의심하지 말라는 법이 없었다. 선거 당일 경찰과 차량을 동원해 의원들을 끌어모으고, 의원 40명을 화류계에서 밤을 새우게 한 뒤 투표장까지 끌고 갔지만 정족수 미달로 투표가 무산됐다.

화가 치밀기는 차오쿤이나 돤치루이 모두 매한가지였다. 돤치루이는 차오쿤이 엉뚱한 짓을 하는 바람에 일을 망쳤다며 노발대발했지만, 차오쿤은 자신대로 "사람 잡을 일 있으면 총통 하라고 부추기는 것처럼 효과적인 것도 없다"며 으르렁거렸다. 천기누설을 염려했는지 류펑웨이를 맞아들인 이유는 아무에게도 말하지 않았다.

돤치루이와 차오쿤은 완전히 원수가 돼버렸다. 결국 펑즈전쟁, 중원대전(中原大戰)과 함께 민국 시절 3대 군벌전쟁의 하나인 즈환전쟁(直皖戰爭)으로 발전했다.

전쟁에서 승리한 차오쿤은 돤치루이를 베이징에서 몰아내고 총통직에 도전했다. 의원들이 돈이라면 무조건 받고 본다는 것을 안 차오쿤은 의원들에게 돈을 퍼부을 심산이었다.

차오쿤은 심복들 중에서 매수자금 만들 자들을 물색했다. 즈리성 성장이 상인들 등쳐먹는 기술이 뛰어나고 평소 눈 하나 깜짝 않고 잡아떼는 재주가 탁월했다.

의원들 돈으로 매수하며 총통선거에 집착

차오쿤의 총통 경선자금을 책임진 즈리성 성장 왕청빈(王承斌)은 재력가들부터 족쳐댔다. '족재신'(足財神), 지금도 권력자들이 약점 많은 기업인들에게 즐겨 쓰는 전통적인 수법이다. 디밍(大名), 광핑(廣平), 순더(順德) 등 토지가 비옥하고 물산이 풍부한 지역에 정보원들을 파견, 진단(金丹)·바이완(白丸) 같은 독극물 제조업자와 아편상인 100여 명을 체포해 톈진으로 압송했다. 일단 잡아 가둔 뒤 죽지 않을 정도로 두들겨 팬 다음 특별법정을 열었다. 조무래기 몇 명을 선고와 동시에 총살시키자 대형 악덕업자들은 공포에 휩싸였다.

군벌이라는 용어는 1920년대 초기에 사상가 후스가
처음 쓰기 시작했다. 군벌들은 상대방을 군벌이라며 서로 헐뜯었다.
1919년 돤치루이(앞줄 오른쪽 첫째)를 베이징에서 내쫓기 직전
북방의 실력자들과 함께한 차오쿤(둘째 줄 오른쪽 넷째).

경쟁이라도 하듯이 돈과 황금을 싸 들고 구명운동을 벌이느라 정신이 없었다.

즈리성 산하에 170개 현(縣)이 있었다. 왕청빈은 각 현의 면적과 인구를 감안해 1만 원에서 3만 원씩을 군량미 구입자금 명목으로 거둬들였다. 4년 전 국무총리 돤치루이가 부총통 경선에 쓰라며 차오쿤에게 건네준 액수의 9배에 해당하는 돈을 눈 깜짝할 사이에 장만했다.

차오쿤은 청렴한 군인이었다. 부하들이 만들어 온 돈에 손끝 하나 대지 않고 "10월 10일, 쌍십절 날 총통 즉위식을 하겠다"는 말만 했다. 한 푼도 남기지 말고 의원들 매수에 쓰라는 지상명령이나 다름없었다.

북방을 장악한 차오쿤이 총통직에 집착하자 쑨원을 추종하는 남방의 혁명세력은 차오쿤과의 연합을 모색했다. "쑨원을 북방에 영입해 국정을 담당케 한 후 남북의 평화통일을 위한 회의를 열자"며 차오쿤에게 대선 포기를 종용했다. 차오쿤은 "군인들이 무대에서 연기하면 문인들은 뒤에서 박수 치고 노래나 하면 된다. 내가 총통을 할 테니 쑨원은 부총통을 해라"면서 뒤로는 우페이푸를 부추겨 남방 토벌을 준비했다.

차오쿤의 직계였던 우페이푸는 누가 총통이 되느냐 따위는 관심도 없었다. "남북통일이 우선이다. 무력으로 전국을 통일시킨 다음 천천히 생각해보자. 정 하고 싶으면 정당한 절차를 밟으라"며 의원들을 매수하건 말건 모른 체했다.

산전수전 다 겪은 쑨원이 차오쿤의 속셈을 모를 리 없었다.

1923년 7월 9일, 상하이에서 열린 국민당 중앙위원회에 "차오쿤과의 제휴는 뜬소문에 불과하다"는 전문을 보냈다. 차오쿤도 쑨원 측과의 협상을 백지화시켰다. 혁명가 쑨원은 체면이 깎였지만 차오쿤은 손해본 게 없었다.

차오쿤 쪽에서 의원들을 매수하려 한다는 소문이 퍼지자 정적들도 의원 한 명당 500원씩을 풀었다. 갑자기 볼일이 생겼다며 베이징을 떠나는 의원들이 하나둘 속출했다. 차오쿤은 몸값을 올리려는 행동이라고 판단했다. 측근들에게 베이징에 가서 "'의원구락부' 간판을 내걸고 설명회를 열라"고 지시했다.

"10월 5일 총통선거를 실시한다. 선거 전에 5,000원씩을 수표로 지급하겠다. 선거 3일 후 은행에 가서 현금으로 바꾸면 된다. 지방에 내려간 의원을 데려오는 사람에게는 한 명당 특별비 1만 원을 추가로 지급한다."

은행에 잔고가 없을지 모른다며 의심하는 의원들이 많았다. 직접 가서 확인까지 시켜도 차오쿤의 세력하에 있는 지방은행이라며 믿지 않았다. 외국은행 수표로 바꿔주는 수밖에 없었다. 주는 쪽이나 받는 쪽 모두 수천 년간 "의심해서 손해볼 것 없다"고 굳게 믿어온 민족의 후예들다웠다.

10월 1일, 의원구락부는 참석자들에게 수표 573장을 나눠줬다. 끝까지 수령을 거부하는 의원들에게는 3,000원씩을 더 줬다. 여러 사람이 돈을 나눠주다 보니 이중으로 돈을 챙긴 의원들도 제법 있었다.

10월 4일, 선거를 하루 앞두고 의원구락부는 매수한 의원들을 소집했다.

"내일 아침 몸이 불편해도 투표에 참석하는 의원들에게는 건강회복비 200원을 지급한다."

마지막 쐐기를 박았다.

총통선거에서 쑨원 누르고 압승

1923년 10월 5일, 중화민국 제5대 총통선거가 베이징에서 열렸다. 군경이 의사당으로 통하는 길을 봉쇄하는 바람에 보기에는 살벌했지만 실제로는 순조로웠다. 차오쿤 측 선거대책본부는 차량 180대를 동원해 매수에 성공한 의원들을 의사당까지 실어 날랐다. 의원 소개장을 지참한 방청객들도 선거에 적극 협조했다. 남녀 할 것 없이 모욕적인 몸수색을 당하고, 일단 입장하면 방청석을 뜰 수 없어도 불평 한마디 하지 않았다. 이유는 간단했다. 몇 시간에 150원이면 거꾸로 매달려 있어도 남는 장사였다.

의장도 돈값을 했다. 출석자가 400명에 불과하자 정족수를 채우기 위해 믿을 만한 의원들을 다그쳤다.

"누구를 찍건 상관없다. 동향이나 같은 당 의원들을 출석만 시켜라. 대가는 5,000원이다. 밖에 차량들이 대기하고 있다."

돈맛을 안 의원들은 기다렸다는 듯이 밖으로 뛰쳐나갔다. 2시간 만에 의석이 꽉 찼다. 들것에 실려 나온 자도 있었다. 593명이 투표를 시작했다.

10년 전 위안스카이를 총통으로 선출할 때도 투표에 참여했던 의원 한 사람이 말년에 재미있는 구술을 남겼다.

"위안스카이는 무장 군인을 동원해 국회를 포위하고 의원들을 협박했다. 14시간 동안 밥은커녕 물도 주지 않았다. 차오쿤도 국회를 포위했지만 위안스카이 때 배를 곯았던 것에 비하면 분위기가 너무 좋았다. 향기로운 차를 아무리 마셔도 뭐라는 사람이 없고, 오찬도 최고급이었다. 간식도 쉬지 않고 나왔다. 6시간이 후딱 지나갔다. 차오쿤이 의원들을 돈으로 매수했다며 난동 부리는 의원도 있었지만 아무도 동조하지 않았다. 평화로운 하루였다."

개표 결과 차오쿤이 480표를 얻어 총통에 당선됐다. 남방의 혁명 세력을 상징하던 쑨원은 18표에 그쳤다. 사람 이름 대신에 '오천원'(五千元)과 '삼립재'(三立齋)를 쓰거나 쑨메이야오(孫美瑤)에게 한 표를 던져 차오쿤을 조롱한 의원들도 있었다. 오천원은 의원 매수금액 중 가장 적은 액수였고, 삼립재는 차오쿤의 대선기구 중 하나였다. 차오쿤은 껄껄대고 웃었지만 쑨메이야오라는 이름이 튀어나오자 두통약을 찾았다.

비적 쑨메이야오와 밀고 당긴 협상

쑨메이야오는 비적 두목이었다. 총통선거 5개월 전인 5월 6일 새벽 2시 50분, 상하이를 출발한 특별열차가 산둥성 린청(臨城) 인근에서 1,000여 명의 토비(土匪)에게 습격당했다. 중국인 외에 미국·영국·프랑스·이탈리아·벨기에 등 5개국의 여행객과 외국 기자들이 타고 있었다. 미국 적십자회 대표와 대통령 고문, 중국 주재 프랑스대사관 참사 등 중요 인물도 적지 않았다.

토비들은 저항하는 영국인 한 명을 사살하고 외국인 39명과 중국

민국 시절 중국 전역에는 크고 작은 토비가
없는 곳이 거의 없었다. 관군과 구분이 모호할 정도였다.
규모가 가장 컸던 홍창대(紅槍隊)의 경우
두령(가운데 말 탄 사람)이 마음만 먹으면
약 80만 명을 동원할 수 있었다고 전해진다.

인 200여 명을 산채가 있는 천연의 요새 바오두구(抱犢崮)까지 발가벗겨서 끌고 갔다. 인질들은 두목을 보고 혀를 내둘렀다. 통역을 대동하고 나타난 쑨메이야오는 수염이 덥수룩했지만 소년 티가 채 가시지 않은 청년이었다.

쑨메이야오는 "너희들은 인질이 아니라 포로"라며 쑨원이 조직한 흥중회나 동맹회 회원, 농민폭동에 참여한 적이 있는 자들, 40무(畝) 이하 토지 소유자와 의사·무당·공장기술자·예술가는 당일로 풀어줬다. 일가친척이 잡혀온 경우 한 명만 남게 하고 부자와 형제는 아버지와 형만 인질로 삼았다. 부부가 잡혀온 경우도 부인은 석방시켰다.

인질들 중에 공포는커녕 꿈에 부푼 미국인이 있었다. 며칠 전 차오쿤을 인터뷰한 상하이의 영자신문 『밀러스리뷰』 편집인 포웰이었다. 쑨메이야오의 말이 끝나기가 무섭게 나이와 고향을 물었다. 『수호전』의 주인공 쑹장(宋江)과 같은 고향이며 나이는 25세라는 대답이 돌아왔다. 포웰은 오싹했다. 차오쿤의 의원 매수를 묻어버리고도 남을 세계적 특종감이 눈앞에 있었다.

의원들을 매수해 총통에 선출되기 전부터 차오쿤은 두 가지 일을 서둘렀다. 천연의 요새 바오두구에 감금된 5개국 인질 구출과 각 분야의 전문가 발굴이었다.

미국·영국·프랑스·벨기에·이탈리아의 중국 주재 공사들은 20여 년 전, 외국인들을 닥치는 대로 때려 죽였던 '의화단의 난'이 재발했다며 배상금도 요구했다. "3일 안에 인질들을 구출하지 못하면 24시간 단위로 배상금을 두 배로 올리겠다"며 중국 정부를 압박했다.

토비 두목 쑨메이야오는 협상을 제의했다. 정부군의 철수와 산둥 독군(督軍) 경질 등 기상천외한 요구조건을 내세웠다.

"사방 400킬로미터를 중립지대로 선포해라. 우리를 정부군에 편입시키고 쑨메이야오를 지휘관으로 임명해라. 무기와 실탄 외에 3,000명이 6개월간 먹을 수 있는 군량미와 군복을 제공해라."

독군은 한 성(省)의 최고사령관이었다. 무리한 요구였다.

미국 측이 은밀하게 차오쿤에게 접근했다. 서구 열강의 인정을 받지 않으면 무슨 큰일이라도 일어나는 줄 알 때였다. 차오쿤은 어릴 때부터 시장에서 장사를 해본 사람답게 협상에 능했다. 중립지대 선포를 제외한 모든 요구를 받아들였다.

산둥 독군은 차오쿤의 측근이었다. 계급을 한 단계 올려 베이징으로 불러들이고 독군 자리는 공석으로 내버려뒀다. 인질들은 풀려나고 쑨메이야오는 여단장 제복을 입었다.

1923년 10월 10일, 차오쿤이 총통에 취임하자 미국을 비롯한 서구 열강들은 축하 사절을 파견했다. 2개월 후 쑨메이야오는 파티에 초청받았다가 비참한 죽임을 당했고 부하들은 사방으로 뿔뿔이 흩어졌다.

못 배워도 도량 넓은 지도자 차오쿤

차오쿤은 총통 직을 돈 주고 샀다며 사방에서 공격을 받았다. 군벌들 사이에서도 사병 출신이라며 무시당하기 일쑤였지만 장점도 많았다. 경험 많고 부패하지 않을 사람들을 잘도 골라 썼다. 의원들 매수에 동원했던 측근들에게는 제대로 된 자리를 주지 않았다. 속으론 불평이 많았지만 무서워서 말 한마디 못했다. 일가친척들은 베이징 출입을 금지시켰다. 무슨 일이건 독단적으로 처리하는 법도 없었다.

총통 차오쿤은 일화를 많이 남겼다. 국제사회에서 '웰링턴 쿠'라면 모르는 사람이 없던, 중국 근현대 최고의 외교관 구웨이쥔을 외교총장에 발탁한 사람도 그였다.

구웨이쥔은 부임 첫날부터 국제연맹 중국측 대표 황룽량(黃榮良)을 영국대사로 내보내려는 차오쿤의 측근들에게 시달렸다. 황은 차오쿤이 총애하던 외교관이었다.

구웨이쥔이 요지부동이자 실권자였던 교통총장이 차오쿤에게 직접 황을 천거했다. 차오쿤은 "네가 언제 외교를 배웠느냐. 나도 깜깜한 분야라 구웨이쥔을 모셔왔다. 구웨이쥔이 결정할 문제"라며 호통을 쳤다. 후일 구웨이쥔은 장편의 회고록에서 차오쿤을 높이 평가했다.

"정식 교육은 못 받았지만 도량이 넓었다. 세계 어디에 내놔도 빠지지 않을, 영수의 품격을 갖춘 지도자였다."

1924년 11월, 차오쿤은 좌파군벌 펑위샹이 '베이징정변'(北京政變)을 일으키는 바람에 실각했다. 1년간 연금생활을 하다 풀려난 차오쿤은 평민 생활을 즐겼다. 대문 앞에 앉아 온갖 사람들과 이야기하기를 즐겼다. 총통 시절 "후세에 자랑스러운 일을 할 것 같지 않다"며 사진 찍기를 꺼렸기 때문에 알아보는 사람도 없었다. 화가 치바이스에게 서화를 배우며 멋진 작품을 많이 남겼다. 특히 매화가 일품이었다.

장돌뱅이 시절, 귀인 상을 타고났다는 3류 창기 류펑웨이를 10만원 들여 부인으로 맞이한 것도 보람 있는 일이었다. 화북(華北)을 점령한 일본군이 차오쿤을 괴뢰정부 수반으로 세우려 하자 "죽만 먹다 굶어 죽어도 좋다. 일본인들과는 상종도 하지 말라"며 만류한 것도 류펑웨이였다.

1938년, 차오쿤은 톈진에서 76세로 세상을 떠났다. 항일전쟁을 지휘하던 장제스는 "왜구의 위협과 회유에 굴하지 않았다. 군인의 기개를 만천하에 떨치고 승리를 확신했다"며 육군 1급 상장을 추서하고 거액의 위로금을 보냈다. 류펑웨이는 돈은 거절했다. 일본인 문상객들은 발도 들이지 못하게 했다.

장제스는 난징南京까지 배웅한 장쉐량張學良을 감금했고
1975년 세상을 떠날 때까지 풀어주지 않았다.
타이완에서 마지막 숨을 몰아쉬며 "호랑이를 풀어놓아선 안 된다"는
당부를 아들 장징궈蔣經國에게 세 번이나 했지만 쑹메이링宋美齡은
장쉐량을 장제스 시신 앞에 인도해 작별을 고하게 했다.
장쉐량은 "두터운 정은 골육骨肉과도 같았지만 정견의 차이는
철천지원수와도 같았다"는 대련對聯으로 반세기에 걸친
은원恩怨을 정리했다.

사랑과 혁명 5

사랑이 전쟁보다 힘들다

"지금의 나는 정치에 전혀 흥미를 느끼지 못한다.
평생 우러러볼 사람 생각하느라 그럴 겨를도 없다."

"결혼 상대자는 내가 선택하겠다"

20세기 초, 상하이에는 외국어 유치원이 많았다. 쑹메이링도 다섯 살 때 미국인이 운영하는 유치원에 들어갔다. 아버지 쑹자수는 중국식 교육을 불신했다. 어릴 때부터 집안 상용어가 영어이다 보니 다른 중국 아이들에 비해 문화충격이 덜했다. 그해 겨울, 큰언니 아이링이 미국 유학을 떠났다. 1907년 8월, 메이링도 둘째 언니 칭링과 함께 태평양을 건넜다. 열 살 생일 직후였다. 훗날 할리우드를 주름잡게 되는 캐서린 헵번과 40년 후 메이링과 장제스 부부에게 치명타를 안기는 린뱌오가 태어난 것 외에는 특별한 일이 없는 한 해였다.

신해년(1911) 가을, 중국에서 혁명이 일어났다. 신문마다 아버지 친구 쑨원의 모습이 큼지막하게 실렸다. 어머니 편지 받고서야 쑨원이 총통에 취임했다는 걸 알았다. 정치에 조금씩 관심이 갔다. 2년간 미국 생활을 익힌 후 매사추세츠 주에 있는 웨슬리 여자대학에 입학했다. 영국 문학과 철학 시간만 되면 즐거웠다.

총통 시절은 잠시였다. 수배자 신세로 전락한 쑨원은 일본으로 망명했다. 추종자였던 아버지도 가족들 데리고 도쿄로 이사했다. 쑨원의 비서였던 큰언니가 망명객과 결혼했다는 편지를 보내왔다. 형부 쿵샹시는 전당포 비슷한 것을 수십 개 운영하는 부자였다.

메이링은 주말만 되면 하버드대학에 다니는 오빠 쯔원을 만나러 케임브리지에 갔다. 보스턴과 케임브리지에는 중국 유학생들이 지천에 널려 있었다. "뚱뚱하고 못생겼지만 귀여운 데가 있다"고 쑤군대는 소리를 심심치 않게 들었다.

오빠 소개로 알게 된 류지원(劉紀文)만은 예외였다. 항상 친절하고 맛있는 것도 많이 사줬다. 사진 촬영이 전문가 수준이라고 들었지만 카메라를 함부로 들이대는 법도 없었다. 덕분에 남들이 "잘 익은 호박" 같다고 놀려대던 소녀 시절 모습을 후세에 남기지 않았다.

학업을 마친 둘째 언니 칭링은 귀국 도중 일본에서 아버지와 합류했다. 칭링이 결혼 소식을 알려왔다. 상대가 쑨원이라고 하자 오랜만에 일기를 썼다.

"언니들처럼 결혼 상대자는 내가 선택하겠다."

날이 밝기가 무섭게 메이링은 하버드 대학 기숙사를 찾아갔다. 류지원을 불러내 약혼식을 올리자고 했다. 군말이 있을 턱이 없었다. 2년 후 귀국할 때까지 하루가 멀다 하고 붙어 다녔다. 빵이건 아이스크림이건 한 개만 사서 한 입씩 번갈아가며 먹었다. 할리우드와 그랜드캐니언도 함께 여행했다. 두 사람만 아는 비밀이 많았다.

10년 만에 돌아온 중국은 너절했다. 쑹메이링은 음식·복장·사무실·목욕탕 등 뭐든지 미국과 비교하며 짜증을 부렸다. 아버지가 딸 미국 유학 준비하는 친구들에게 "절대 보내지 말라"고 신신당부했다는 말을 듣고 찔끔했다.

이듬해 1918년 아버지가 암으로 세상을 떠났다. 전국영화심사위원으로 분주한 나날을 보내던 메이링은 밤마다 망부(亡父)의 문건들을 정리하며 눈물을 쏟았다. "아버지는 중국을 저주하지 않았다. 누구보다 사랑했다"고 일기에 적었다. 생활 습관이 조금씩 변하기 시작했다. 중국어를 익히며 붓과 씨름하다 보면 밤을 새우기 일쑤였다. 약혼자에게도 치파오 입고 찍은 사진을 보냈다.

1922년 12월 2일, 오빠 집에서 기독교 관련 모임이 있었다. 장제스라는 30대 중반의 군인을 보고 의아한 생각이 들었다. 기독교 신자들만 모인 자리에 온 사람이 기도도 할 줄 모르고 찬송가도 부를 줄 몰랐다. 여자들만 힐끔힐끔 쳐다봤다.

연인과 처음 만난 날짜나 장소를 제대로 기억하는 사람은 거의 없다. 평생 일기를 쓴 장제스는 경우가 달랐다. 이날도 일기를 남겼다. "하는 일 없이 거리를 빈둥거렸다. 여자들 엉덩이에 자꾸 눈길이 갔다. 이 버릇 고치지 못하면 평생 사람질 못할 것 같다. 소변이 마려워 근처에 있는 쯔원의 집으로 달려갔다. 말로만 듣던 여동생을 처음 만났다. 낮에 하고 다닌 일 생각하니 수치심이 일었다."

천중밍이 반란 일으키자 쑨원 편에 선 장제스

외국생활 오래한 사람일수록 토종(土種)들을 얕잡아보는 경우가 허다하다. 스탈린이 마오쩌둥을 대수롭지 않게 봤던 것처럼 쑨원도 장제스를 높이 평가하지 않았다. 참모가 고작이라며 실권을 주지 않았다.

장제스의 자질을 제일 먼저 알아본 사람은 광둥군 총사령관 천중밍이었다. 쑨원이 장제스를 광둥군 작전과장에 임명하자 장제스는 반발했다. 기분 나쁘다며 사직원을 냈다. 천중밍이 달려와 애걸하다시피 만류했다.

"전쟁에 백 번 패해도 상관없다. 너만 있으면 된다."

이 일을 계기로 장제스도 천중밍을 좋아했다.

1922년 4월, 천중밍이 반란을 일으킬 거라는 소문이 파다했다. 쑨원이 천중밍을 광둥군 사령관직에서 내치자 명분을 확보한 천중밍은 쾌재를 불렀다. 광둥군은 천중밍의 사병이나 다름없었다. 그 속셈을 몰랐던 장제스는 쑨원을 찾아갔다. 헛소문이라며 천중밍을 두둔했다. 쓸데없는 소리 말라며 무안을 당하자 장제스도 사직원을 내고 광둥을 떠났다. 고향으로 가는 배 안에서 천중밍에게 보낸 편지가 남아 있다.

"환난을 함께 한 기간이 하루 이틀이 아닙니다. 천 리 밖에 떨어져 있어도 사령관의 음성과 숨소리가 들리는 듯합니다."

결정적인 순간에 의외의 행동으로 사람을 당황케 하는 것이 장제스의 특징이었다. 위기를 두려워하지 않고 위기를 다루는 수완이 탁월했다. 심지어는 위기를 스스로 만들 줄도 알았다. 천중밍이 반란을 일으키자 고향에서 달려온 장제스는 쑨원 편에 섰다. 천중밍도 놀라고 쑨원은 더 놀랐다.

천중밍의 반란을 계기로 쑨원은 장제스를 신임하기 시작했다. 성격 때문에 골치도 많이 썩었다.

"군인이다 보니 난폭한 건 둘째 치더라도, 화부터 내는 바람에 말 걸기가 힘들다. 항상 주위 사람들을 긴장하게 만들고 툭하면 사표를

1922년 초, 쑨원이 광시성(廣西省) 구이린(桂林)에
북벌군 사령부를 설치하자 모친상을 치르던
장제스는 구이린으로 달려와 종군했다.
정월 대보름날, 장징장에게 보내기 위해
사진을 한 장 찍었다.
같은 해 12월 쑹메이링을 처음 만났다.

내던진다. 아무리 말려도 소매를 뿌리치기 일쑤다. 일단 낙향하면 내가 전보를 보내도 모른 체한다."

쑨원은 측근들에게 이렇게 푸념할 정도였다. 실제로 장제스는 1918년 7월부터 1924년 9월 황푸군관학교 교장에 취임하기까지 사직과 복직을 14차례 반복했다.

장제스의 부탁으로 처제 쑹메이링을 중매한 쑨원

처음 만난 날이 정확히 언제인지는 알 수 없지만, 1922년 12월 8일 장제스의 일기에 쑹메이링의 이름이 처음 등장한다.

"쑹 여사와 인사를 나눴다. 평생 반려자로 삼을, 가장 이상적인 여인이라는 생각이 들었다. 이런 일은 서둘러야 한다."

장제스는 쑨원에게 속내를 털어놨다.

"혁명에 전념하기 위해 고향에 있는 조강지처와 관계를 청산했습니다. 처제 쑹메이링과 평생을 함께하고 싶으니 나서주기 바랍니다."

기습을 당한 쑨원은 집사람과 의논하겠다며 둘러댔다. 그날 밤 쑨원은 쑹칭링에게 온갖 싫은 소리를 다 들었다. 쑹메이링의 인기는 하늘을 찌르고도 남았다. 미국 유학을 마친, 그것도 대부호 쿵샹시와 쑨원의 처제이다 보니 그럴 만도 했다. 청혼이 줄을 이었다. 쑹메이링은 거들떠보지도 않았다.

하나같이 미국에 있는 약혼자만 못했다. 육군 상장(上將) 장쉐량만은 예외였다. 장쉐량이 동북에서 자가용 비행기를 몰고 상하이에 올 때마다 산책은 물론이고 극장과 댄스홀도 함께 다녔다. 나이도 어린 게 무슨 놈의 결혼은 그렇게 일찍 했는지, 쑹메이링은 약이 올랐지만 뭐든지 하자는 대로 했다. 장쉐량도 "결혼은 일찍 할수록 손해다. 내가 미혼이라면 쑹메이링은 내 여자"라며 분통을 터뜨렸다. 이런 쑹메이링의 눈에 장제스 따위가 들어올 리가 없었다.

장제스는 무슨 일이건 중도에 포기하는 법이 없었다. 5년에 걸친 구애가 시작됐다.

쑹칭링은 장제스를 싫어했다. 특별한 이유도 없었다. 남편 쑨원에게 충성스럽고 용감한 군인인 줄은 알고 있었지만, 그런 건 중요하지 않았다. "생활이 문란하고, 무슨 생각을 하는 사람인지, 그 속을 알 수 없다"는 것이 이유였다.

쑨원으로부터 장제스가 동생과 결혼하고 싶어 한다는 말을 들은 쑹칭링은 황당한 표정을 지었다.

"고향에 부인이 둘씩이나 있고, 화류계에서 날을 지새우는 사람입니다. 성병환자라는 소문도 있습니다."

쑨원은 여자문제에 관대했다. 처음 듣는 이야기지만 놀라지 않았다.

"그런 건 중요하지 않아요. 황금에도 적색이 섞여 있는 것처럼 완벽한 사람은 없지. 부족한 점은 있지만, 장제스는 인재요. 병은 고치면 되고."

며칠 후 장제스가 쑨원을 찾아왔다.

"고향에 있는 처자와 이혼만 하면 뭐합니까. 아직 배우자를 못 구했습니다. 부인과 의논해보셨나요?"

2개월 전 동거를 시작한 여자도 곧 정리하겠다는 말은 하지 않았다.

그날 밤 쑨원은 잠자리에서 조심스럽게 장제스의 이야기를 꺼냈

쑹씨 집안의 딸들은 사람 보는 눈이 제각각이었다.
둘째 쑹칭링은 장제스를 혐오했지만 장녀 쑹아이링(앞줄 왼쪽 셋째)은
"중국은 장제스(뒷줄 왼쪽 둘째)의 천하가 될 거라"며
막내 쑹메이링에게 결혼을 권했다.
앞줄 왼쪽 첫째는 쑹아이링의 남편 쿵샹시.
1929년 6월 베이핑(지금의 베이징).

다. 한동안 듣기만 하던 쑹칭링이 입을 열었다.

"메이링은 류지원이라는 약혼자가 있어요. 장제스의 청혼을 받아들일 리가 없습니다. 지금 상하이에는 메이링을 힐끔거리는 남자가 파리떼보다 더 많아요."

쑨원은 물러서지 않았다.

"처제에게 이야기라도 한번 해봐요. 본인 생각이 중요하지."

쑹칭링은 "하나밖에 없는 여동생입니다. 그 애가 죽는 모습은 볼지언정, 정부(情婦)가 열 명도 넘는 남자와 결혼하는 꼴은 못 보겠어요"라며 이불을 머리끝까지 끌어당겼다. 생각하기도 싫으니 더 이상 거론하지 말라는 의미였다.

쑨원은 장제스에게 반년만 기다리라고 했다.

"내 경험에 의하면 여자 마음 돌리려면 적어도 6개월은 필요하다."

일단 시간을 번 쑨원은 "처제가 직접 결정하게 합시다"며 쑹칭링을 설득했다.

1923년 8월, 쑹메이링은 "광저우는 아름다운 곳이다. 한번 다녀가라"는 언니 부부의 편지를 받았다. 광저우에 도착한 쑹메이링은 형부 쑨원이 공항에 나와 있는 것을 보고 깜짝 놀랐다. 그날 따라 비가 내렸다. 서늬도 함께했다. 총명한 쑹메이링은 뭔가 말하기 힘든, 중요한 일이 있다는 예감이 들었던지 대놓고 물었다.

"형부와 언니는 바쁜 분들입니다. 혼자 여기저기 다닐 테니 신경 쓰지 마세요. 혹시 할 말이 있으면 지금 해주세요."

쑹칭링이 눈짓을 하자 쑨원이 웃으며 말문을 열었다.

"처제도 적은 나이가 아니에요. 장인이 세상을 떠난 후 우리 부부는 처제의 결혼 상대자를 고르느라 노심초사하고 있어요. 최근에 와서야 그간 물색한 보람이 있었어요. 내 부하이며 현재 대원수부 참모장으로 있는 장제스라는 사람인데, 지난 겨울 상하이에서 얼핏 본 적이 있다고 들었지."

쓸데없는 이야기 같았지만 "건강하고 그 어떤 병에도 걸린 적이 없다"는 말까지 덧붙였다.

쑨원의 말이 채 끝나기도 전에 쑹칭링이 나섰다.

"네 형부는 그렇게 말하지만 나는 절대 반대다. 우리 의견은 참고만 해라. 당장 결정할 필요 없다."

쑹메이링은 황급하게 화장실로 들어가던 군인의 모습이 떠올랐다. 인상이 가물가물했다. 만나고 싶은 마음이 내키지 않았다.

쑹메이링은 광저우에 1개월간 머물렀다. 상하이로 떠나는 날 언니 부부에게 말했다.

"사회 봉사나 하면서 살겠어요. 장제스에 관한 일은 다음에 만나면 이야기하지요. 서로 안부 편지나 주고받는 관계를 유지했으면 좋겠네요."

쑨원은 그 정도면 됐다며 만족한 표정을 지었다.

장제스도 흡족해했다. 소련과 연합한 쑨원이 군관학교 설립을 준비하자 소련행을 자청했다.

쑨원 사후 승승장구한 장제스, 쑹메이링과의 관계도 진전

1963년 11월, 장제스는 타이완의 총통부에서 대륙 시절을 회상한 적이 있다.

쑨원 사망 후 각자의 길을 가던 쑹씨 세 자매는
국·공합작으로 항일전쟁이 시작되자 다시 뭉쳤다.
1940년 전시수도 충칭에서 열린 '국제우인(友人)초대회'에서
함께한 세 자매. 왼쪽부터 메이링·아이링·칭링.

"스물한 살 때 입당했다. 6년이 지나서야 단독으로 총리(국민당이 정한 쑨원의 공식 직함)의 부름을 받았다. 끊임없이 질책과 훈계를 받으며 임무를 수행했지만, 그 어떤 직책도 요구한 적이 없다. 총리도 나를 번듯한 자리에 임명하지 않았다. 40세가 되어서야 중앙위원에 피선됐다."

쑹메이링과의 중매를 부탁했다는 말은 하지 않았다.

쑨원의 장제스에 대한 평가는 죽는 날까지 변하지 않았다. 처제 쑹메이링에게 장제스를 신랑감으로 추천한 후에도 변변한 지위나 발언권을 주지 않았다. 생도들 끼니를 걱정해야 하는 황푸군관학교 교장으로 파견한 게 고작이었다. 군권(軍權)을 안겨주는 계기가 될 줄은 상상도 못했다. 이 점은 장제스도 마찬가지였다.

후일, 중공 총리 저우언라이는 군관학교 교장 시절의 장제스를 평한 적이 있다.

"우리의 상대는 국민당이었지만 구체적으로 말하면 장제스 한 사람이었다. 황푸군관학교에서 장제스를 2년간 모신 적이 있다. 장제스는 문무를 겸비한 인물이었다. 총명하고 매사에 능했다. 천박한 구석이 한 군데도 없으면서 정치적 수완이 뛰어났다. 재물에도 관심이 없었다. 그러나 재물을 탐하지 않는 사업가는 자격이 없다며 경멸했다. 원천이 궁금했다. 알고 보니 독서량이 엄청났다.『자본론』『공산당 선언』등 섭렵하지 않은 사회주의 서적이 거의 없었다. 내로라하는 공산당 이론가들보다 더 해박했다."

1924년 1월, 광저우에서 국민당 1차 대표자 대회가 열렸다. 회의를 주재한 쑨원은 3년 전 상하이에서 창당한 중공과의 합작을 선언했다. 개인 자격으로 국민당에 입당한 청년 공산당원 리리싼(李立三)과 마오쩌둥이 쑨원의 주목을 받았다. 리리싼은 단도직입적으로 국민당의 언론정책을 비판했고, 마오쩌둥은 쑨원의 사상을 바탕으로 자신의 주장을 폈다. 기쁨을 감추지 못한 쑨원은 마오쩌둥을 당장(黨章) 심사위원과 후보 중앙위원에 추천했다.

장제스의 신세는 처량했다. 대표로 파견되기는커녕 대회 입장권도 받지 못했다. 회의장 주변을 어슬렁거리며 회의 참석자들이 쉬는 시간에 나누는 이야기나 엿듣는 정도였다. 쑨원 사망 4개월 후인 1925년 7월 1일, 중화민국 국민정부가 광저우에 간판을 내걸 때도 형편은 바뀌지 않았다. 중앙당 상무위원이나 국민정부위원은 고사하고 국민당 중앙집행위원에 이름을 올리지 못했다. 후보위원에도 이름이 없었다.

쑹메이링도 냉담했다. "편지 주고받는 사이가 되고 싶다"고 말했다는 사람이 편지 보내도 답장이 없었다. 뭐가 그렇게 바쁜지 전화도 받지 않았다. 한밤중에 전화하면 짜증 섞인 목소리로 응대하기 일쑤였다.

"예의가 없어도 정도가 있지 지금이 몇 신지 아세요? 새벽 2시예요. 선생터도 아니고 뭐 하는 짓인가요."

그럴 때마다 "이 짓이 전쟁보다 더 힘들다"며 수화기를 내려놨다. 그러곤 후회했다. 한숨이 절로 나왔다. 쑨원을 믿은 게 잘못이었다.

쑨원은 "쑹메이링과의 결혼이 가능하겠습니까"라고 장제스가 물을 때마다 똑같은 말만 반복했다.

"기다려라. 기회가 올 때까지 서두르지 마라."

그러다가 세상을 떠났다. 이 일 때문인지는 알 수 없지만, 장제스는 국가 최고지도자가 된 후에 "무조건 기다리라"는 말을 부하들에게 함부로 하지 않았다. 당장 결론 내리기 힘든 일은 날짜를 정해주고 약속한 날이 되면 통보해주곤 했다.

"누가 뭐래도 장제스의 천하다"

쑨원이 세상을 떠나자 장제스는 승승장구했다. 쑹메이링과의 관계도 조금씩 나아졌다.

쑨원 사망 7개월 후인 1925년 10월, 장제스는 국민혁명군을 이끌고 광둥을 통일했다. 장제스가 광저우에 입성하는 날, 정부 요원들은 일렬로 서서 38세의 개선장군을 맞이했다. 신문들마다 정경을 상세히 보도했다.

"가장 젊은 혁명영수의 탄생을 보며 다들 넋 나간 표정을 지었다. 열릴 것 같지 않은 꽉 다문 입, 앞을 응시하는 두 눈, 세상의 부귀영화는 거들떠보지도 않을 자태에 입을 헤벌린 원로들이 한둘이 아니었다."

이듬해 1월, 광저우에서 국민당 제2차 대표자대회가 열렸다. 상황은 2년 전 1차 대회 때와 달랐다. 1차 대회 때 입장권도 받지 못했던 장제스는 중앙집행위원 선거에서 249표 중 248표를 획득했다. 개인 자격으로 국민당에 입당한 100여 명의 공산당원들도 장제스에게 몰표를 던졌다. 반대표 1표에 관심이 쏠렸다. 여기저기서 "장제스가 자신에게 투표하지 않았다"고 술렁거렸다. 1표의 위력은 엄청났다. 248표가 249표보다 더 강해 보였다. 국민당 중앙집행위원회는 중앙

자신의 모습이 전면에 실린
영국 신문(*LONDON NEWS*)을 들고 자랑하러 온
장제스에게 차를 대접하는 쑹메이링.
1926년 봄, 쿵샹시의 집 정원.

상무위원까지 꿰찬 장제스를 북벌군 총사령관에 임명했다.

245표를 얻어 중앙집행위원에 선출된 쑹칭링도 장제스의 공로를 인정했다.

"그간 우리는 정치와 군사적인 면에서 많은 발전을 이뤘다. 선생이 생존해 있을 때보다 형편이 더 좋아졌다."

여기서 선생은 1년 전 세상을 떠난 남편 쑨원을 의미했다. 정치와 집안일은 별개였다. 장제스가 동생 쑹메이링을 포기하지 않았다는 소리를 들을 때마다 입에 거품을 물었다.

1926년 7월, 북벌전쟁의 막이 올랐다. 농민과 노동자의 지지를 등에 업은 장제스의 북벌군은 파죽지세로 군벌들을 제압했다. 장제스의 야심과 군사력에 위협을 느낀 국민당 중앙당은 우한으로 천도(遷都)했지만 장제스는 난징을 고집했다. 군사위원회 주석, 중앙당 조직부장, 군인부장, 국민혁명군 총사령관, 중앙 상무위원회 주석 등 요직이란 요직은 다 차지하자 쑨원이 추진했던 공산당과의 연합에 회의를 품기 시작했다. 쑹칭링을 비롯한 국민당 좌파도 공산당과 한통속이기는 마찬가지였다. 비밀결사들을 부추겨 반공사건들을 한두 번 일으켜봤다. 효과가 있었다.

전선에서 북벌전쟁을 지휘하던 장제스는 틈만 나면 상하이로 달려와 쑹씨 집안의 맏딸 쑹아이링에게 매달렸다. 쑹아이링은 세상 보는 눈이 남달랐다. 동생 메이링 설득에 본격적으로 나섰다.

"네 형부들은 큰소리나 칠 줄 알았지, 장제스에 비하면 아무것도 아니다. 살아 있는 사람이나 죽은 사람 모두 매한가지다. 누가 뭐래도 앞으로는 장제스의 천하다."

장제스에게 결혼조건 제시한 쑹메이링

쑹메이링도 공감했다. 머리가 맑아졌다. 온갖 계산 다하며 만나던 남자가 형부들보다 낫다는 생각이 드는 순간 결혼을 결심하는 것은 예나 지금이나 다를 바가 없다. 쑹메이링은 큰언니에게 가족들을 설득해달라고 당부했다.

어머니 몰래 가족회의가 열렸다. 작은 언니 쑹칭링은 장제스를 여전히 싫어했다. 들을 필요도 없다며 자리를 차고 나가버렸다. 오빠 쑹쯔원도 장제스라면 질색이었다.

"워낙 투기성이 강한 사람이라 언제 무슨 짓을 저지를지 모른다. 예측이 불가능하고 앞날이 불투명하다. 게다가 건달 출신이다. 남편감은 류지원 같은 사람이 좋다."

쑹쯔원과 류지원은 하버드대학 재학 시절부터 절친한 친구였다. 틀린 말은 아니었지만 쑹메이링도 이제는 꿈만 좇는 소녀가 아니었다. 바야흐로 난세(亂世)였다. 류지원 같은 사람이 능력을 발휘할 수 있는 세상이 아니라는 걸 누구보다 잘 알고 있었다.

국민정부 재정부장 쑹쯔원은 한동안 비밀결사들의 협박에 시달렸다. 무릎을 꿇기까지 오랜 시간이 걸리지 않았다. 류지원은 신사였나. 파혼을 요구하사 순순히 응했다.

쑹메이링은 큰언니를 통해 장제스에게 결혼조건을 제시했다.

"부부는 신앙이 같아야 한다. 우리 집안은 모두가 기독교를 신봉한다. 세례를 받고 독실한 신자가 돼야 한다. 남자는 한 여자에게 예속돼야 한다. 부인과 정식으로 이혼하고 여자관계를 깨끗이 정리해야 한다. 결혼한 후에 장제스의 개인비서 자격으로 대외활동을 하겠

국민혁명군 총사령관 취임 당일, 부하와 지지자들 앞에서
북벌을 선서하는 장제스.
꽉 다문 입, 앞을 응시하는 두 눈, 세상의 부귀영화는
거들떠보지도 않을 자태에 사람들은 압도되었다.
1926년 7월 9일 광저우 둥샤오창(東校場).

다. 공직을 권하지 마라."

장제스는 무조건 수락하고 전쟁터로 나갔다.

1927년 3월 26일 밤, 쑹메이링의 방문이 조용히 열렸다. 다과를 준비하고 기다리던 쑹메이링은 말끔한 군복을 입고 나타난 장제스의 청혼을 수락하며 세 가지를 부탁했다.

"류지원을 건드리지 마세요. 해외에서 편안히 생활하는 모습을 보고 싶습니다. 백만 불 정도면 됩니다. 어떻게 된 사람이 어머니가 싫어하는 조건을 모두 갖추고 있나요. 직접 설득해주세요."

역시 장제스였다.

"류지원은 인재요. 국내에서 할 일이 많소. 돈푼이나 집어주며 해외로 나가라는 것은 모욕이오. 어머니는 내게 맡겨주시오."

이튿날 장제스는 류지원을 찾아갔다.

"우리 두 사람은 무슨 놈의 인연인지 모르겠소. 모든 걸 운명으로 생각하오. 메이링보다 더 훌륭한 여자를 내가 직접 구해주겠소. 내 결혼식 날 들러리를 서주기 바라오. 당신 결혼식에는 내가 들러리를 서겠소. 메이링 어머니가 나 만나기 싫다며 일본으로 가버렸소. 결혼 승낙 받으러 갈 때 같이 갑시다."

장제스, 상하이 계엄령 선포 뒤 공산당 소탕

1926년 말부터 장제스는 국민당에 입당한 공산당원의 숙청(淸黨)을 염두에 두기 시작했다. 1927년 4월 1일, 국민당 좌파와 공산당이 지배하던 우한의 국민정부는 악수(惡手)를 뒀다. 중앙정치위원회 결의라며 장제스에게 국민혁명군 총사령관직 해임을 통보했다. 그날 밤 장제스는 한 줄짜리 일기를 남겼다.

"단순한 개인의 진퇴라면 개의치 않겠다. 이건 당과 국가의 문제다."

후일, 맑은 정신에 며칠을 밤새워 들어도 뭐가 뭔지, 이해하기 힘들 국면이 전개되기 시작했다.

장제스는 파리·베를린·모스크바 외유에서 돌아온 우한정부 주석 왕징웨이와 합작을 시도했다. 상하이에서 담판을 벌였다.

"우한에 가지 마라. 공산당부터 쓸어버리자."

왕징웨이는 쑨원의 후계자다웠다. 정중히 거절했다. "나는 쑨원 선생의 유지를 받들겠다. 노동자와 농민 편에 서겠다. 이들에게 해를 끼치는 사람은 나의 적"이라는 말을 남기고 우한으로 떠났다.

장제스는 상하이의 국민당 중앙집행위원과 감찰위원, 군 관계인사, 비밀결사 두령들을 분주히 접촉했다. 다들 동조하자 4월 9일, 상하이에 계엄령을 선포했다. 다음 날 일기에 "공산당의 반역과 무자비함이 극에 달했다. 언제 이들을 완전히 소멸시킬 수 있을지 모르겠다"고 적었다. 공산당과의 지루한 싸움을 예견한 듯한 내용이었다. 쑹메이링에겐 연락할 틈도 없었다.

우한으로 돌아와 정부 주석에 복직한 왕징웨이도 착잡한 심정을 일기에 남겼다.

"공산당은 정책을 쉽게 바꾸지 않는다. 공산당은 국민당을 이용할 뿐이다. 계속 편안한 관계를 유지하는 것은 불가능하다. 한동안만이라도 합작이 순조롭기를 희망한다. 내 책임이 막중하다."

4월 12일, 상하이를 시발로 장제스의 무자비한 공산당 숙청이 시작됐다. 난징에 정부를 차린 장제스는 왕징웨이의 우한정부와 결별했다. 북방의 장쭤린과 함께 천하삼분은 시간문제였다. 쑹메이링의 약혼자 류지원을 난징시장에 임명했다.

한숨을 돌린 장제스는 쑹메이링을 찾아갔다. "예전의 내가 아니다. 손에 너무 많은 사람의 피를 묻혔다"며 다시 청혼했다.

싱글벙글하며 큰언니 쑹아이링이 나타났다.

"예비 신혼여행이라도 다녀와라. 남자 콧김 쐴 나이가 너무 지났다."

장제스는 메이링의 눈치만 봤다. 그날 밤 류지원에게 절교 편지를 보낸 쑹메이링은 창강 한가운데 있는 자오산(焦山)에서 장제스와 10일간 부부연습을 했다.

장제스는 협상에도 능했다. 우한정부의 군대를 장악하고 있던 펑위샹과의 제휴에 성공했다. 고립된 왕징웨이도 반공으로 선회, 공산당 숙청에 나섰다.

공산당이 지하로 잠복하자 국민당 좌파가 난리를 떨었다.

"당의 군대다. 군이 당을 지배하고, 정부가 당을 도둑질했다."

쑹메이링의 둘째 언니 쑹칭링이 좌파의 지도자였다. "쑨원의 국·공합작을 파열시킨 장본인"이라며 장제스 매도에 열을 올렸다.

장제스는 물러설 줄을 알았다. 8월 13일, 역사에 남을 하야 성명서를 발표했다.

"군인들 중 대다수가 당의 존재를 인식하지 못하고, 당을 존중하지 않다 보니 사태가 이 지경에 이르렀다. 나는 이미 당에서 임명한 총사령관의 자격을 상실한 사람이다. 더 이상 무력의 괴뢰가 되기 싫다."

당일로 귀향한 장제스는 마을 뒷산 쉐더우사(雪竇寺)에 칩거하며 결혼 준비를 서둘렀다. 조강지처에게 이혼장을 받아내고, 상하이에 있던 부인이나 다름없는 여인은 미국 유학을 보냈다. 남은 건 장차 장모가 될 니구이전밖에 없었다.

동생 쑹메이링의 결혼에 적극적인 큰언니 쑹아이링

니구이전은 막내딸 쑹메이링과 장제스의 결혼을 탐탁해하지 않았다. 둘째딸 칭링만 빼고는 모두 찬성했지만 굽히지 않았다.

"소금장숫집 아들을 가족으로 맞아들일 수 없다. 교회 문턱에도 가본 적이 없는 흉악한 사람이다. 게다가 군인이다."

군인의 사회적 지위가 낮을 때였다. 어디서 들었는지, 장제스의 복잡한 여자관계도 훤히 알고 있었다.

큰딸 아이링이 "군인도 군인 나름이다. 서양 언론에서 위대한 정복자 소리를 듣는 사람이다. 아버지와 쑨원 모두 세상을 떠났다. 장제스 외에는 우리 집안을 보호해줄 사람이 없다. 여자 문제는 이미 정리했다"고 설득해도 듣지 않았다.

세상 그 누구도 결혼하겠다고 마음먹은 여자 마음을 돌이킬 수는 없는 법, 쑹메이링은 태연했다. 걱정하지 말라며 장제스를 안심시켰다.

"어머니는 둘째 언니가 부인이 있는 쑨원과 결혼한 다음부터 처자가 있으면서 딴짓 하는 사람을 제일 싫어해요. 군인은 사람이 아니라는 말도 자주 했지요."

장제스는 얼굴 내리깔고, 땀을 뻘뻘 흘리며 어색한 웃음만 지었다.

쑹씨 집안 사람들은 무슨 일만 있으면 일본을 피신처로 삼는 습관

결혼 승낙을 받기 위해 쑹메이링의
어머니가 있는 일본으로 찾아간 장제스.
왼쪽은 쑹메이링의 약혼자였던 류지원.
1927년 11월 도쿄.

이 있었다. 니구이전은 장제스가 인사 오겠다고 하자 일본으로 몸을 피했다. 어머니가 없는 틈에 큰딸 아이링이 일을 저질렀다.

1927년 9월 16일, 상하이 쑹아이링의 집 거실에 기자들이 몰려들었다. 아이링의 입에서 "내 동생 메이링이 장제스와 결혼한다"는 말이 떨어지기가 무섭게 기자들은 총알처럼 밖으로 튀어나갔다.

이튿날 중국과 전 세계의 내로라하는 신문의 1면은 장제스와 쑹메이링의 결혼 소식 외에는 볼 만한 기사가 없었다.『뉴욕타임스』가 가장 상세했다.

"중국은 원래 이혼이란 말이 없다. 장 총사령관은 고향에 있는 부인과 휴처제(休妻制)에 합의했다고 밝혔다. 쑹메이링도 미국 유학 시절부터 연인 사이였던 류지원과 완전히 갈라섰다고 공개적으로 밝혔다. 평소 양복을 입어본 적이 없는 장제스를 위해 쿵샹시의 부인 쑹아이링이 런던의 일류 양복점 재단사를 상하이로 초빙했다."

장제스는 쑹아이링이 시키는 대로 일본행을 서둘렀다. 출발 전날 성명서까지 발표했다.

"쑹 여사와 나의 혼인은 남들이 말하는 것처럼 정략결혼이 아니다. 모든 남녀관계가 그런 것처럼 우연히 만나서 여기까지 왔을 뿐이다. 아직 쑹 여사 어머니의 허락이 떨어지지 않았다. 고베에서 요양 중인 노부인 찾아뵙고 따님과의 결혼을 허락해달라고 구걸하듯이 할 참이다. 다른 볼일은 없다."

소식을 듣고도 설마하던 니구이전은 장제스가 나가사키에 도착했다는 말을 듣자 가마쿠라의 작은 여관으로 거처를 옮겨버렸다. 포기할 장제스가 아니었다.

말끔한 양복에 면도까지 하고 가마쿠라까지 찾아온 장제스를 니구이전은 피할 방법이 없었다. 두 사람의 생생한 기록이 남아 있다.

"고향에 있는 부인은 어쩔 셈인가."

장제스는 침착했다.

"전에는 있었지만 지금은 없습니다. 첩과도 관계를 정리했습니다. 두 사람 말고 함께 생활하던 여인이 한 명 있었습니다. 얼마 전 미국 유학을 떠났습니다. 다시는 중국에 돌아오지 않을 겁니다. 원래 절차를 밟지 않은 사이라 문제될 게 없습니다."

장제스가 고향에서 만들어 온 이혼서류를 두 손으로 건네자 니구이전은 볼 필요 없다며 손을 휘저었다. 이어서 장제스가 상상도 못했던 질문을 던졌다.

일본까지 찾아가 결혼 승낙을 받아낸 장제스

쑹메이링의 어머니 니구이전은 장제스의 사생활·직업·종교문제를 우려했다.

"정부(情婦)가 여러 명 있다고 들었다."

장제스는 침착하게 거짓과 진실이 뒤섞인 답변을 늘어놨다.

"혁명에 두신한 기간이 짧지 않다 보니 정적(政敵)이 많습니다. 승리를 거듭하자 악독한 인신공격이 뒤를 이었습니다. 광명천지에 몸 하나 숨길 곳이 없을 정도로 상처를 입었습니다."

한 차례 한숨을 내쉰 니구이전은 난제(難題)를 들고나왔다.

"당신은 난세의 군인이다. 정벌과 살육을 물고 다녔다. 기독교와는 물과 불이다."

장제스는 준비해둔 대답이 있었다. 다윗과 골리앗의 싸움과 여호수아의 여리고 성(城) 함락을 예로 들었다.

"혁명의 목표는 통일입니다. 저는 통일전쟁에 몸을 던졌습니다. 통일전쟁은 성전(聖戰)입니다."

평계와 명분은 종이 한 장 차이였다.

고개를 숙이고 듣던 니구이전이 장제스의 말을 가로막았다.

"『성경』을 읽어본 적이 있는가."

"워낙 바쁘다 보니 잠시 뒤적거렸을 뿐, 제대로 읽을 틈은 없었습니다."

장제스를 바라보는 니구이전의 얼굴이 조금 펴졌다.

"우리 집안은 대대로 기독교를 신봉했다. 내 딸과 결혼을 원한다면, 기독교 신자가 될 수 있는지 궁금하다."

마지막 질문에 장제스는 정색을 했다.

"한번 해보겠습니다. 매일 『성경』을 열심히 읽으며 교리를 이해할 시간을 갖겠습니다. 제가 당장 내일부터 교회를 나가겠다고 한다면, 그런 사람의 말을 믿으시겠습니까."

니구이전은 고개를 끄덕였다. 만면에 화색이 돌았다. 옆에 있던 상자를 조심스럽게 열었다. 『성경』이 한 권 들어 있었다.

떨리는 손으로 『성경』을 건네자 장제스는 황급하게 일어났다.

"남편은 혁명가였지만 경건한 신앙인이었다. 임종 때 이 『성경』을 막내사위에게 주라는 말을 남겼다."

장제스는 빈말이라도 한번 한 약속은 지키는 사람이었다. 3년 후 정식으로 세례를 받았다.

쑹씨 집안의 영향으로 기독교도가 된 장제스는
교회에서 설교도 하고 사즘도 했다.
대륙 철수 직전, 직접 현판을 쓴 교회에서
설교하는 장제스.

1927년 12월 1일, 상하이에서 열린 장제스와
쑹메이링의 결혼식. 야인(野人) 장제스는 이 결혼식으로
다시 전 세계의 주목을 받았다.

『성경』을 보물처럼 껴안고 방문을 나선 장제스는 흥분했다. 차(茶)를 들고 온 여관 주인에게 "드디어 성공했다"며 휘호 다섯 점을 기념으로 남겼다. 여관 주인은 며칠이 지나서야 장제스가 누구인지를 알고 경악했다.

전 세계가 주목한 장제스·쑹메이링의 결혼식

고향으로 돌아온 장제스를 야인(野人)이라고 말하는 사람은 중국 천지에 아무도 없었다. 하야는 했지만, 누가 뭐래도 양쯔강 이남은 장제스의 천하였다. 정계복귀는 시간문제였다.

결혼식을 복귀일로 정한 장제스는 쑹메이링에게 보내는 편지를 만천하에 공개했다. 1927년 10월 19일, 톈진에서 발행하는 『익세보』(益世報)에 희한한 광고가 실렸다.

"지금의 나는 정치에 전혀 흥미를 느끼지 못한다. 평생 우러러볼 사람 생각하느라 그럴 겨를도 없다. 예전에 뜻을 밝힌 적이 있지만 요령이 부족했고 정치적인 문제가 복잡할 때였다. 산야(山野)를 오가며 지난날 생각하니, 전장에서 만군을 질타하며 도취했던 나날들이 한 편의 허망한 꿈이었다. 내가 영원히 잊지 못할 것은 한 사람밖에 없다. 하야한 일개 무인(武人)을 어떻게 생각할지, 뜬눈으로 밤을 지새운다."

전 세계의 언론들이 장제스가 칩거 중인 시골마을을 주시했다.

11월 26일, 장제스는 상하이의 모든 신문에 자신 명의로 광고를 했다.

"그간 혁명에 분주했다. 말 위에서 세월을 보내다 보니 가정을 제대로 꾸린 적이 없다. 12월 1일, 상하이에서 쑹 여사와 결혼한다."

  1922년 겨울, 상하이의 쑹쯔원 집에서 쑹메이링을 처음 본 지 5년 만이었다.

장쉐량과 쑹메이링의 우의

"쑹이 하루를 더 살면 나도 하루를 더 살 수 있다."

장제스를 감금한 장쉐량

장쉐량은 1925년 6월 상하이 미국영사관 만찬에서 국민당 원로 후한민의 소개로 쑨원의 처제 쑹메이링을 처음 만났다. 한 세기를 일관한 두 사람의 우의(友誼)는 이때부터 시작됐다. 둘 다 장제스를 모를 때였다. 그리고 2년 반 뒤인 1927년 12월 쑹은 장제스와 결혼했다.

1928년 6월, 장쉐량은 아버지인 동북왕 장쭤린이 일본군에 의해 폭사하자 친일세력들을 제거하고 동북의 군정 대권을 장악했다. 난징 국민정부의 장제스는 북벌군을 이끌고 베이징에 진입했지만 장쉐량과의 제휴가 필요했다. 장쉐량은 통일을 방해하지 않겠다는 성명을 발표했지만 국민당의 청천백일기가 게양된 곳은 동북에 한 곳도 없었다. 장쉐량이 베이징에 왔을 때 그를 암살하거나 난징으로 유인해 감금하자는 논의가 있었다.

쑹메이링은 "장쉐량은 소인이 아니다. 국가 이익을 소중하게 생각하는 장군과 친구가 돼야지 왜 제거할 궁리만 하는가"라며 장제스를 설득했다. 장제스와 장쉐량의 첫 대면은 성공적이었다. 다음 날 만찬엔 쑹메이링도 참석했다. 장쉐량과 두 번째 만남이었다. 두 사람이 구면이라는 사실을 장제스는 이날 처음 알았다. 장쉐량은 뭔가 복잡해 보였고 장제스는 곤혹스러워했다. 선양에 돌아온 장쉐량은 두 달 후 동북 전역에 청천백일기를 게양했다.

장제스는 중국을 통일했다. 장쉐량은 "쑹이 없었다면 나는 쉽게 결정하지 못했을 것"이라고 훗날 말했다. 장제스는 장쉐량에게 동북 5개 성의 군권과 행정권을 일임해 중국의 실질적 2인자임을 모두가 인정하게 했다.

쑹은 제1부인이 되었다. 중국의 황금 10년이 시작됐다. 장제스는 이때부터 공산당 섬멸을 지휘해 장시성의 중앙소비에트 홍군 주력에 치명타를 안겼다. 장정에 나선 홍군은 옌안에 안착했다. 장제스 명령으로 동북을 일본에 내준 장쉐량은 시안에 주둔하고 있었다. 장제스는 장쉐량에게 옌안을 공격하게 했다. 주저하는 장쉐량을 재촉하기 위해 시안에 온 장제스를 장쉐량은 1936년 12월 12일 밤 감금했다. 이때 쑹메이링은 시안사변(西安事變)이 발생한 줄도 모르고 신병치료차 상하이에 머무르고 있었다.

"호랑이를 풀어놓아선 안 된다"

쑹메이링은 시안을 폭격하려는 난징정부의 결정을 보류시키고 1936년 12월 22일 시안으로 떠났다. 비행장에 나온 장쉐량을 보는 순간 난징에서부터 굳어 있던 쑹의 얼굴이 활짝 펴졌다. 장제스를 대신해 장쉐량과 옌안에서 급파된 저우언라이와 협상했다. 내전 중지, 항일전쟁 준비, 옌안을 지방정부로 인정, 장쉐량 신변보장과 장제스

1931년 새해를 맞이해 난징에서 열린 열병식에 참석한 장쉐량(왼쪽 셋째). 왼쪽 다섯째가 쑹쯔원.

국민정부 시절 중국 최고 권력자들의 야유회.
장쉐량(왼쪽 첫째)은 쑹쯔원(왼쪽 둘째), 장제스(왼쪽 여섯째),
쿵샹시(왼쪽 일곱째) 세 가족과 친분이 두터웠다.
쑹씨 세 자매 중 쿵샹시의 부인 쑹아이링(왼쪽 넷째)과 장제스의 부인
쑹메이링(왼쪽 다섯째)은 함께 어울렸지만 쑹칭링은 쑨원 사후
자매들과 결별했다. 왼쪽 셋째는 장쉐량 부인 위펑즈(于鳳至).

를 최고지도자로 추대할 것 등에 합의했다.

쑹이 온 지 3일 만에 모든 게 평화적으로 끝났다. 12월 25일 장제스는 석방돼 장쉐량과 함께 난징으로 돌아왔다. 성탄절에 장제스를 석방한 아주 중요한 이유 중 하나는 독실한 기독교 신자인 쑹의 성탄예배 참석 때문이었다. 시안사변이 난해하고 희극성이 강한 이유는 순전히 장쉐량과 쑹메이링 두 사람 때문이었다.

그러나 장제스는 난징까지 배웅한 장쉐량을 감금했고 1975년 세상을 떠날 때까지 풀어주지 않았다. 타이완에서 마지막 숨을 몰아쉬며 "호랑이를 풀어놓아선 안 된다"는 당부를 아들 장징궈에게 세 번이나 했지만 쑹메이링은 장쉐량을 장제스 시신 앞에 인도해 작별을 고하게 했다. 장쉐량은 "두터운 정은 골육(骨肉)과도 같았지만 정견의 차이는 철천지원수와도 같았다"는 대련(對聯)으로 반세기에 걸친 은원(恩怨)을 정리했다.

장쉐량은 쑹의 각별한 보호를 받았다. "쑹이 하루를 더 살면 나도 하루를 더 살 수 있다"고 술회했다.

1988년 1월, 장징궈도 세상을 떠났다. 뉴욕에 있던 쑹이 귀국해 국민당 원로들과 접촉했다.

1990년 6월, 국민당이 마련한 장쉐량의 90세 축하연이 열렸다. 53년 만에 장쉐량의 모습이 공개됐다. 쑹은 불참했지만 당일 이른 새벽에 복숭아 9개를 장쉐량에게 보냈다. 참석했어도 앉을 자리가 마땅치 않았을 것이고 나이도 94세였다. 두 달 후 이들은 교회에서 우연히 만나 10여 분간 안부를 주고받았다. 마지막 만남이었다. 다음해 3월, 장쉐량은 미국으로 떠났고 6개월 후 쑹메이링도 뉴욕으로 돌아갔다.

  미국 컬럼비아대학 장쉐량 자료실에는 쑹이 대륙 시절 직접 그려 선물한 「폭하청천도」(瀑下聽泉圖)가 제일 앞에 걸려 있다. 500여 통의 편지도 소장돼 있다. 그중 가장 눈에 띄는 것은 쑹메이링과 주고받은 100여 통이다.

시안사변과 장쉐량의 반세기 연금생활

"내 후계자는 장쉐량이었다.
그를 감금한 것은 그를 아끼기 때문이다."

난징 특별군사법정에 선 장쉐량

시안사변(1936)과 항일전쟁(1937), 항일전쟁의 승리(1945)와 중화인민공화국 수립(1949)은 하나로 연결된 사건들이다. 출발점은 시안사변이었다. 발생에서 수습까지 2주가 채 걸리지 않았지만 그 진동은 중국의 방향을 바꿔놓았다. 한때 천하를 삼분했던 장쉐량, 장제스, 저우언라이, 마오쩌둥 등 사변의 주역들은 삼국지를 능가하는 수많은 사연을 남기고 세상을 떠났다. 특히 장쉐량의 반세기에 걸친 감금생활은 세기가 바뀐 후에도 사람들의 눈시울을 붉게 만들었다.

시안사변은 중국의 합법적인 2인자였던 장쉐량이 1인자 장제스를 무력으로 감금하고 협박한 사건이었다. 두 사람은 시국을 보는 눈이 달랐다. 장쉐량은 공산당과의 내전을 중단하고 국·공 양당이 합작해 침략자 일본과 전쟁을 해야 통일을 이룰 수 있다고 확신했다. 장제스는 공산당을 소탕한 후에 일본과 일전을 벌일 생각이었다.

사변이 발생하자 쑹메이링은 오빠 쑹쯔원과 함께 시안으로 향했다. 저우언라이도 옌안을 출발했다. 장제스의 처남 쑹쯔원은 시안을 두 번 오갔다. 둘 중에 하나만 죽어도 큰일이었다. 어쩌면 둘 다 죽을 지도 몰랐다. 말이 좋아 협상이지 굽혀본 적이 없는 두 사람을 달래기에 바빴다. 결국 장제스는 장쉐량의 요구를 수용했다.

12월 25일 오후, 장제스는 풀려났다. 그날따라 바람이 심했다. 음산한 냉기가 뼛속을 파고들었다. 게다가 황혼 무렵이었다. 을씨년스럽기가 이루 말할 수 없었다. 한풍을 맞으며 비행기 앞에 선 장제스는 장쉐량에게 손을 휘저으며 빨리 가라고 했다. 장쉐량이 한 걸음 다가서며 함께 가겠다고 했다.

장제스는 말렸다. 한참을 옥신각신했다. 옆에 사람들이 있건 말건 개의치 않았다. 장쉐량은 "에잇" 하며 그냥 비행기 안으로 쑥 들어가 버렸다. 장제스는 무사히 시안을 떠났다. 장쉐량도 영원히 돌아오지 못할 길을 떠났다. 뒤늦게 달려온 저우언라이는 발만 동동 굴렀다. 옌안에서 마지막 숨을 허덕이던 공산당은 장쉐량 덕에 기사회생했다. 장제스도 후계자로 여겼던 장쉐량에게 망신을 당하기는 했지만 공산당까지 자신을 최고지도자로 옹립하는 바람에 위상은 시안사변 전보다 더 올라갔다.

12월 31일, 장쉐량은 난징의 특별군사법정에 섰다. 재판부는 징역 10년에 5년간 공민권 박탈을 선고했다. 다음날 장제스는 군사위원회 위원장 자격으로 부위원장 장쉐량의 특별사면을 국민정부에 요청했다. "군사위원회가 신변을 인수해 엄격히 관리 단속한다"는 조건으로 비준했다. 장쉐량의 거처를 헌병과 특무요원들이 물샐틈없이 에워쌌다. 장쉐량의 동생 쉐밍(學銘)은 형을 보러 왔다가 만나지 못하자 발길을 옌안으로 돌렸다. 쉐밍은 후일 인민해방군 잠수함사령관이 되기까지 저우언라이의 극진한 보살핌을 받았다.

장쉐량(왼쪽 둘째)은 쑹쯔원(왼쪽 셋째)·
왕징웨이(왼쪽 첫째)와 가까웠다.
당시엔 흔히 볼 수 있는 모습이었다.

군사위원회 조사통계국은 장쉐량을 장제스의 고향 시커우(溪口)에 있는 중국여행사 초대소로 이송했다. 30여 명이 번갈아가며 24시간 감시했다. 장쉐량과 말을 나누지 못하도록 표준어를 못하는 특무요원들을 배치했다. 조장은 황푸군관학교 출신 육군 중위였다.

장제스는 시안에서 장쉐량의 안전을 보장했다. 저우언라이에게도 그랬고 부인과 처남에게도 같은 말을 했지만 장제스는 약속을 어겼다. 장쉐량은 이 두 남매와 유난히 친했다. 쑹메이링은 말할 것도 없고 쑹쯔원과는 못할 말이 없는 사이였다. 부인 쑹메이링은 펄펄 뛰고 처남 쑹쯔원은 입에서 나오는 대로 매부 욕을 퍼부어댔다.

시안사변은 모든 합의를 구두로만 했다. 문서를 한 장도 주고받지 않았다. 그러나 당사자들 간에 얽히고설킨 은원(恩怨)만 알고 나면 충분히 그럴 수도 있겠다는 생각이 드는 사건이다. 반세기에 걸친 장쉐량의 감금생활도 마찬가지다.

장쉐량이 연금된 장소로 줄을 잇는 방문객들

1937년 1월에 시작된 장쉐량의 연금은 1990년 6월 1일까지 계속됐다. 53년 5개월간 17곳을 옮겨 다녔다. 연금 장소는 한결같이 깊은 산속이었다. 50여 정의 권총과 박격포, 자동소총, 기관단총으로 중무장한 특무와 헌병들이 일거일동을 감시했다. 산책과 운동은 가능했지만 특별한 경우를 빼고는 200미터 바깥으로 나갈 수 없었다. 독서는 고전에 한해 허락됐다. 소식을 듣고 영국에서 귀국한 부인과 홍콩에 있던 애인 자오이디(趙一荻)가 매달 번갈아가며 함께 생활했다. 장제스의 허가 없이는 아무도 그를 만나지 못했다. 연금 장소와 이동 경로는 특급 보안사항이었다.

장제스의 고향 뒷산에서 첫 번째 연금생활을 할 때는 찾아오는 사람이 많았다. 시안사변에서 총상을 입은 장제스의 이복형이 세상을 떠나자 문상 온 정부 요인들로 온 동네가 북적댔다. 장제스의 허락을 받은 쑹쯔원·왕징웨이·천부레이 등 방문객이 줄을 이었다. 이구동성으로 장쉐량을 위로했다. 그의 식성을 잘 아는 쑹메이링은 오빠 쑹쯔원 편에 망고 한 상자를 들려 보냈다.

소련에서 돌아와 생모를 모시기 위해 고향에 와 있던 장제스의 아들 장징궈도 부인과 아들을 데리고 장쉐량을 찾았다. 장징궈가 무사히 귀국할 수 있었던 것은 순전히 장쉐량 덕분이었다. 제1차 국·공합작 시절 모스크바 유학을 떠난 장징궈는 장제스가 공산당을 숙청했다는 소식을 듣자 입장이 난처했다. "집에 올 때마다 어머니를 때렸다"며 아버지를 신랄하게 비난하는 성명서를 냈지만 여전히 불안한 소련 생활이었다.

당시 상황을 잘 알고 있던 장쉐량은 저우언라이에게 장징궈가 무사히 귀국할 수 있도록 중공이 나서 줄 것을 요청했다.

마을 뒷산에 장제스에게 위해를 가한 불손한 인물이 와 있는 줄 알았던 장싱궈의 생모 마오푸메이(毛福梅)는 아들의 실명을 듣자 모자를 다시 만나게 해준 장쉐량을 중추절 달 구경에 초대해 잔치를 베풀었다. 그리고 장징궈에게 장쉐량을 형님으로 모시라고 했다. 장제스와 결의형제를 맺은 바가 있었던 장쉐량은 그 아들과도 비슷한 것을 맺게 되었다.

1953년 징상(井上) 온천에 연금된 장쉐량.
입고 있는 셔츠는 미국에 간 쑹메이링이 보내준 것이다.

장쉐량의 항일전쟁 참전 허락치 않은 장제스

항일전쟁이 폭발했다. 소망이 이루어진 장쉐량은 흥분했다. 장제스에게 전쟁에 나가겠다는 편지를 보냈다. "너는 전쟁에 나갈 수 없다. 생각도 하지 마라. 독서에 매진하고 일기를 열심히 쓰라"는 답장이 왔다. 만약 장쉐량이 출전한다면 전 국민의 시선이 그에게 집중될 것은 불을 보듯 했다. 장제스가 용납할 리 없었다. 중공이나 동북군 쪽에서 장쉐량을 탈취해 항일 지도자로 추대할 것을 염려한 장제스는 수시로 장쉐량의 거처를 옮기게 했다. 짧게는 사흘 만에 옮긴 적도 있었다.

장쉐량은 소년 시절부터 전장을 누볐다. 아버지 장쭤린이 일본군에 의해 폭사당하자 극비리에 선양에 잠입해 28세에 동북의 군정(軍政)대권을 장악한 '동북의 왕'이었다. 사람들은 그를 '꼬마원수'(少帥)라는 애칭으로 불렀다. 북벌에 성공한 장제스와 제휴한 후에는 전 중국의 2인자였다. 장제스는 그에게 베이징을 포함한 5개 성의 5권(입법·사법·행정·인사·감찰)을 일임했다.

전군의 부총사령관이었고 해·공군을 포함한 30여 만의 동북군은 장쉐량의 명령 없이 한 치의 이동도 불가능했다. 그가 외출할 때마다 연도에는 계엄이 신포됐고 행인들은 동작을 멈춘 채 벽을 향해야 했다. 백발의 국가주석 린쎈(林森)도 이 청년장군을 윗사람으로 정중히 모셨다.

대서법가이며 시인인 위유런(于右任)은 행방을 알 수 없었던, 중국 천지 어딘가를 헤매고 있을 장쉐량을 그리워했다.

"아무리 불러도 청춘은 돌아오지 않는다는 것을 믿지 않았고, 청사(靑史)에 빛나는 일이 한 줌의 재가 되는 것을 용납하지 않았다. 부서지는 파도는 성찬이었고, 만리강산은 한 잔의 술이었다."

계속되는 석방 요구와 장쉐량의 완전한 자유

항일전쟁에서 중국은 승리했다. 그러나 장제스를 압박해 거국적 항일운동을 가능케 했던 장쉐량은 여전히 연금생활을 하고 있었다. 각 당파와 동북문화협회·동북정치건설협회 등이 그의 자유 회복을 위해 동분서주했다. 장제스는 "장쉐량을 감금한 것은 그를 아끼기 때문"이라며 일언지하에 거절했다. 최근 공개된 일기에도 "내 후계자는 장쉐량이었다"는 대목이 여러 차례 나오는 것을 보면 전혀 엉뚱한 말도 아니다. 마오쩌둥과 장제스의 충칭 담판 합의사항이었던 정치협상 회의에서도 민주동맹 대표들과 중공 대표인 저우언라이와 둥비우 등이 장쉐량의 석방을 요구했고 미국 대통령 특사 자격으로 중국을 방문한 조지 마셜 원수도 같은 요구를 했지만 역시 거절당했다.

1946년 12월 2일, 군사위원회 조사통계국(군통)은 장쉐량을 타이완으로 이송했다. 국·공내전이 발발할 경우 연금 장소가 마땅치 않았기 때문이다. 장쉐량은 난징으로 간다는 말에 뜬눈으로 밤을 새웠다. 비행기에서 한잠 자다 깨어 보니 타이완이었다. 신주현(新竹縣) 징상 온천에 있는 식민지 시대의 일본 경찰 초대소가 연금 장소였다. 장쉐량은 11년간 이곳에 감금당했다. 보급품이 중단되는 바람에 고구마만 먹다 보니 영양실조로 실명 위기에 처하기도 했다. 직접 닭을 키우고 계란을 생산했다.

1947년 10월, 장제스의 비서실장 격인 장즈중(張治中)이 휴가를 보내기 위해 타이완을 방문했다. 타이완 경비사령관에게 "뒷일은 내가 책임진다. 장쉐량이 있는 곳으로 안내하라"고 했다. 그는 후난성 주석 시절에도 연금 중이던 장쉐량을 찾아가 위로한 적이 있었다. 두 사람은 네 시간을 만났다. 장쉐량은 평민의 자유를 열망했다. 동행했던 장즈중의 딸은 "돌아오는 길에 아버지는 계속 울었다. 이런 모습을 처음 봤다"는 기록을 남겼다.

장즈중이 장쉐량의 소망을 보고하자 장제스는 한숨을 내쉬며 불쾌해했다. 쑹메이링은 "우리 부부는 장쉐량에게 항상 미안해하고 있다. 그러나 그를 위해 할 수 있는 것과 없는 것이 있다. 슬프다"고 했다.

1948년 장제스는 총통직에서 하야했다. 부총통 리쭝런(李宗仁)이 대리총통에 취임했다. 첫 번째 조치로 장쉐량의 석방을 명령했다. 타이완에 특사를 보내 절차를 밟으라 했다. 군통은 거부했다. 특사는 장쉐량이 있는 곳도 파악하지 못하고 돌아갔다. 이듬해 타이완으로 철수한 장제스는 장쉐량을 감시하는 특무요원들에게 황금 300냥을 하사했다.

1950년대부터 국방부 총정치부가 장쉐량을 관리했다. 총정치부 주임은 장징궈였다. 대우가 개선되기 시작했다. 미국 아이스쇼 공연단이 타이완을 방문했을 때 그 바쁜 장징궈가 연일 낯선 사람과 나란히 앉아 관람해 화제가 됐다.

쑹메이링이 장쉐량에게 『성경』을 권했다. 영문 『성경』에 관심을 갖자 영어 가정교사가 필요했다. 쑹은 장제스를 졸라 주미 대사를 귀국시켰다. 장쉐량은 가명으로 기독교에 관한 책도 영문으로 한

권 저술했다.

1961년 가을, 타이완 정부는 장쉐량이 자유를 회복했다고 발표했다. 타이베이 교외에 집을 한 채 짓고 자동차도 구입했다. 청년 시절 비행기 조종과 자동차 운전은 그의 취미였다. 시먼팅(西門町)에 나가 영화도 보고 단골 만두집도 생겼다. 거리에 앉아 미술전을 열고, 직접 키운 꽃 전시회도 열었다. 행인들은 그가 누구인지 몰랐다. 그러나 감시는 여전했고 미국에서 온 사위도 허락 없이는 만나지 못했다.

완전한 자유는 1988년 장징궈가 사망한 후에 가능했다. 반세기 동안 본인도 힘들었지만 많은 사람을 더 힘들게 한 연금생활이었다. 1991년 봄 타이완을 떠났고, 2001년 하와이에서 101세로 세상을 떠났다. 말이 많고, 빨리 하고, 뭐든지 기분 내키는 대로 하는 습관은 평생 고치지 못했다.

장쉐량에게 저우언라이의 밀서 전달한 주메이윈

장쉐량을 데리고 타이완으로 철수한 장제스는 마지막 숨을 몰아쉬는 순간까지 장쉐량에게 자유를 허락하지 않았다.

대륙의 저우언라이는 죽는 날까지 신중국의 총리직을 유지했다. 장쉐량을 '영원히 변할 수 없는 공신'(千古功臣)으로 치켜세우는 것을 잊지 않았다.

1961년 12월 12일 밤, 시안사변 25주년 기념식이 인민대회당에서 열렸다. 장쉐량을 회상하는 저우언라이의 한 마디 한 마디가 듣는 이들의 폐부를 찔렀다. 장쉐량의 부하였던 동북군 출신 장군들과 당 간부들은 너나 할 것 없이 훌쩍거렸다. 저우는 "이 눈물은 중국공산

베이징의 자택에서 딸들과 함께한 주치첸(朱啓鈐·앞줄 가운데)과 두 명의 부인. 1930년 장쉐량은 주치첸에게 베이징시장을 권한 적이 있었다. 하지만 그는 "나는 망한 정권의 총리, 시장 자격이 없다"며 고사했다. 1964년 2월, 베이징에서 세상을 떠날 때까지 고건축과 전통공예 연구로 일가를 이루었다. 뒷줄 오른쪽 첫째가 저우언라이의 밀서를 장쉐량에게 전달한 주메이윈(朱湄筠).

당이 흘리는 눈물"이라며 연신 손수건으로 눈을 훔치고 코를 풀어댔다. 귀가 후에도 좀처럼 잠자리에 들려 하지 않았다. 넋 나간 사람처럼 창밖을 보며 한숨만 쉬어댔다.

저우언라이는 장쉐량에게 친필 편지를 보낼 결심을 했다. 관련 부서는 편지를 전달할 밀사를 물색했다. 홍콩에 거주하는 주메이윈이 적임자였지만 접촉이 불가능했다. 저우는 북양정부의 국무총리를 역임한 고건축 연구가 주치첸의 집을 방문했다. 주는 슬하에 5남 9녀가 있었다. 딸 둘이 장쉐량의 비서와 결혼했고 셋째 딸은 장쉐량의 제수였다. 주치첸은 즉석에서 다섯째 딸에게 보내는 편지를 작성했다.

저우언라이도 편지를 완성했다.

"부디 몸을 소중히 해라. 서두르지 말고 마음을 닦아라. 무슨 일이 있어도 우리는 다시 만날 수 있다."

수신인과 발신인은 적지 않았다. 장쉐량의 동생들에게도 편지를 준비시켰다.

주메이윈은 30년 전 장쉐량의 바람기 덕에 억울한 일을 겪은 적이 있었다. 일본군의 선양 점령 한 달 후 광시대학 총장 마쥔우(馬君武)가 장쉐량을 조롱하는 시를 발표했다.

"자오씨 집안 넷째 딸과 풍류를 즐기고, 주씨의 다섯째 딸과는 미친 듯이 춤을 췄다. 훨훨 나는 나비(胡蝶)처럼 거리낌이 없었다. 사교계는 영웅들의 무덤. 남의 나라 군대가 성곽을 깨는 줄도 몰랐다. 야반에 급보를 받았지만 음악소리 작다며 투정만 해댔다……."

전 중국이 발칵 뒤집혔다. 장쉐량의 부인이나 다름없었던 자오씨 집안 딸은 억울해할 일이 없었지만 주씨의 다섯째 딸 메이윈과 영화배우 후뎨(胡蝶)는 분통이 터졌다.

주메이원은 장쉐량이 단것을 좋아한다는 것을 알고 있었다. 고급 캔디를 구입해 편지를 상자 바닥에 숨겼다. 타이완에 건너가 6개월간 머무르며 기회를 살폈다.

1962년 10월 10일, 연금 중이던 장쉐량은 쑹메이링의 총무비서가 전해주는 캔디 한 상자를 쌍십절 선물로 받았다. 이튿날 아침 장의 몰골은 온밤을 꼬박 새운 사람의 모습이었다.

다시 30년이 흘렀다. 1991년 가을, 캐나다에 살던 주메이원은 자유의 몸이 된 장쉐량이 하와이에 거주한다는 보도를 접하자 자녀들 가운데 한 명을 데리고 달려갔다. 거동이 불편한 장쉐량 앞에 무릎을 꿇고 대성통곡을 했다. 생존해 있다면 98세, 생사 여부는 알 수 없다.

매국노로 전락한 혁명영웅, 그를 사랑한 여자

"전쟁을 일으키는 것은 쉬워도 국민들에게
평화를 안겨주는 것은 아무나 하는 게 아니다."

민국 최고의 미남 왕징웨이

 한때 장제스와 어깨를 나란히 했던 왕징웨이는 청년시절부터 가는 곳마다 미남(美男) 소리를 달고 다녔다. 그것도 그냥 미남이 아닌 민국(民國) 최고의 미남이었다. 청년원수 장쉐량, 경극배우 메이란팡, 공산당원 저우언라이도 왕징웨이와 함께 민국 4대 미남 가운데 한 사람이라는 소리들을 들었지만 세 사람 모두 왕징웨이에게는 미치지 못했다.

 1918년 가을, 서정시인 쉬즈모는 후스와 함께 항저우 근처에서 10여 일을 보냈다. 후스가 부인 몰래 옛날 애인을 만나기 위해 꾸민 여행이었다. 별 생각 없이 따라나섰던 쉬즈모는 며칠 지나서야 소문난 공처가인 후스에게 감쪽같이 이용당했다는 것을 알았다. 그러나 헛걸음은 아니었다. 친구의 소개로 왕징웨이를 만났기 때문이다.

 소년 시절 왕징웨이의 옥중시를 좋아하던 쉬즈모는 감격했다. 10월 1일 일기에 "그는 정말 미남자였다. 사랑스러웠다"고 적었다. 후스도 "왕징웨이가 만일 여자였다면 목숨이라도 걸었을 텐데, 남자인 게 아쉽지만 그래도 사랑스럽다"고 했다. 쉬즈모의 찬양은 그래도 뭔가 부족했던지 추가로 적었다.

"왕징웨이는 눈이 살아 있었다. 검다 못해 푸른빛이 감돌고 두 눈에 협기가 있었다. 우리가 시를 노래하자 그도 시를 지었다. 주량도 대단했다."

당시 왕징웨이의 공식 직함은 광저우에 있는 쑨원의 대원수부 비서장, 자타가 인정하는 쑨원의 후계자였다.

이날 이들의 만남은 즐거웠지만 헤어져 돌아가는 길은 한결같이 발걸음이 무거웠다. 참석자 중 한 사람이 "세월이 갈수록 왕징웨이는 망가질 것 같은 예감이 든다"고 했기 때문이다. 이날의 불길한 예감은 20년 후에 적중했다.

왕징웨이의 글과 용모에 반한 천비쥔

말레이시아 페낭에 혁명가 쑨원을 지지하는 한 화교 거상이 있었다. 다들 이름보다는 천대인(陳大人)이라고 불렀다. 쑨원은 성금을 보내준 지지자들에게 자신이 일본에서 발행하던 동맹회 기관지 『민보』(民報)를 보내주곤 했다. 천대인에게도 그렇게 했다.

천대인의 어린 딸 비쥔(壁君)은 『민보』를 읽으며 모국어를 깨우쳤다. 왕징웨이의 글을 유난히 좋아해서 그의 글이 실리면 아이스크림을 먹으며 한 자도 빼놓지 않고 읽었다. 왕징웨이의 글이 실리지 않았을 때는 보지도 않고 쓰레기통에 던져버렸다. 아버지가 페낭에 동맹회 지부가 설립됐다고 즐거워하자 그날로 달려갔다. 가입하고 보니 회원들 중 가장 어렸다.

17세 때 왕징웨이가 쑨원을 수행해 페낭에 왔다. 아버지를 따라가

왕징웨이는 천비쥔과 같이 다니는 것을 싫어했지만
의심이 많은 천비쥔은 왕징웨이가 가는 곳이라면 어디든 따라다녔다.
난징 괴뢰정부 주석 시절의 왕징웨이(둘째 줄 왼쪽 둘째)와
천비쥔(둘째 줄 왼쪽 첫째).

만나 보니 25세의 청년이었다. "적당한 체구에 칠흑 같은 눈썹과 두 눈은 신화 속에나 나오는 사람 같았다. 흰 양복과 분홍빛 넥타이도 비범한 용모에 잘 어울렸다. 글도 글이지만 사람은 더 멋있었다"고 일기에 적었다.

천비쥔은 왕징웨이에게 사귀자는 편지를 보냈다. 완곡하게 거절하는 답장을 받자 다른 여자 친구가 있는 줄 알고 밤잠을 설쳤다. 도학선생(道學先生)이라는 별명이 붙을 정도로 술·도박·여자를 멀리한다는 것을 알고 나서야 진정이 됐다. 혁명이 성공하기 전까지는 결혼하지 않겠다고 공언했다는 말도 들었다. 혁명인지 뭔지가 빨리 성공하기를 바랐지만 저절로 된다면 모를까 일을 제대로 할 사람들 같지가 않아 좀 불안했다.

왕징웨이가 일본으로 돌아가자 천비쥔은 부모가 정해준 약혼자에게 적당히 몇 자 적어 보내고 일본 유학을 떠났다. 천비쥔은 편집 일을 하겠다며 민보사를 찾아갔다. 거창한 곳일 줄 알았더니 규모가 페낭에 있는 명함가게만도 못했다.

집에서 보내주는 돈으로 민보의 살림까지 꾸려 나가던 천비쥔은 왕징웨이가 암살단을 조직하자 참가를 자청했다. 암살 대상이 황제 푸이의 생부 섭정왕(攝政王) 짜이펑(載灃)이라고 들었지만 그런 건 중요하지 않았다. 왕징웨이와 같이 행동만 할 수 있다면 불구덩이라도 상관없었다.

천비쥔은 유도학원을 열심히 다니고 검술과 창 쓰는 법을 배웠다. 폭약 제조법도 익혔다. 베이징까지 폭탄을 직접 운반했다. 여자라서 의심받지 않았다.

암살단들은 섭정왕이 매일 아침 지나가는 다리 밑에 폭탄을 설치하다 개가 하도 짖는 바람에 천비쥔만 빼고 일망타진됐다. 왕징웨이는 종신형을 선고받았다.

성격 고약한 천비쥔에게 장제스도 쩔쩔매고

천비쥔은 왕징웨이를 감옥에서 빼내기 위해 베이징·페낭·일본을 제집 드나들 듯했다. 간수들을 매수해서 먹을 것과 입을 것을 부지런히 들여보냈다. 왕징웨이는 특히 계란을 좋아했다.

왕징웨이는 껍질에 작은 글씨로 '비'(璧)라고 쓰인 삶은 계란을 먹을 때마다 감방 창문을 바라보곤 했다. "하늘이 손바닥만 했다. 비쥔과 함께 푸른 하늘을 보고 싶었다"고 훗날 회상했다.

1911년 10월 1일, 혁명이 일어나자 영웅 대접을 받으며 출옥한 왕징웨이는 이듬해 봄 천비쥔과 결혼했다. 거절했다가는 무슨 난리가 날지 몰랐다. 신랑은 스물여덟, 신부는 스무 살이었다.

천비쥔은 중국 최고의 미남에 쑨원의 후계자이며 대논객인 왕징웨이의 부인 노릇 하기가 수월치 않았다. 단속과 관리와 간섭을 엄하게 하다 보니 자신도 모르던 성격이 조금씩 드러나기 시작했다. 왕징웨이가 몰래 만나는 여자를 자살할 때까지 따라다니며 망신을 주자 왕징웨이도 놀라고 쑨원도 놀라고 다들 기겁했다.

장제스도 천비쥔이라면 쩔쩔맸다. 왕징웨이가 황푸군관학교 당서기 시절 교장 장제스와 다퉜다는 말을 듣자 장제스의 집무실에 달려가 집기들을 내동댕이치고도 분이 풀리지 않았다. 이후로 장제스는 가급적이면 왕징웨이를 피했다. 두 사람은 비록 정적이었지만 적

난징을 방문한 독일 나치 사절단과 건배하는 왕징웨이.

당히 긴장을 유지하던 사이였다. 왕징웨이가 장제스와 결별해 일본의 괴뢰로 전락하기까지에는 천의 성격도 단단히 한몫을 했다.

항일에 반대하며 일본과 비밀협상한 왕징웨이

1937년 1월, 장제스가 항일전쟁을 선포하자 중국군은 일본군과 전면전에 돌입했다. 왕징웨이는 공개석상에서 "이 전쟁은 패할 수밖에 없다. 화평교섭에 실패하면 중국은 대란이 온다"며 항전 분위기에 찬물을 끼얹고 다녔다.

왕징웨이는 일본군이 수도 난징을 점령한 후 무고한 양민 30여 만 명을 학살했을 때도 "만약 일본이 제시한 화의(和議) 조건이 중국의 생존에 지장이 없다면 접수해야 한다"고 했다. 전 국민의 항일 열기가 날이 갈수록 높아지고 있을 때였다. 시인묵객이 술 한 잔 마신 김에 내뱉는 말이라면 몰라도 왕징웨이는 국방최고회의 주석에 국민당 부총재였다. 일국의 지도자급 인물이라면 똑같은 말이라도 해야 할 때를 가려야 하는 법이지만 왕징웨이는 그게 아니었다.

일본은 군사와 정치를 병행해 중국을 침략했다. 점령지구마다 친일 정객들 중에서 일본의 대리인이 될 만한 사람을 선정해 괴뢰정부를 수립했다. 베이징을 점령한 후 중국은행 총재와 재정부장을 역임한 왕커민(王克敏)을 내세워 '중화민국 임시정부'를 수립했고, 난징에는 몰락한 정객 량훙즈(梁鴻志)를 수반으로 하는 '중화민국 유신정부'를 수립했다. 상하이에도 시 정부를 출범시켜 건달 출신 목욕탕 주인을 시장으로 임명했다. 다들 굽실거리며 말들은 잘 들었지만 정치적인 영향력이 형편없었다.

일본 측은 어디 내놓아도 손색이 없을 인물을 물색했다. 국민당 부총재, 중앙정치위원회 주석, 국민참정회 의장, 국방최고회의 부주석을 겸직한 신해혁명의 영웅 왕징웨이 정도는 돼야 전민항전(全民抗戰)을 선포한 장제스에게 맞설 수 있었다. 마오쩌둥에게는 아예 관심도 두지 않았다.

왕징웨이는 일본과 비밀리에 협상을 진행해 만족할 만한 보장을 받았다. 1938년 12월 18일, 왕징웨이는 교통부 차장 쩡중밍(曾仲鳴), 선전부장 저우푸하이(周佛海) 등 최측근들과 함께 전시수도 충칭을 떠났다. 쿤밍(昆明)을 거쳐 월남의 하노이에 도착하자 하노이에 집결해 있던 한간들이 그의 주변으로 몰려들었다.

왕징웨이는 충칭의 중앙당과 장제스에게 보내는 전보 형식의 성명서를 발표했다. "일본은 중국의 영토를 요구한 적이 없다. 군비의 배상도 요구하지 않았다. 일본과 전쟁을 계속하면 중국은 필히 망한다"면서 일본과의 선린우호, 경제제휴, 공동방공을 선언했다.

극비리에 일본을 방문한 왕징웨이는 난징에 새로운 국민정부를 수립하기로 합의했다. 완전한 투항이었다. 일본 정부는 "항일을 주장하는 국민정부를 철저히 격멸하고, 새로 탄생하는 정권과 제휴해 동아시아의 신질서를 건설하겠다"는 성명을 발표했다.

왕징웨이를 제거하려는 국민당의 암살 시도

국민당 군사위원회 조사통계국은 왕징웨이를 제거하기 위해 하노이에 특수 공작원들을 파견했다. 일곱 차례 계속된 암살의 막이 올랐다. 장제스의 성격을 누구보다 잘 아는 왕징웨이는 컬럼비아가

일본에 투항하기 4년 전인 1935년 1월, 배를 타고
어딘가로 가고 있는 행정원장 왕징웨이(왼쪽 첫째)와
국민당 중앙위원 쩡중밍(왼쪽 둘째).
당시 외교부장을 아무도 하려 하지 않아 왕징웨이는
외교부장을 겸하고 있었다.

의 3층짜리 고급 빌라에 은신하며 측근들 외에는 접촉을 피했다. 왕징웨이의 거처를 확인한 암살단은 미인계보다 돈도 덜 들고 성공 확률이 훨씬 높은 미남계(美男計)를 썼다. 빌라에 근무하는 월남 여인이 덜컥 걸려들었다. 왕징웨이의 생활습관과 거처의 내부구조를 알아내는 일은 식은 죽 먹기였다.

왕징웨이는 아침을 신선한 빵으로 해결했다. 매일 아침 프랑스인이 운영하는 빵집에 배달을 시켰다. 공작조는 배달부를 매수해 빵에 독극물을 주입했지만 그날따라 일찍 일어난 왕징웨이는 빵을 기다리지 않고 과일로 아침을 때웠다. 첫 번째 암살 계획이 실패하자 월남 여인은 안절부절못했다. 무슨 정보라도 들고 가야 잘생긴 중국 청년을 만날 수 있었다. 하늘이 도왔는지 욕실 수도관에서 물이 샜다.

왕징웨이는 남방 출신이라 더위를 잘 견디고 목욕을 싫어했지만 월남의 더위 앞에서는 도리가 없었다. 하노이에 온 다음부터 하루에 한 번씩은 꼭 목욕을 했다. 공작조는 빌라에 수도관을 수리하러 가는 사람을 납치했다. 욕실에 진입한 공작원은 캔으로 된 독가스의 마개를 따서 욕조 밑에 설치했다. 완벽한 작전이었지만 경호원이 욕실에 먼저 들어가는 바람에 두 번째도 성공하지 못했다.

1939년 3월 20일, 왕징웨이는 경호원과 수행원들을 데리고 하노이 교외로 유람을 떠났다. 공작조는 중간 지점에 매복했다. 그날따라 월남 경찰들의 경호가 삼엄했다.

실패를 거듭하자 충칭 측의 성화가 불같았다. 직접 빌라를 공격하기로 했다. 3월 21일 새벽, 수류탄·경기관총·도끼로 무장한 공작조가 빌라의 담을 넘었다. 경비견이 요란하게 짖어대는 동시에 월남 여인은 전기를 차단했다. 공작조는 경비견과 경호원들을 몰살시키고 2층 4호실 문짝을 도끼로 부쉈다. 침상 밑에 사람의 모습이 어른거렸다. 엎드려서 뭔가 끄적거리고 있었다. 잠옷 차림의 여인은 창문에서 뛰어내릴 태세였다. 총성이 난무하고 도끼가 허공을 갈랐다.

중국 영사관으로 철수한 공작조는 충칭에 성공을 보고했다. 다음 날 신문을 받아본 공작조는 깜짝 놀랐다. 죽은 사람은 쩡중밍 부부였다. 왕징웨이와 천비쥔은 멀쩡했다.

쩡중밍은 왕징웨이의 심복 중의 심복이었다. 프랑스 유학 시절 파리에서 왕징웨이를 안 뒤부터 비서로 자처했다. 왕징웨이가 충칭을 무사히 빠져나올 수 있던 것도 쩡중밍이 교통부 차장이었기 때문에 모든 것이 가능했다. 하노이에 도착한 이후 왕징웨이의 신변을 염려한 쩡중밍은 밤마다 왕징웨이와 침실을 바꿨다. 모든 자금을 관리하던 쩡중밍은 마지막 숨이 넘어가는 순간까지 수표에 서명을 했다.

난징 국민정부의 퍼스트레이디다운 천비쥔의 기개

1940년 3월, 난징에 도착한 왕징웨이는 중국현대사에서 정통성을 인정받지 못하는 '난징 국민정부'의 주석 겸 행정원장에 취임했다. 외부의 짐략에 맞서는 것을 두려워하고 중국인의 저력을 과소평가한 결과였다. 역사상 제1의 매국노로 전락한 젊은 날의 혁명영웅은 이후에도 세 차례나 암살의 위기를 모면했다.

왕징웨이가 난징정부 주석 시절 천비쥔은 주로 광둥에 있었다. 하루는 왕징웨이가 배우들과 함께 찍은 사진이 신문에 실렸다. 한 여배우의 눈초리가 심상치 않자 비행기를 타고 날아가 왕징웨이의 책상

1942년 12월 23일, 일본 수상 도조 히데키(앞줄 가운데) 초청 만찬에 참석한 왕징웨이(앞줄 왼쪽) 일행.

위에 있던 서류들을 바닥에 집어 던지고 영화배우들과 자리를 주선한 외교부장의 뺨을 후려갈겼다. 천비쥔은 동생과 친조카들을 비서로 들어앉히며 사소한 일도 보고하라고 단단히 일렀다. 참다못한 왕징웨이가 이혼하자는 말을 한 다음부터 여자 문제는 모른 체했다. 대신 재물을 탐하고 관리 임용을 멋대로 했다. 툭하면 군관학교를 방문해 장시간 훈화를 했다.

왕징웨이는 1944년 가을 암살 후유증으로 일본 나고야에서 세상을 떠났다. 일본 패망 후 체포된 천비쥔은 쑤저우에서 열린 한간재판에서 종신형을 선고받았다. 법정에서 "일본과 쓸데없는 전쟁을 벌이는 바람에 수많은 중국인들이 목숨을 잃었다. 전쟁을 일으키는 것은 쉬워도 국민들에게 평화를 안겨주는 것은 아무나 하는 게 아니다"라며 장제스를 매도했다. 실제로 왕징웨이는 육군과 해군을 창설했지만 국민당군과는 한 번도 전투를 벌인 적이 없었다.

1949년 말, 대륙을 장악한 중공은 국민당 정권 시절 한간들에게 내려진 판결을 그대로 인정했다. 쑨원의 부인 쑹칭링은 혁명원로 랴오중카이의 미망인 허샹닝, 저우언라이의 부인 덩잉차오와 함께 마오쩌둥을 찾아가 천비쥔의 사면을 요청했다.

마오쩌둥도 "천비쥔이 잘못을 뉘우친다는 간단한 성명서만 발표하면 문제될 게 없다"며 동의했지만 천비쥔은 "왕징웨이가 난징에 국민정부를 세웠기 때문에 일본군의 중국인 학살을 막을 수 있었다"며 제안을 거부하고 1959년 6월 감옥에서 세상을 떠났다.

아직은 "중국 역사상 최대의 한간"이 왕징웨이라는 것에 이의를 제기하는 중국인이 없지만 역사적인 평가는 가끔 변덕을 부릴 때가 있다. 앞으로 무슨 변덕을 부릴지 모른다. 그러나 '민국 최고의 미남'이라는 말이 왕징웨이의 이름 앞에서 사라질 가능성은 전혀 없다고 봐도 된다.

비록 사각지대에 있었지만 천비쥔도 한때는 쑹메이링·장칭·왕광메이처럼 중국의 퍼스트레이디 가운데 한 사람이었다. 영화나 소설의 주인공으로 부활할 날이 머지않았다.

연애도 혁명처럼 1 : 뤄이눙의 네 연인

"뤄이눙의 투쟁은 한 편의 예술이었다.
그는 사상이나 종교보다 인간을 믿는 사람이었다."

연애사에 이름을 올린 남녀들

중국의 근·현대를 상징하는 수많은 어휘들 중에 '혁명'(革命)을 능가할 만한 것은 없다. 흔히들 그렇게 말한다. 중국혁명가들의 일기·회고록·서간집들을 읽다 보면 좌(左)니 우(右)니 하며 치고받는 일들이 얼마나 부질없는 짓인가를 느낄 때가 간혹 있다. 혁명사와 연애사(戀愛史)를 함께 보고 있다는 생각이 들기 때문이다.

혁명의 아버지 쑨원을 필두로 장제스와 장징궈 부자, 마오쩌둥, 류사오치, 덩샤오핑 등 국가원수급들은 물론이고 천두슈, 차이허썬(蔡和森), 취추바이(瞿秋白), 리리싼, 뤄이눙(羅亦農), 펑수즈(彭述之) 등 중공의 초창기 지도자와 불세출의 명장 린뱌오도 비운의 혁명가들답게 연애사에서 큰 족적을 남겼다.

여성들 중에는 마오쩌둥의 마지막 부인 장칭, 5·4운동의 주동자 중 한 사람인 황르쿠이(黃日葵)의 애인이었다가 모스크바에서 중국 유학생 영수 뤄이눙과 동거했고, 귀국 후 사회주의 이론가 펑수즈의 마지막 부인이 된 천비란(陳碧蘭), 후일 중공 북방국 서기를 지낸 애인 허창(賀昌)이 모스크바에 간 사이 뤄이눙과 살림을 차린 주유룬

(諸有倫), 차이허썬의 부인이었다가 사회주의 이론가 펑수즈와 결혼한 중공 최초의 여성중앙위원 샹징위(向警予), 마오의 처남 양카이즈(楊開智)의 첫 번째 부인이며 리리싼과 차이허썬의 부인이기도 했던 리이춘(李一純) 등이 중국 혁명사와 연애사의 한 부분을 화려하게 장식했다.

우리에겐 생소할지 몰라도 중국 어딘가에 기념관과 동상이 서 있을, 중국인들의 영원한 회상이 되고도 남을 여성 혁명가들이었다.

후일 난징시장을 지낸 류지원의 약혼자였던 쑹메이링은 남편 장제스 덕분에, 우한시 선전부장을 지낸 리저스(李哲時)는 뤄이눙의 마지막 여자였던 까닭에 연애사에도 간신히 이름을 올렸다.

이들은 끼리끼리 몰려다니다 보니 노출되기가 쉬웠다. 또 저마다 이런저런 기록을 남겼다. 도표를 만들어가면서 봐도 상식을 접어두지 않으면 이해가 불가능할 정도로 인간관계를 복잡하게 만들어버렸다. 사회주의청년단 초대 서기였던 스춘퉁(施存統)이 "그간 우리의 연애와 가정이 많이 파괴됐다. 여성들에게 하고 싶은 말이 있다. 현재의 애인과 완전히 헤어진 후에 다른 사람을 사귀기 바란다"고 할 정도였다.

활동공간도 단순했다. 한동안이지만 후난성 창사의 명문 저우난(周南)여고, 모스크바에 있던 동방노동자 공산주의대학(동방대학)과 중산대학, 귀국 후에는 상하이대학이나 교도소가 주 무대였다. 특히 국·공합작 이후에 설립된 중산대학은 젊은 중국 남녀들의 온상이었다.

코민테른이 모스크바에 세운 동방노동자 공산주의대학 중국반에

1924년 가을부터 프랑스와 중국의 대도시에서
여학생들이 모스크바로 오기 시작했다.
소련인 여교사와 모스크바 중산대학의 중국인 여학생들.
1926년 여름 모스크바.

는 여학생이 없었다. 프랑스에서 중국 소년공산당 창당에 관여한 후 소련으로 건너온 정차오린(鄭超麟)은 회고록을 남겼다.

"동방민족반과 조선반에는 여학생들이 많았다. 그중 조선반 여학생들이 가장 인기가 있었다. 우리는 본국에서 여학생들이 오기를 갈망했다. 오죽했으면 중화인민공화국 수립 당시 중공 5대 서기 중 한 사람으로 선출된 런비스의 별명을 여학생이라고 붙였을까."

천비란에게 혈서 보낸 뤄이눙, 샹징위를 못 잊은 펑수즈

언제부터라고 집어 말할 수 없지만 중국인들은 먹는 것과 남녀관계를 가장 중요시해왔다. 특히 남녀 문제로 인해 친구와 형제, 심한 경우 부자간에도 피를 뿌린 일이 수천 년간 비일비재했다.

1924년 중국인 여학생 3명이 동방대학에 입학했다. 두 명은 프랑스에서 건너온 근공검학(勤工儉學) 출신, 다른 한 명은 후베이성 학생운동의 영수였던 천비란이었다. 천비란은 그중 나이가 가장 어렸다. 언변이 뛰어나고 생긴 것도 제일 예뻤다.

천비란은 5·4운동 지도자이며 광시성 최초의 중공당원이었던 황르쿠이의 애인이었다. 중국을 떠날 때 절교했다는 것이 알려지자 남학생들 사이에 치열한 경쟁이 벌어졌다. 뤄이눙이 끼어들자 다들 잠잠해졌다.

뤄이눙은 중공의 모스크바 지부 최고지도자였다. 펑수즈도 있었지만 뤄이눙이 제1바이올린이라면 펑수즈는 제2바이올린 격이었다.

천비란은 뤄이눙과 동거에 들어갔다. "나이도 어린 게 사람보다 지위에 혹했다"며 손가락질을 받았지만 눈 하나 깜짝하지 않았다.

귀국일이 다가오자 천비란은 뤄이눙에게 싫증이 나기 시작했다. 중국으로 돌아온 뤄이눙은 중앙당교의 전신인 베이징 당교 설립을 위해 한동안 천비란과 떨어져 있었다. 천비란은 허난성 정저우에서 지하공작을 펼치며 뤄이눙을 요리조리 피했다. 뤄이눙이 혈서를 써서 보내자 마지못해 반응을 보였다.

1925년 가을, 중공 허난성 서기처는 당무보고를 위해 천비란을 중앙당이 있는 상하이로 파견했다. 젊고 똑똑한 여당원이 허난에서 왔다는 소문이 순식간에 퍼졌다. 국·공합작 시절이라 국민당 쪽에서도 할 일 없이 찾아와 기웃거리다 가곤 했다.

얼마 후 중공 중앙당은 천비란을 당 중앙선전부로 배속시켰다. 뤄이눙은 상하이로 떠나는 천비란의 손에 편지를 한 통 쥐여줬다. 펑수즈에게 보내는, "천비란을 잘 부탁한다"는 소개장이었다.

모스크바 시절의 펑수즈가 아니었다. 뤄이눙보다 한발 앞서 귀국한 펑수즈는 당서기 천두슈를 대신해 당무를 총괄하고 있었다.

펑수즈는 연애사건에 휘말려 한바탕 열병을 앓고 있었다. 상대가 프랑스 근공검학생 시절 멍다얼파(夢達爾派)의 영수였던 차이허썬의 부인 샹징위이다 보니 파문이 컸다. 샹징위가 먼저 펑수즈를 유혹했다는 소문이 아직도 지배적이다.

당 중앙위원회의에서 차이허썬이 책상을 집어 던지며 난리를 부리자 중앙당은 샹징위를 모스크바 동방대학으로 유학보내는 선에서 끝내버렸다. 모스크바만 가면 연인관계가 끝나버리던 묘한 시절이었다.

샹징위를 못 잊어 하던 펑수즈는 허구한 날 술만 마셔댔다. 후일의

모스크바 동방대학 시절의 뤄이눙(왼쪽 둘째),
공청의 설립자 런비스(왼쪽 첫째),
'꼬마 마르크스' 류런징(劉仁靜·오른쪽 둘째),
후일 마오쩌둥과 한바탕 당권경쟁을 벌인
장궈타오(오른쪽 셋째)와 함께 사진을 한 장 남겼다.

공산당 서기 취추바이가 "이왕 마시려면 브랜디를 마셔라. 머리가 덜 아프다"고 충고할 정도였다.

중공 창당 발기인의 한 사람이었던 장궈타오(張國燾)도 틈만 나면 펑수즈를 데리고 공원을 산책했다. 류칭양(劉淸揚)과의 고달팠던 연애담을 들려주며 펑수즈를 위로했다. 류칭양은 프랑스에서 저우언라이와 주더를 공산당에 입당시킨 장선푸(張申府)의 부인이었다.

펑수즈는 그 와중에서도 뤄이눙의 부탁을 그냥 넘기지 않았다. 선전부에 찾아가 천비란을 잘 도와줬다. "천비란을 만나면 공허함을 달랠 수 있다"는 일기를 남기기에 이르렀다.

펑수즈에게 애인 빼앗긴 뤄이눙, 허창의 여자 가로채

모스크바 동방대학은 입학시험이 없었다. 합격자 선정을 뤄이눙과 펑수즈에게 일임했다. 중국과 프랑스에서 건너온 청년들은 두 사람 앞에서 시험과 심사를 치렀다. 류사오치, 자오스옌(趙世炎) 할 것 없이 모두 이 과정을 거쳤다.

파리 유학 시절 소년공산당 창당에 참여했던 정차오린에 의하면 뤄이눙과 펑수즈는 상극이었다고 한다.

"뤄이눙은 지식인을 경시하고 지식 자체를 무시하는 사람 같았다. 단단히 준비하고 간 수험생들에게 유물사관이나 세계혁명사 따위를 한 마디도 물어보지 않았다. 싱글벙글하며 앉아 있다가 갑자기 웃음을 거두고 몇 마디 하는 게 고작이었다. 펑수즈는 지식인의 무산계급화를 역설하며 동서양의 해박한 지식을 과시했다."

지식인이라 자처하던 수험생들은 펑수즈에게 호감을 느꼈지만 시간이 갈수록 뤄이눙에게 복종했다.

"뤄이눙은 지도력이 뛰어났다. 투쟁은 한 편의 예술이었다. 험담할 엄두조차 내지 못했다. 그의 지도와 비판, 심지어는 멸시까지 달게 받아들였다. 그는 사상이나 종교보다 인간을 믿는 사람이었다."

뤄이눙은 펑수즈를 대수롭게 보지 않았다. 공자가 환생했다며 공부자(孔夫子)라고 불렀다. 유물론자로 자처하던 혁명가들에겐 욕이나 매한가지였다.

중국에 돌아오자 사정이 달라졌다. 한발 먼저 귀국한 펑수즈는 당 중앙위원, 뤄이눙은 보통간부에 불과했다.

뤄이눙의 연인이었던 천비란이 펑수즈와 동거에 들어가자 청년당원들이 잔치를 한번 열라고 제의했다. 한바탕 먹고 마시고 돌아온 천비란은 "간장공장 점원 출신이 다음에는 언제쯤 이런 잔치를 열어 우리를 초대할 계획이냐며 나를 조롱했다"고 대성통곡했다. 황푸군관학교 정치부 교관을 거쳐 광둥코뮌을 지휘하게 되는 샤오차오뉘(蕭超女)는 한때 간장공장에서 일한 적이 있었다.

폭동을 준비하던 중앙당이 베이징에 있던 뤄이눙을 상하이로 호출했다. 뤄이눙은 도착하자마자 펑수즈를 찾아갔다. 같은 층에 살던 당원 한 사람이 기록을 남겼다.

"하루는 천비란이 달려왔다. 가쁜 숨을 몰아쉬며 말했다. 방금 뤄이눙이 다녀갔다. 방 안에 나 혼자 있었다. 침대 두 개가 있는 것을 보고 펑수즈에게 애인이 생겼느냐고 물었다. 대답을 안 하자 나를 끌어안으려 했다. 몸을 살짝 피했더니 물끄러미 쳐다보다가 그냥 가버렸다."

1920년 8월, 상하이 사회주의청년단은
위장기구로 외국어 학사(學社)를 설립했다.
뤼이눙(앞줄 왼쪽 첫째)이 서기였다
외국어 학사는 중공 지도자들을 대거 배출했다.

뤄이눙은 대범했다. 행동거지가 샹징위를 모스크바로 떠나보낸 후 펑수즈가 보여줬던 것과는 딴판이었다. 브랜디도 마시지 않고 청승맞게 공원을 산책하지도 않았다.

한번은 새벽같이 중앙당에 보고할 일이 있었다. 당서기 천두슈는 입원 중이었고 취추바이와 장궈타오도 상하이에 없었다. 펑수즈는 천비란과 침대에 나란히 드러누운 채 뤄이눙의 보고를 받고 지시를 내렸다. 천비란은 이불을 머리끝까지 뒤집어쓰고 꼼짝도 안 했다. 뤄이눙은 태연자약했다. 이 일을 계기로 뤄이눙의 위상은 펑수즈를 압도했다.

하루는 친구에게 "어제 강연을 하다 보니 앞에 앉은 여자가 나를 넋 나간 사람처럼 바라봤다"며 좋아했다. 얼마 후 뤄이눙에게 새 애인이 생겼다는 소문이 당원들 사이에 나돌았다.

상대가 주유룬으로 밝혀지자 청년당원들은 "펑수즈와 다를 게 없다"며 뤄이눙을 비난했다. 말수 적기로 유명한 상하이대학 교수 리지(李季)까지 나섰다.

"뤄이눙은 당원들 간의 인간관계를 파괴하는 사람은 조상의 무덤을 파헤치는 무리들과 같다는 말을 자주 했다. 그의 말대로라면 우리는 조상 무덤을 파헤친 사람에게 하는 것처럼 뤄이눙을 저주해야 한다. 그는 우리 당의 체면을 파괴했다."

주유룬은 저우언라이, 허룽(賀龍) 등과 함께 홍군을 창설한 허창의 애인이었다. 당시 허창은 모스크바에서 열리는 국제회의에 참석 중이었다.

뤄이눙, 아내와 처제를 모스크바로 보내고

애인 허창이 모스크바에 가 있는 동안 주유룬은 뤄이눙과 가정을 꾸렸다.

뤄이눙은 장모, 처제와 한집에 살았다. 장모는 아줌마 티가 전혀 나지 않는, 전형적인 쓰촨 미인이었다. 나이도 젊고 게다가 홀몸이었다. 처제 주유진(諸有金)은 말할 나위도 없었다. 해만 지면 고위 당원들이 찾아와 무장폭동을 논의하고 뤄이눙의 장모와 마작판을 벌였다. 예쁜 처제가 있다는 소문이 나돌자 청년당원들의 발길도 끊이지 않았다.

모스크바에서 돌아온 허창은 뤄이눙의 잘못을 열거하느라 한동안 분주했다. 중앙당 서기처 비서를 역임한 지하공작자 황무란(黃慕蘭: 2011년 105세 생일을 마치고 사망)의 세 번째 남편이 될 때까지 비난을 멈추지 않았다. 애인을 도둑질당한 것은 뤄이눙의 죄상에 포함시키지 않았기 때문에 체면은 크게 상하지 않았다.

뤄이눙은 장모와 처제가 쓰촨으로 돌아가자 주유룬을 모스크바로 보냈다. "저우언라이 등과 무장폭동을 준비하며 허창과의 껄끄러운 관계를 정리하기 위해 어쩔 수 없었다"는 기록이 있지만 추측에 불과하다.

모스크바는 묘한 도시였다. 한번 갔다 하면 멀쩡하게 돌아오는 여성이 거의 없었다. 연원은 알 수 없지만 중국 여자 유학생들을 '러우바오쯔'(肉包子: 고기만두)라 부르던 고약한 곳이었다. 청년당원들은 뤄이눙을 걱정했지만 감히 입을 열지 못했다.

주유룬이 떠난 후 주유진이 형부를 돌보겠다며 뤄이눙을 찾아왔

허창과 결혼할 무렵의 황무란.
'미녀간첩'이라는 별명을 제일 싫어했다.

다. 뤄이눙은 주유진도 모스크바로 보냈다.

주유룬의 삶은 처참했다. 모스크바에서 공산당원으로 사오리쯔의 아들 사오즈강(邵至剛)과 열애에 빠졌지만 오래가지 못했다. 1928년 여름, 타고 가던 배가 침몰하는 바람에 희미한 사진 한 장조차 남기지 못하고 객지에서 세상을 떠났다. 초기 중공당원들의 회고록에 의하면 동생 주유진도 소련에서 익사했다고 한다.

뤄이눙의 마지막 여인 리저스

뤄이눙은 아주 독한 사람이었다. 자신의 과거를 말하는 법이 없었다. 아무리 친한 친구라도 그의 고향이나 출신성분을 몰랐다. 후난 사투리가 심하다 보니 다들 후난사람이겠거니 했다. 무산계급 출신이 아닌 것을 숨기기 위해서라고 말하는 사람이 있었지만 극소수였다. 실제로 뤄이눙은 농민 집안 출신이었다. 마오쩌둥, 차이허썬과 동향이었다.

뤄이눙의 마지막 여인은 신중국 수립 후 민주동맹 부주석을 지낸 리저스였다. 두 사람은 1927년 8월, 우한에서 처음 만났다. 주유룬이 모스크바에서 딴살림을 차리고, 소련 유학 시절 과일을 싸들고 병문안 왔던 장제스가 무력으로 국·공합작을 파열시킨 직후였다.

뤄이눙은 리펑(李鵬)의 이모 자오스란(趙世蘭)의 뒤를 이어 비서가 된 리저스를 데리고 상하이로 잠복, 정식으로 결혼식을 올렸다. 결혼 4개월 후 뤄이눙은 회의장에 가던 도중 체포됐다. 밀고자는 주더의 네 번째 부인과 그의 정부(情夫)였다. 바로 뒤를 따라가던 덩샤오핑은 간발의 차이로 위기를 모면했다. 보고를 받은 장제스는 한숨을 내쉬었다. 즉각 사살하라는 명령을 내렸다.

처형당한 뤄이눙의 모습이 신문에 크게 실렸다. 리저스는 뤄이눙이 자던 침대를 바라보며 한동안 오열했다고 한다.

얼마 후 덩샤오핑이 오밤중에 당원들의 집을 노크했다.

"내일 아침 신문을 자세히 봐라."

연신 눈물을 훔쳐대고 눈에 핏발이 서 있었다. 이튿날 조간 구석에 "여관에 투숙 중인 남녀가 괴한들의 총격으로 숨졌다"는 기사가 있었다.

연애도 혁명처럼 2: 선동가 리리싼의 좌절

"중국 혁명은 발로 한 번만 걷어차도 성공할 단계에 이르렀다."

리이춘 사로잡은 매력남 리리싼

마오쩌둥의 첫 번째 부인 양카이후이에게 리이춘이라는 올케가 있었다. 오빠 양카이즈는 마오쩌둥·차이허썬·리리싼 등 복잡하고, 개성 강한 사람들과 인연이 얽히고설키는 바람에 붉은(紅色) 연애사에 이름을 올렸다. 발단은 첫 번째 부인 리이춘이었다.

리이춘은 평생 원수가 되고도 남을 남녀관계를 원만하게 해결하는 별난 재주가 있었다. 청년 시절 마오쩌둥은 여학생들에게 인기가 좋았다. 양카이후이의 속을 무던히도 썩였다. 리이춘이 시누이를 위해 발 벗고 나서지 않았다면 마오쩌둥과 양카이후이의 결혼은 불가능했다는 것이 정설이다.

리리싼은 프랑스 유학 시절 차이허썬과 함께 멍다얼파의 영수였다. 1921년 강세 귀국과 동시에 중국공산당에 입당, 후난성 안위안(安源)에서 철도와 광산 파업을 주도하며 명성을 떨쳤다. 이듬해 겨울 베이징에 있던 장궈타오가 보낸 초청장을 받았다. "한 수 배우겠다"는 내용이었다.

리리싼은 왕년의 스승이었던 양창지의 아들 양카이즈의 집에 머무르며 북방의 당원들에게 파업경험을 전수했다. 후난으로 돌아갈

즈음 양카이즈가 "나도 고향에 내려갈 참이었다. 집사람을 먼저 보내려 한다. 흉악한 놈들이 워낙 많은 세상이라 여자 혼자 보내기가 불안하다. 창사까지 잘 부탁한다"며 기차 안에서 먹을 것까지 한 보따리 챙겨줬다. 베이징에서 창사까지 일주일이 걸릴 때였다.

리리싼은 매력 덩어리였다. 리이춘은 넋을 잃었다. 상처(喪妻)했다는 말을 듣자 숨통이 트이는 것 같았다. 목적지가 가까워질수록 불안한 기색을 감추지 못했다. 무슨 기차가 이렇게 빨리 달리냐며 속으로 투덜댔다. 열차가 창사에 진입하자 아예 눈을 감아버렸다. 안위안에 도착한 리이춘은 얼굴에 화색이 돌았다. 두 사람은 정식으로 결혼식을 올렸다.

리리싼은 양카이즈에게 큰 빚이라도 진 기분이었지만 리이춘은 무슨 일이건 대책이 있는 여자였다. 동생 리충더(李崇德)를 남편 양카이즈에게 소개시켜줬다. 둘 다 싫은 기색이 아니었다. 리이춘은 가슴을 쓸어내렸다.

리이춘, 전남편 리리싼에게 동생 리충산 소개하고

리이춘은 중국혁명에 본격적으로 뛰어들었다. 광저우의 황푸군관학교와 마오쩌둥이 설립한 농민강습소에서 강의하며 차이허썬의 부인 샹징위의 소개로 공산당에 입당했다. 시누이였던 양카이후이와는 여전히 친한 친구였다. 양카이후이가 남편 마오쩌둥 편에 시를 보내면 리이춘도 마오를 통해 화답할 정도로 가까웠다.

1925년 가을, 중공 중앙당은 리리싼과 리이춘을 차이허썬 부부와 함께 모스크바에 파견했다. 상하이에서 펑수즈와 한 차례 염문을 뿌

1962년 5월, 네이멍구 자치구 설립 15주년 경축행사에 참석한 리리싼(앞줄 가운데). 왼쪽 둘째는 부총리 우란푸(烏蘭夫), 오른쪽 첫째는 극작가 라오서(老舍).

린 샹징위는 모스크바에 오자 차이허썬과 완전히 갈라섰다. "차이허썬은 수도승 같은 사람이다. 나는 비구니가 아니다"며 몽골 출신 혁명가와 동거에 들어갔다.

차이허썬은 원래 건강이 안 좋았다. 병마가 떠날 날이 없었다. 리리싼은 리이춘에게 차이허썬을 잘 보살피라고 신신당부했다. 그러곤 밖으로만 나돌았다. 제6차 코민테른 확대회의 참석 등 할 일이 워낙 많았다. 조만간에 혼자 소련을 떠나는 신세가 되리라고는 상상도 못했다. 귀국 후 리이춘이 모스크바에서 차이허썬과 결혼했다는 소식을 들었다.

차이허썬과 함께 중국으로 돌아온 리이춘은 막내동생 리충산(李崇善)을 데리고 리리싼을 찾아갔다.

1990년대 초에 출간된 트로츠키파의 원로 정차오린의 회고록에 눈길을 끄는 대목이 있다.

"1923년 리이춘이 한커우에서 리리싼의 아들을 순산했다. 언니를 돌보기 위해 와 있던 리충산을 리리싼은 가는 곳마다 데리고 다녔다. 꼭 지남철 같았다. 처제를 못 잊어 하던 리리싼이 고의로 차이허썬과 리이춘을 결합시켰다."

차이허썬과 결혼한 리이춘은 첫 번째 남편 양카이즈에게 동생 리충더를 소개시켜줬던 것처럼, 두 번째 남편이었던 리리싼에게는 막내 동생 리충산을 데리고 갔다. 1927년 1월, 리리싼은 리충산과 결혼식을 올렸다.

선동가 리리싼, 거사 실패 뒤 가족과 생이별

리리싼은 파업과 폭동이 전문이었다. 저우언라이와 허룽 등이 난창에서 일으킨 중공 최초의 무장폭동을 처음 제의한 것도 리리싼이었다. 당내에서 지위가 점점 올라갔다. 리충산은 딸 둘을 연달아 낳았다. 아이들이 태어날 때마다 "난세일수록 늘어나는 건 사람밖에 없다"며 픽 웃었다.

1930년 중앙정치국은 리리싼이 제창한 '도시폭동'에 관한 결의안을 통과시켰다. 난징·우한·상하이 등 대도시에서 폭동을 일으켰으나 모두 실패했다. 중국의 실정과는 동떨어진 무모한 시도였다. 피해가 이루 말할 수 없었다. 모든 책임은 리리싼의 몫이었다.

코민테른은 리리싼을 모스크바로 소환했다. 리리싼은 만삭의 리충산과 어린 두 딸을 두고 중국을 떠나며 당부했다.

"아이가 태어나면 남에게 줘라. 나중에 다시 찾으면 된다."

16년간 소련에 억류되리라고는 상상도 못했다.

모스크바에 도착한 리리싼은 불길한 예감이 들었다. 중국으로 돌아가는 저우언라이를 통해 리충산에게 편지를 보냈다.

"우리는 너무 먼 곳에 서로 떨어져 있다. 함께할 기회가 거의 없어 보인다. 각자 살길을 찾도록 하자."

리리싼이 떠난 후 리충산이 속해 있던 당 조직에 국민당 특무들이 들이닥쳤다. 체포된 리충산은 옥중에서 몸을 풀었다. 또 딸이었다. 당과 밀접한 관계가 있다는 젊은 부부에게 딸을 건넸다.

감옥에서 풀려난 리충산은 두 딸을 데리고 다퉁(大同)유치원을 찾아갔다. 리리싼이 설립하고 '홍색 목사' 둥젠우(董健吾)가 운영하는

1931년 봄, 다퉁유치원의 보모와 혁명가 유자녀들.
첫째 줄 왼쪽 다섯째가 차이허썬과 리이춘의 딸 차이좐(蔡轉).
여섯째는 농민대왕 펑파이(彭湃)의 아들 펑아싼.
둘째 줄 왼쪽 첫째가 마오쩌둥의 장남 마오안잉,
오른쪽 첫째와 둘째가 마오의 아들 마오안칭(毛岸靑)과 마오안룽(毛岸龍).
셋째 줄 왼쪽 둘째는 리리싼의 딸 리리(李力)를 안고 있는 리충산.

혁명가 유자녀들의 요람이었다.

생모 양카이후이가 사형당한 후 외할머니 샹전시(向振熙)와 외숙모 리충더의 품에 안겨 사지를 빠져나온 마오쩌둥의 세 아들을 비롯해 큰언니 리이춘과 차이허썬 사이에 태어난 차이쫜, 마오쩌둥이 농민운동 대왕이라고 극찬했던 광둥코뮌의 지휘자 펑파이의 어린 아들 등이 모여 있었다. 이름도 바꾸고 보모로 위장한 리충산은 이들을 모른 체했다. 홍콩에서 체포된 큰 형부 차이허썬이 처형당했고, 리이춘이 다시는 결혼하지 않겠다고 다짐했다는 말을 듣고도 눈물 한 방울 흘리지 않았다.

보모 한 명이 행방을 감추자 중공 지하조직은 유치원을 해산시켰다. 총서기 장원톈의 안전을 우려하던 중앙당은 리충산에게 위장결혼을 권했다. 리충산은 두 딸을 런비스의 부인에게 맡기고 장원톈의 거처로 갔다.

프랑스에서 쫓겨난 뒤 중국 공산당 찾아가

리리싼은 프랑스 근공검학 시절 마르크스와 노동계급이라는 말을 처음 접했다. 일하던 공장 작업반장이 프랑스 공산당 당원이었다. 쉬는 시간마다 차를 건네며 말했다.

"우리는 노동계급이다. 자본주의의 무덤을 파는 사람들이다."

군인도 아닌데 무슨 놈의 계급이냐며 한 귀로 흘렸지만 자꾸 듣다 보니 그럴듯했다.

"지식인과 노동자, 두 계급을 결합시키면 무슨 일이 벌어질까?"

상상만 해도 신이 났다.

자신의 관점을 잡지에 발표하는 것도 한 방법이었다. 글마다 뒤집어엎고, 패 죽이고, 타도하자는 용어들이 난무했다. 어릴 때부터 고전교육을 받아 그런지 내용은 천하지 않았다.

후일 두 번째 부인 리이춘을 빼앗아가는 차이허썬과 죽이 맞았다. 자오스옌과는 3시간 만에 의기투합했다. '꼬마 호랑이'라는 별명을 얻었다.

리리싼의 연설은 일품이었다. 자극적이고 호소력이 있었다. 한 입으로 두말하는 법이 없고 일단 뱉은 말은 곧바로 행동에 옮겼다. 행동이 말보다 빠를 때도 많았다. 한번 시작한 일은 끝장을 볼 때까지 멈추는 법이 없었다. 유학생들은 '탱크'라고 불렀다.

1921년 가을, 중국 정부는 "근공검학생들을 위해 프랑스에 대학을 세운다"며 모금운동을 벌였다. 개교를 앞두고 "수준이 낮다"는 이유로 근공검학생들의 입학을 거부하자 리리싼은 차이허썬 등과 함께 유학생들을 인솔, 대학을 점령해버렸다. 중국유학생사에 영원히 남을 대형사건이었다.

프랑스 당국에 의해 강제로 송환당한 리리싼은 상하이에 도착한 다음 날 중국 공산당을 노크했다. 당 서기 천두슈는 리리싼을 후난으로 파견했다.

후난성 샹취(湘區) 지역 위원장 마오쩌둥은 고향 후배 리리싼을 광부 1만 3,000명과 철도노동자 1,000여 명이 몰려 있는 안위안으로 보내며 신신당부했다.

"네게는 사람을 끄는 힘이 있다. 성질 급한 것만 빼면 나무랄 데가 없다. 혁명은 하루아침에 되는 게 아니다. 조급증을 버리지 못하면

1950년 가을, 한국전 참전 직전
외가를 찾은 마오안잉(뒷줄 오른쪽 첫째).
외삼촌 양카이즈, 외숙모 리충더,
외조모 샹전시와 사진을 남겼다.

난폭해지고 결국은 미친놈 소리 듣기 딱 알맞다. 시간을 갖고 당원들을 확충해라."

사람 보는 눈은 정확했지만 몇 달 후 자신의 처남댁까지 홀려 낼 줄은 천하의 마오쩌둥도 예측 못 했다.

부자의 연을 끊으면서까지 혁명에 투신

새해가 다가오자 리리싼은 고향 집을 찾았다. 아버지는 명망가였다. 돈도 많고 땅도 많고 부인도 많았다. 같은 또래들에 비해 아는 것도 많았지만 아들이 강제 송환된 것은 알 턱이 없었다.

"유학을 무사히 마쳤으니 장하다. 앞으로 뭘 할 거냐."

리리싼은 말을 안 하면 안 했지 거짓말은 못 하는 성격이었다.

"공산당을 할 겁니다."

노인네는 "죽을 길 제 발로 찾아나선 놈"이라며 노발대발했다.

"나라에 군인과 총이 얼마나 많은지 알고나 하는 소리냐. 너 같은 애송이들이 천 년을 한들 될 일이 아니다."

리리싼도 지지 않았다.

"군벌들에 총이 있다면 우리에게는 진리와 인민이 있습니다. 죽음은 별게 아닙니다. 희생자가 생겨야 더 많은 사람이 일어납니다. 혁명은 성공하고야 맙니다."

몇 년 만에 만난 부자는 춘절 기간을 말싸움으로 허비했다. 아버지는 단안을 내렸다.

"너는 그렇다 치더라도 나는 살만큼 살아야겠다. 부자간에 인연을 끊자. 그럴 일은 없어야겠지만 살다 보면 언제 어디서 마주칠지 모른다. 그땐 서로 모른 체하자."

아들이 알았다고 하자 노부는 씩씩거리며 리리싼의 생모 방으로 달려갔다.

"어디서 저런 걸 낳았느냐"며 한 대 쥐어박았다. 부전자전, 성질들이 비슷했다.

리리싼과 류사오치가 주도한 안위안 탄광 파업

안위안에 도착한 리리싼은 노동조합에 해당하는 공회(工會) 설립에 착수했다. 1940년 리리싼이 소련에서 작성한 자술서에 의하면 안위안 탄광 광부들의 임금제도는 명(明)대 방직업자들의 포공제(包工制)를 그대로 답습하고 있었다.

"광부들은 하루에 12~14시간 노동했다. 광산관리국이 하루 50전씩 매월 15원을 노무공급 청부업자인 포공두(包工頭)에게 결제하면 포공두는 광부들에게 5원을 지급하고 나머지를 가로챘다."

비적이나 다름없는 지역의 비밀결사도 광부들을 착취했다. 아편판매와 도박장을 운영하는 비밀결사 두목은 광부들을 강제로 결사에 가입하게 하고 회비를 징수했다. 상황이 이렇다 보니 광부들 거의가 비밀결사 회원이었다. 결사의 두목은 광산관리국·경찰국과 한통속이 되어 광부들을 장악했다.

리리싼은 세 가지 방법으로 광부들에게 접근했다. 합법 기구였던 평민교육회의 도움으로 평민소학을 개설하고 밤마다 학생들의 집을 방문했다. 성인들을 위해서 연 야학도 반응이 좋았다. 몇 달이 지나자 청년단원 8명과 당원 6명을 확보, 1차산업 노동자로 구성된 중공 최초의 당 지부를 탄생시켰다.

공인구락부(工人俱樂部)도 설립했다. 광부들은 이곳에만 오면 유희를 즐길 수 있었다. 구락부 내에 만든 공인합작사(工人合作社)는 소비조합 역할을 했다. 생활필수품을 염가로 구입할 수 있다 보니 광부들이 몰릴 수밖에 없었다. 9개월이 지나자 회원이 700여 명으로 증가했다.

규모가 커지자 탄압이 시작됐다. 마오쩌둥은 "슬픔은 사람을 감동시킨다"며 파업을 지시했다. 리리싼은 수탉 한 마리와 술을 들고 비밀결사 두목을 찾아갔다. 두목의 입에서 "파업을 방해하지 않겠다"는 말이 나오기가 무섭게 칼로 닭의 목을 쳤다. 두 사람은 닭 피를 떨어뜨린 계혈주(鷄血酒)를 마시며 혈맹을 맺었다.

1922년 9월 14일, 파업을 선포하는 날 류사오치가 마오쩌둥의 서신을 들고 안위안에 나타났다. "리리싼은 비밀장소에 피신하고 류사오치가 파업과 협상을 주도하라"는 명령서였다. 리리싼은 담판이라면 몰라도 협상에는 어울리지 않았다.

리리싼은 류사오치와 함께 "그간 우리는 소나 말이었다. 이제는 사람이다"라는 구호를 만들고 외딴 장소로 이동했다. 리리싼이 암살당할지도 모른다는 소문이 퍼졌다. 곡괭이·망치·도끼로 무장한 광부 100여 명이 은신처를 에워쌌다. 리리싼은 하루에 한 번 이들 앞에 나타났다. 이때 광부들의 환호는 장관이었다고 한다.

파업이 끝나자 공인구락부 회원이 1만여 명으로 늘어났다. 모든 성공과 실패, 남녀관계가 폭동 때문이었던 리리싼의 앞날을 보는 듯했다.

뒤로 빠진 리리싼 대신 파업을 주도하는 류사오치(가운데). 몽골족 화가 허우이민(侯一民)이 안위안 탄광 파업 참가자들의 증언을 토대로 1960년에 완성한 「류사오치 동지와 안위안 광부」(少奇同志和安源鑛工). 중국혁명박물관 소장.

리리싼 사망했다는 헛소문 퍼져

1922년 9월, 리리싼이 류사오치와 함께 주도한 안위안 탄광 파업은 중공당원 확충에 결정적인 기여를 했다. 파업 2년 후인 1924년 말, 전체 중공당원 900명 중 300여 명이 안위안 탄광 출신이었다.

전 중국을 경악시킨 파업이다 보니 수많은 에피소드를 남겼다. 그중 하나가 프랑스의 근공검학생들 사이에 퍼진 리리싼 사망설이었다.

"노동운동이 실패로 돌아가자 분을 삭이지 못한 리리싼이 지역 군벌을 암살하려다 체포됐다. 요참(腰斬)으로 세상을 떠났다."

리리싼의 성격과 딱 맞는 소문이었다. 저우언라이와 자오스옌은 파리 교외에서 추도식을 열었다.

덩샤오핑이 편집하던 소년공산당 기관지도 "사실이 아니길 바라지만 상대가 리리싼이다 보니 믿을 수밖에 없다. 동지들은 경건한 마음으로 애도를 표해주기 바란다"며 특집을 발행했다. 리리싼 생전에 거행된 추도회와 추모특집이었다.

얼마 후 리리싼이 무사하다는 소식을 접하자 저우언라이와 덩샤오핑은 추모 사실을 리리싼에게 절대 비밀로 하라고 유학생들에게 신신당부했다.

1926년, 리리싼은 중국 최대의 조선창(造船廠)이 있는 후베이성 우한으로 활동무대를 옮겼다. 이곳 노동운동 지도자는 코민테른이 지명한 조선공 출신 샹중파(向忠發)였지만 실권이 없었다. 우창·한양·한커우·우한싼전(武漢三鎭)의 30만 노동자는 리리싼이 나오라면 나오고 들어가라면 들어갔다. 리리싼은 자신이 넘쳤다. 군대를 장악한 장제스가 돌변하리라고는 예상도 못했다.

당권 장악한 리리싼, 가는 곳마다 폭동 주도했으나

장제스의 정변으로 중공은 몰락의 위기에 처했다. 당시의 상황은 마오쩌둥조차 "뭘 어떻게 해야 좋을지 몰랐다"고 훗날 술회할 정도였다. 리리싼은 "무장으로 무장을 제압해야 한다. 중국혁명은 발로 한 번만 걷어차도 성공할 단계에 이르렀다"며 대도시에서 노동계급이 주도하는 무장폭동을 주장했다. 농촌에 근거지를 마련해야 한다는 마오쩌둥의 주장은 거들떠보지도 않았다.

"농촌은 통치계급의 사지(四肢)에 불과하다. 도시야말로 저들의 두뇌이며 심장이다. 사지를 절단내더라도 두뇌와 심장을 날려버리지 않으면 숨통을 끊는 것은 불가능하다."

농민과 노동자를 따로 무장시키자는 마오쩌둥의 '공농무장할거론'(工農武裝割居論)도 기회주의적 발상이라고 비판했다.

당권을 장악한 리리싼은 가는 곳마다 폭동을 주도하며 화약 냄새를 풍기고 다녔다. 소련의 미적지근한 정책도 마음에 들지 않았다. "소련은 적극적으로 전쟁을 준비해야 한다. 몽골에서 손을 떼고 중국을 지원해라. 우리는 적을 향해 총공세를 펴부을 준비가 되어 있다"면서 열을 올렸다. 조급증과 극좌노선의 절정이었다. 여간해선 얼굴을 붉힌 적이 없는 지우언리이조차 주먹으로 책상을 진 정도였다.

코민테른과 소련은 중공 중앙당에 지원하던 자금을 동결시켰다. 중공 창당 이래 코민테른이 가한 가장 강력한 제재였다. 자금줄이 막힌 리리싼은 무대에서 내려오는 수밖에 없었다.

리리싼의 퇴장과 모스크바 소환을 지켜본 마오쩌둥은 머리가 맑아졌다. 정당이나 사회단체의 운명이 지도자의 의지나 객관적 조건

리리싼은 모스크바 억류 기간에 15세 연하의 러시아 여인과
네 번째 결혼식을 올렸다. 리사(李莎)라는 중국 이름을 지어줬다.

에 의해 결정된다는 생각은 착각이었다. 정치적이나 군사적인 투쟁 경험이 성숙될수록 경제적으로 의지할 곳을 찾아야 한다는 확신이 섰다.

"중국에서 가장 똑똑하고 정치적인 집단은 농민이다. 수천 년 동안 그친 적이 없는 농민 반란은 그들의 정치적 표현의 하나였다. 도시 노동자들은 뿌리가 약하다."

"나는 천하의 차이허썬과 살던 사람이다"

리리싼이 중국을 떠나자 두 딸을 데리고 이곳저곳을 전전하며 감옥 구경까지 한 리충산은 갈 곳이 없었다. 중공 지하조직도 당에 손실을 끼친 리리싼의 부인을 냉대했다.

살길을 찾기 위해 고향으로 갔지만 미친놈의 부인이라며 가는 곳마다 사람 취급을 못 받았다. 황시쒀(黃希索)라는 청년이 평소 리리싼을 존경했다며 리충산 모녀를 극진히 보살폈다. 건강을 회복한 리충산은 연하의 황시쒀와 가정을 꾸렸다. 혁명이다 정치다 하는 인간들은 더 이상 꼴도 보기 싫었다.

리리싼은 장점이 많은 사람이었다. 모스크바에서 만난 15세 연하의 러시아 소녀 앞에서도 자신의 과오를 순순히 인정할 줄 알았다.

"30세 되는 해에 중공 수뇌부에 진입했다. 경험이 부족하고 너무 조급했다. 중국혁명이 하루아침에 성공할 줄 알았다. 모험을 하다 보니 당에 손실을 많이 끼쳤다."

1945년 일본이 패망하자 중공 중앙당은 "리리싼이 당 중앙위원에 피선됐다"며 소련 측에 리리싼의 귀환을 요청했다.

리리싼이 15년 만에 옌안으로 돌아오자 류사오치가 리리싼의 두 번째 부인이었던 리이춘을 찾아갔다. 리이춘은 세 번째 남편 차이허썬이 사형당한 후 옌안에 와 있었다. 리리싼과 다시 합치라고 권하자 리이춘은 "나는 긴 세월은 아니지만 천하의 차이허썬과 살던 사람"이라며 거절했다. 류사오치는 리리싼이 러시아 여인과 결혼한 줄을 몰랐다.

매화를 사랑한 정보총책 다이리 6

다이리ᄈᆞ는 비밀경찰 대장다웠다. 모든 게 신비투성이였다. 중·일전쟁 시절, 전시수도 충칭重慶에서 다이리와 긴장관계를 유지했던 저우언라이의 회고가 눈길을 끈다. "얼핏 보면 요인 암살이나 정적 제거와는 거리가 먼 사람 같았다. 정보의 귀재라는 별명도 어울리지 않았다. 항상 코를 훌쩍거리고, 손이 유난히 예쁜 것 외에는 특색이 없었다. 하지만 보면 볼수록 소름이 끼쳤다. 그가 운영하던 특무조직은 전국의 통신망을 장악하고 재정·외교업무를 제 손바닥 보듯이 파악하고 있었다."

매화를 사랑한 정보총책 다이리

"호랑이가 사람을 찾아오면 잡아먹힌다.
사람이 호랑이를 찾아가야 한다."

전 총통대리 리쭝런과 결혼한 27세 미녀 간호사 후유쑹

1948년 12월, 내전 승리를 목전에 둔 중공은 전범 명단을 발표했다. 1번이 장제스, 2번은 한때 총통대리를 지낸 전 국민정부 부총통 리쭝런이었다. 중공정권 수립 2개월 후 리쭝런은 대륙을 떠났다. 16년간 미국과 유럽을 유랑하며 타이완의 장제스와는 완전히 결별했다.

1960년, 타향에서 칠순 잔치를 치른 리쭝런은 고향이 그리웠다. 인편에 '낙엽귀근'(落葉歸根: 낙엽도 결국은 뿌리로 돌아간다), 네 글자를 베이징 측에 전달했다. 중공은 거절할 이유가 없었다. 서로 으르렁거린 시절이 있었지만 한때는 북벌과 항일전쟁을 함께 치른 동료였고, 어려울 때 신세진 일도 많은 사이였다.

귀국을 허락하려면 사면령부터 내려야 한다는 의견이 있었다. 마오쩌둥이 한마디로 묵살했다.

"별걸 다 기억한다. 이미 지난 일이다. 시시콜콜 따지다 보면 머리만 복잡해지고 되는 일이 없다. 귀국하면 하고 싶다는 거 다 해줘라."

5년 후, 부인 궈더제(郭德潔)만 데리고 귀국한 리쭝런은 전국을 유람하며 총리에 버금가는 예우를 받았다. 전세기를 타건 뭘 하건, 1위안(元)이면 모든 게 해결됐다. 그리웠던 고국산천이라며 어찌나 다녔던지, 귀국 8개월 만에 궈더제가 암으로 사망했다.

리쭝런은 별난 습관이 있었다. 평소 아내의 손이 거치지 않은 것은 먹지도 입지도 않았다. 궈더제가 세상을 떠난 다음 날부터 주변 사람들은 머리가 지끈지끈했다. 비위 맞추기가 보통 힘든 사람이 아니었다. 생활습관도 까다로웠다. 총리 저우언라이가 묘안을 내놨다.

"이러다 다들 골병들겠다. 결혼시키는 게 상책이다. 신붓감을 구해라. 신랑 신분은 극비에 부쳐라."

인구가 워낙 많다 보니 별난 남자들만 있는 게 아니었다. 75세 노인과 결혼하겠다고 나서는 여인이 심심치 않게 있었다. 리쭝런은 30대 중반만 돼도 온갖 트집을 잡으며 눈살을 찌푸렸다.

베이징 교외의 작은 요양원에 후유쑹(胡友宋)이라는 27세의 간호사가 있었다. 복장이나 머리 모양이 한결같다 보니 얼핏 보면 다들 비슷해 보이던 시절이지만, 눈썰미 없는 사람도 한 번 더 쳐다볼 정도였다. 결혼 경력이 없고 남자친구도 없었다. 성격도 좋고 정신병원에 입원한 적도 없었다. 사진을 받아본 리쭝런은 싱글벙글했다.

후유쑹의 요구 조건은 간단했다.

"나이는 상관없다. 결혼 상대가 누구인지 그게 중요하다."

다이리의 딸을 알아본 저우언라이

1938년 5월, 타이얼좡(台兒莊)에서 일본군을 격파한 리쭝런을 모르는 사람은 중국 천지에 없었다. 후유쑹이 승낙하자 신원조사가 시작됐다.

후뎨는 1933년 상하이 『명성일보』(明星日報)가 실시한
'영화황후'를 뽑는 선거에서 2만 1,333표를 얻어
초대 영화황후에 당선됐다.
1935년 모스크바에서 열린 국제영화제에 참석한
후뎨(앞줄 왼쪽 셋째). 셋째 줄의 털모자 쓴 사람(오른쪽 둘째)이
경극배우로 유명한 메이란팡.

후유쑹은 의문투성이였다. 아버지가 누구인지 몰랐고 어머니도 생모가 아니었다. 호적의 '어머니'란에 적혀 있는 이름은 천하가 다 아는 전 국민당 장군의 첩이었다. 리쭝런은 후유쑹의 사진을 본 다음부터 다른 여인들은 보려고 하지도 않았다. 저우언라이가 직접 나서는 수밖에 없었다.

총리의 호출을 받은 후유쑹은 당황하는 기색이 없었다.

"네 친어머니가 누구냐?"

"후뎨가 제 생모입니다."

저우언라이는 경악했다. 후뎨라면 여전히 홍콩에서 활약하는 민국 시절 최고의 영화배우였다. 아버지가 누구인지 물었다.

"모릅니다. 어머니가 알려주지 않았습니다. 알려고도 하지 말라고 했습니다."

저우언라이는 짚이는 데가 있었다. 20년 전 비행기 추락사고로 사망한 국민당 군사위원회 조사통계국장 다이리(戴笠)의 모습이 떠올랐다. 다이리, 이름만 들어도 모골이 송연했던 시절이 있었다.

저우언라이는 리쭝런과 후유쑹의 결혼식 준비에 만전을 기하라고 지시했다.

1967년 7월 26일, 전 총통대리 리쭝런과 지수이탄(積水潭)의원 간호사 후유쑹의 간소한 결혼식이 열렸다. 리쭝런의 수중에 중공 통전부(統一戰線部)로부터 받은 돈이 제법 있다 보니, 후유쑹은 손가락질을 많이 받았다.

"젊은 애가 늙은이의 재산에 눈이 멀었다. 아버지가 누군지도 모르는, 여배우의 사생아답다."

마흔여덟 살 차이가 나는 노인과의 결혼이다 보니 나올 수 있는 말이었다. 저우언라이는 궁금해하는 사람들에게 입도 벙끗하지 않았다.

1969년 1월 30일, 리쭝런이 직장암으로 세상을 떠났다. 영결식 날 저우언라이의 행동이 눈길을 끌었다. 후유쑹의 손을 잡고 간곡히 말했다.

"국가가 보살펴줄 테니 난감해하지 마라. 캐나다에 있는 네 어머니도 건강하다. 몇 년 전 일본에서 열린 아시아영화제에서 큰 상을 받았다. 장산(江山)에 한번 가봐라."

후유쑹은 무슨 말인지 몰랐다.

'인생은 도박'이라 믿고 평생 장제스의 '삿갓'이 된 남자

1897년 5월 28일, 저장성 장산의 다이(戴)씨 집안에 사내아이가 한 명 태어났다. 소녀 시절 어머니는 봄바람을 좋아했다. 결혼 첫날부터 큰아이 이름은 내가 지어주겠다며 고집을 부렸다. 집안 어른들과 남편이 반대를 하건 말건 '춘펑'(春風)이라는 이름을 지어줬다.

소년 춘펑은 어머니 말이라면 뭐든지 복종했다. 훗날 국·공 양당의 고관대작과 모든 중국인에게 공포의 대상이 된 후에도 어머니 앞에만 가면 기깟말히다 듣킨 아이처럼 쩔쩔맸다.

저장성 최고의 중학이던 성립 제1중학 시절, 별생각 없이 내뱉은 담임선생의 한마디가 춘펑의 인생을 결정했다.

"인생은 도박이다."

아무리 말 같지 않은 소리라도 선생의 입에서 나왔다 하면 유학자들이 성현의 어록을 대하듯 할 그런 나이였다. 고지식한 춘펑은 도박에 눈을 떴다. 학교는 가는 날보다 안 가는 날이 더 많았다. 온종일 도박장을 기웃거렸지만 복장은 항상 청결했다. 손이 예쁘다며 만져보고 싶어 하는 여자들이 많았다.

도박판에서 끌려온 춘펑은 교장과 선생에게 대들었다.

"선생님이 인생은 도박이라고 했습니다."

그날로 퇴학 처분을 받았다. 양복 한 벌 사 입고 고향을 떠났다. 어머니가 상하이에 있는 친정조카 주소를 알려줬다. 열일곱 살 때였다.

신혼이었던 외사촌은 상무인서관에서 편집 일을 보고 있었다. 상무인서관은 보통 직장이 아니었다. 미국 전역의 출판량보다 더 많은 책을 발행하던 당대 최고의 출판기구였다. 춘펑은 외사촌 부부의 신혼방 마룻바닥에서 눈치 잠을 자며 상하이 생활을 시작했다. 외사촌의 신혼부인에겐 사람 취급을 못 받았다.

춘펑은 사촌이 출근하면 인적 없는 강가에 나가 양복을 빨았다. 옷이 마를 때까지 쭈그리고 눈을 붙였다. 1923년, 26세가 될 때까지 그랬다. 항상 깨끗한 옷 입고 도박장 부근을 배회했다. 과일장수 출신 두웨성(杜月笙)이 지하사회(靑幇)에서 두각을 나타낼 무렵이었다. 몇 년 후 중국 역사상 최대의 특무조직과 상하이의 비밀결사를 각각 장악하게 되는 두 사람은 만나는 순간 서로를 알아봤다.

'상하이증권교역소'야말로 천하 제1의 도박장이었다. 이곳에서 춘펑은 장제스라는 증권브로커를 만났다. 뭔가 큰일을 할 사람 같다는 생각이 들었던지 "평생 이 사람의 삿갓(笠)이 되겠다"며 개명했다. 다이리, 발음하기도 쉬웠다.

이 무렵 상하이의 이름 없는 철도원 딸 후데가 영화학원에 입학했

1929년 여름, 베이핑을 방문하고 수도 난징으로 귀경하는 도중 타이산(泰山)에 들른 장제스(앞줄 앉은 사람)와 다이리(뒷줄 왼쪽 첫째) 일행. 다이리의 특무활동은 이때부터 시작됐다.

태평양전쟁 시절, 미군정보기관과 합작으로
중국전구 전략정보부대(OSS)를 지휘하던 국민당
군사위원회 조사통계국장 다이리의 망중한.

다. 대단한 미인은 아니었지만 묘한 매력이 있다는 말을 심심치 않게 들었다.

40만 비밀경찰을 한손에 장악한 괴물

알다가도 모를 게 세월이다. 천하가 다 알던 일을 묻어버리는가 하면, 감쪽같았던 일도 온 세상에 드러나게 한다.

전 총통대리 리쭝런과 결혼한 후유쑹의 생모가 후데인지는 진작 밝혀졌다. 생부가 누구인지는 수십 년간 미궁이었다.

2008년 11월, 후유쑹이 산둥의 암자에서 세상을 떠났다. 리쭝런을 소재로 한 연속극이 인기를 끌자 호기심 많기로 세계 제일인 중국인들이 들썩거렸다. 후유쑹의 생부에 관한 추측이 난무했다. 후데의 남편은 부인 덕에 중국영화사에 이름을 올린 평범한 상인이다 보니 이야깃거리가 못 됐다. 장쉐량을 필두로 온갖 명인들의 이름이 거론됐지만 오래가지 못했다. 다이리가 등장하자 다들 뒤편으로 밀렸다.

다이리는 매화를 유난히 좋아했다. 매화만 피면 "호랑이가 사람을 찾아오면 잡아먹힌다. 사람이 호랑이를 찾아가야 한다"며 항저우를 찾았다.

한동안 중국인들에게 다이리는 이름만 있지 실존 인물이 아니었다. 유령 같은 존재였다. 태평양전쟁 시절, 중·미 특종기술합작소(中美特種技術合作所)에 근무하던 미국 정보기관원들은 다이리를 나치 독일의 빌헬름 카나리스나 하인리히 히믈러에 비유하곤 했다. 그럴 때마다 중국인들은 콧방귀를 날렸다.

"비교할 걸 해야지, 독일의 첩보부대장이나 게슈타포의 대장 따위는 다이리에 비하면 어린애다. 동창(東廠)·서창(西廠)도 다이리의 군통(국민당 군사위원회 조사통계국)에 비하면 동네 파출소였다."

동·서 양창은 명(明)나라 시절 내시들이 운영하던, 악명 높은 특무기관이었다. 일단 들어갔다 하는 날에는 신분 고하를 막론하고 살아서 나오는 사람이 없었다.

황푸군관학교의 한 동기생은 다이리를 괴물이라고 단정한 적이 있다.

"흔히들 다이리를 영웅이라고 부른다. 나는 괴물이라고 생각한다. 항상 일에만 취해 있었다. 뼈를 깎는 고통도 금세 까먹고, 무슨 일이 생겨도 놀라거나 원망하는 법이 없었다. 40만에 육박하는 비밀경찰을 한손에 장악한 일인지하 만인지상(一人之下 萬人之上)이었지만 사람들 속에 섞여 있으면 표가 나지 않았다. 어딜 가나 흔히 볼 수 있는 그런 사람이었다. 재물에도 관심이 없었다. 그런 게 괴물이 아니라면 뭐가 괴물이냐."

1946년 3월 19일 새벽, 다이리가 비행기 추락으로 사망하자 거국적인 추도회가 열렸다. 생전의 적이었던 중공도 "항일전쟁 기간 특수공작에 불멸의 업적을 남겼다"며 애도를 표했다. 훗날 저우언라이의 평가도 인색하지 않았다.

"다이리가 사망하는 바람에 공산혁명은 10년을 앞당길 수 있었다."

"매화가 피면 꽃구경도 갑니다"

1928년, 영화학원을 졸업한 후데가 영화계에 등장할 무렵, 다이리도 혼자 정보활동을 시작했다. 매일 아침, 장제스의 승용차가 위병소를 통과할 때마다 달려가 서류봉투를 전달했다. 다이리의 정보는 정확했다. 장제스는 날이 갈수록 혀를 내둘렀다. 위병소에 머무르는 시간이 점점 길어졌다.

하루는 다이리에게 취미를 물었다.

"없습니다."

"그래도 좋아하는 게 있을 거 아니냐. 나도 한때는 사창가 출입을 즐겼다."

"영화를 가끔 봅니다. 매화가 피면 꽃구경도 갑니다."

장제스는 극장 갈 때 쓰라며 돈을 쥐어줬다.

며칠 후 장제스는 다이리를 호출했다.

"영화를 봤느냐?"

"「백운탑」(白雲塔)을 봤습니다."

"무슨 내용이냐?"

"매일 봤지만 내용은 머리에 들어오지 않았습니다."

"여배우에게 홀렸구나. 이름이 뭐냐?"

다이리는 홍당무가 됐다.

"후데라는 신인배우입니다."

그날 밤 다이리는 장세스의 마지막 말이 뇌리에서 떠나지 않았다. "마음에 들면 인연을 만들어라. 딸이 태어나면 매화를 안겨줘라."

중국 특무기관의 오랜 역사

"중국에도 특무기관이 있었느냐"고 묻는 사람들이 있다. 중국인들은 정보의 중요성을 일찍이 터득했다. 먼 옛날부터 정보를 수집하고,

다루고, 만들어내는 재주가 뛰어났다. 천하대란이 벌어질 때마다 용병(用兵) 못지않게 간첩이 차지하는 비중이 컸다.

손자(孫子)는 그의 병법서에서 특무요원들의 임무를 "자신을 정비하기 위한 적정(敵情) 파악"과 "적진 내부의 단결을 와해시키는 것"이라고 단정했다. 그래서 그런지, 중국 역대의 특무활동은 반간계(反間計)를 반복해서 사용했다. 이간질에 능한 간첩을 최고로 쳤다.

특무기관도 오랜 역사를 자랑한다. 특무는 원래 한시적인 조직이었다. 동한(25~220년) 말기에 똑똑한 환관들이 정치무대에 등장하면서 변질됐다. 환관들은 황제의 이목(耳目)과 몽둥이 노릇을 충실히 수행했다. 문무백관을 감시하고 불평분자들을 동물처럼 다뤘다. 측근으로 자리 잡은 환관세력은 행정·군사계통과는 동떨어진 특무왕국을 건설했다. 이후 천년간, 삼국과 위진남북조, 수·당시대를 거치면서도 환관들의 특무기관 장악은 변하지 않았다.

특무기관의 권력은 명대(1368~1644)에 절정에 달했다. 명 왕조는 살인의 시대였다. 금의위(錦衣衛), 동창, 서창, 내행창(內行廠) 등 이름만 들어도 무시무시한 특무기관들이 연달아 출현했다.

1382년, 명 태조 주원장은 신변 경호부대를 금의위로 개편했다. 1,500여 명이 전국을 다니며 정보를 긁어모았다. 보고는 황제 한 사람에게만 했다. 주원장은 환관들을 멀리했다. 구성원 가운데 환관은 한 사람도 없었다. 금의위는 16세기, 신종(神宗) 때에 이르러 15만 명으로 늘어났다.

주원장의 아들 영락제(永樂帝)는 어린 조카를 내치고 즉위했다. 그 과정에서 환관들의 도움을 많이 받았다. 세상에 공짜는 없었다.

미국인들은 군통 국장 다이리를
"장제스의 예리한 비수"라고 불렀다.
태평양전쟁 시절 OSS를 방문한 중국전구 사령관
장제스를 맞이하는 다이리.

베이징 동안문 밖, 지금의 베이징미술관 건너편 둥창후퉁(東廠胡同)에 동창을 설립하고 환관들에게 운영을 맡겼다. 동창의 권력은 금의위를 능가했다. 법률의 구속도 받지 않았다. 잡혀온 고관대작들은 환관들에게 특이한 신고식을 거쳤다고 한다. 성기를 집중적으로 두들겨 맞았다. 그러다가 서서히 죽어갔다.

1477년, 헌종(憲宗)이 설립한 서창도 환관들이 주재했다. 금의위에서 선발된 인원이 주축이 된 서창은 동창보다 규모가 컸다고 전해진다. 금의위와 동창을 능가하는 대형 특무기관이었지만 워낙 불법을 일삼고 행패가 심하다 보니 오래 존속하지 못했다.

내행창은 무종(武宗) 시절 대태감(大太監) 유근(劉瑾)이 설립한, 특이한 특무기관이었다. 금의위와 동창·서창을 감시했다. 특무기관 중의 특무기관이라고들 불렸지만 유근이 능지처사 당하자 흔적도 없이 사라졌다.

청대에는 특별한 특무기관이 없었다. 건륭제의 아버지인 옹정제(雍正帝) 시절에 정보정치가 횡행했다고 하지만, 정식으로 명칭을 내건 기관은 없었다. 이민족이 중원을 지배하다 보니 민심의 이반을 우려했기 때문이라는 설이 유력하다.

마오쩌둥과 장제스는 토종 중국인이었다. 정보의 중요성을 간과하지 않았다. 저우언라이가 설립한 중공특과(中共特科)와 다이리의 군통이 소련의 국가정치보안부 게페우(GPU)나 독일의 나치친위대(SS)를 본떴다고 하지만 형식에 불과했다. 내용은 중국의 전통적인 정보기관 동·서창이나 금의위와 크게 다르지 않다.

1946년, 다이리가 죽자 저우언라이는 안도의 한숨을 내쉬었다. 그릴 만한 이유가 있었다. 다이리 사후 국민당은 전쟁보다 정보와 선전에서 공산당에게 패했다.

유학으로 무장된 격이 다른 군통의 지휘자

1905년, 베이징의 오래된 사진관 주인이 유명 경극배우의 공연 모습을 촬영했다. 별 내용이 없는 30분짜리였지만 중국 최초의 영화였다. 사진관 주인은 찻집(茶館)을 다니며 활동사진을 돌려댔다. 호사가들의 호기심을 발동시키기에 충분했다.

1925년이 되자 상하이에만 150여 개의 영화사가 난립했다. 예쁘다는 소리 한두 번 들어본 여자아이들이 배우가 되겠다며 상하이로 몰려들었다. 후데도 그중 하나였다. 순식간에 "연기는 롼링위, 얼굴은 샤멍(夏夢) 같아야 한다"는 유행어가 생겨났다.

후데는 샤멍처럼 예쁘지 않았다. 연기력도 롼링위에 미치지 못했다. 그래도 영화황후는 후데 한 사람이었다. 여러 사람이 비슷한 기록을 남겼다.

"꼿꼿한 자세와 온화한 용모, 정확한 발음에 술 취한 듯한 목소리가 사람들을 매료시켰다. 다른 배우들보다 머리에 든 것도 많고 분수를 알았다. 사람들과 잡디힌 인연을 맺지 않았다. 결혼도 평범한 상인과 했다."

특무기관 군통의 지휘자 다이리만은 예외였다.

다이리는 비밀경찰 대장다웠다. 모든 게 신비투성이였다. 중·일전쟁 시절, 전시수도 충칭에서 다이리와 긴장관계를 유지했던 저우언라이의 회고가 눈길을 끈다.

후데(앞줄 가운데)는 1930, 40년대를 풍미하다 1967년
은퇴할 때까지 40여 년간 영화에 출연했다.
1935년 11월 23일, 판유성(潘有聲·앞줄 왼쪽 다섯째)과
결혼식을 올렸다. 3년 후 다이리를 만나는 바람에
인생이 복잡해지기 시작했다.
남편 몰래 태어난 딸에게 엄동설한에 피는 매화처럼
강하게 살라며 뤄메이(若梅)라는 이름을 지어줬다.

"얼핏 보면 요인 암살이나 정적 제거와는 거리가 먼 사람 같았다. 정보의 귀재라는 별명도 어울리지 않았다. 항상 코를 훌쩍거리고, 손이 유난히 예쁜 것 외에는 특색이 없었다. 하지만 보면 볼수록 소름이 끼쳤다. 그가 운영하던 특무조직은 전국의 통신망을 장악하고 재정·외교업무를 제 손바닥 보듯이 파악하고 있었다."

다이리는 혁명과 전쟁의 시대가 배출한 특수한 인물이었다. 중국 역사에 흔히 등장하는 살인광들과는 격이 달랐다. 유학(儒學)으로 무장된 경극 배우를 연상케 했다. 특무기관 안에 거대한 중국고전도서관을 짓고, 훈시할 때 고전을 자유자재로 인용했다. 여인에 대한 상상력도 풍부했다. 후뎨가 출연하는 영화를 볼 때마다 "내 환상을 만족시킬 사람은 저 안에 있다"고 확신했다.

후뎨와의 인연 그리고 다이리의 의문사

다이리는 장제스가 일러준 대로 인연을 만들기 위해 기를 썼다. 좀처럼 기회가 오지 않았다.

1937년 중·일전쟁이 발발했다. 후뎨는 남편 판유성과 홍콩 피란길에 올랐다. 피란민만 노리는 도둑들이 도처에 득실거렸다. 후뎨도 보석상자 36개를 도둑맞았다. 군통이 도와주면 찾을 수 있다고 귀띔해주는 사람이 있었다. 친구 남편 중에 다이리와 군관학교 동기가 있었다.

동기생의 부탁을 받은 다이리는 쾌재를 불렀다. 도둑 조직에 침투시킨 요원들을 동원했다. 전 재산을 되찾은 후뎨는 소문으로만 듣던 비밀경찰 대장을 찾아갔다.

다이리의 눈빛에 후데는 넋을 잃었다. 손이 어찌나 예쁘던지, 내미는 손을 덜컥 잡고 놓지 않았다. "남자는 여자의 발, 여자는 남자의 손"을 눈여겨보던 시절이었다. 다이리가 홍콩에 올 때마다 후데는 하던 일을 팽개치고 달려갔다. 1939년 딸아이가 태어났다.

1941년 12월 25일, 일본군이 홍콩을 점령했다. 후데는 전시수도 충칭으로 거처를 옮겼다. 다이리는 판유성에게 황금덩어리나 다름없는 특별통행증을 내줬다. 판유성은 외국과의 유일한 통로인 윈난과 버마 국경을 멋대로 넘나들며 장사에 매달렸다. 위수지역이건 어디건 다이리가 발행한 통행증만 내밀면 안 되는 일이 없었다. 다이리와 후데는 동거에 들어갔다.

전쟁이 끝나자 다이리는 후데와 결혼을 서둘렀다. 1946년 3월 17일, 칭다오에서 후데의 이혼소식을 들은 다이리는 당일로 상하이행을 서둘렀다. 그날따라 악천후였다. 난징 인근 공산당 점령구역에서 비행기 사고로 사망했다. 폭발과 추락을 놓고 아직도 의견이 분분하다.

장제스의 머리 양융타이, 마오의 눈 우스

"적과 멀리한 사람들은 싸움에서 이긴 적이 없다."

당대의 제갈량을 본 장제스

양융타이(楊永泰)는 대학에서 법학을 공부했다. 난세이다 보니 쓸모가 없었다. 서구 정치사상에도 한때 심취했지만 현실과는 동떨어진 소리투성이였다. 쑨원을 지지한 적도 있었다. 보면 볼수록 실속 없는 사람이었다. 국회의원도 해보고, 군벌들 덕에 성장(省長) 노릇도 해봤지만 결국은 쫓겨나 상하이로 도망나왔다. 되는 일이 없다 보니 칩거하는 것 외에는 뾰족한 수가 없었다.

1927년 군사정변에 성공한 장제스가 난징에 국민정부를 수립했다. 양융타이는 소금장수의 유복자인 이 젊은 장군에게 의지하기로 마음을 굳혔다. 없는 돈에 호텔 스위트룸 한 칸을 임대했다. 고관들을 초청해 먹고 마셨다. 돈도 썰어주었다. 싫다는 사람이 없었다. 장제스의 생각과 습관을 알아내는 것 외에 다른 목적은 없었다. 왕양명(王陽明)의 학설에 심취하고 증국번의 『가서』를 즐겨 읽는다는 것을 확인했다. 『왕양명집』과 『증문정공전집』(曾文正公全集)을 구입해 방 속에 틀어박혔다.

장제스의 사관학교 동기생 황푸(黃郛)가 상하이 시장으로 부임했다. 그의 눈에 비친 양융타이는 천하의 기재였다. 장제스와의 만남을 주선했다.

양융타이는 장제스가 싫어하는 모든 조건을 완벽하게 구비하고 있었다. 복장이 깔끔하지 못했고 앉는 자세가 단정치 못했다. 세수도 제대로 한 몰골이 아니었고 지독한 근시에 입 안에는 침이 가득했다. 그러나 튀어나오는 말들은 마른하늘을 가르는 뇌성벽력과 다를 바 없었다. 장은 정신이 번쩍 들었다. 연신 고개를 끄덕였다. 만면에 침 세례를 받은 것만 빼놓고는 유비가 제갈량을 처음 만났을 때의 기분을 만끽했다. "당대의 와룡선생"이라며 흥분했다.

장제스는 양융타이의 모략을 실천에 옮겼다. 2년여 만에 제후나 다름없었던 지방 군벌들을 완전히 제압했다. 장제스는 자신의 백일몽을 현실로 만들어준 양융타이의 모습이 보이지 않으면 주변을 두리번거리기 일쑤였다. 남은 것은 장시성 일대의 홍군밖에 없었다. 중국 땅 한구석에 들어와 있는 일본군은 다음 문제였다. 양융타이가 제시한 '양외필선안내'(攘外必先安內: 외세를 쫓아내려면 반드시 내부를 먼저 안정시켜야 한다) 정책도 그대로 수용했다.

양융타이가 지휘한 제5차 홍군섬멸작전

장제스는 세 차례에 걸쳐 중공 근거지 섬멸작전을 펼쳤지만 5만 명에 불과한 홍군에게 연전연패했다. 알다가도 모를 일이었다. 네 번째 섬멸작전을 지휘할 때 양융타이를 요직에 기용했다. 양은 패배 원인을 분석했다. 홍군은 오합지졸이 아니었다. 죽음을 두려워하지 않고, 선무공작(宣撫工作)도 효과가 없었다. 은혜를 베풀어도 시큰둥했

난창행영 시절인 1934년 10월 21일 장제스 부부(오른쪽 첫째·둘째)와 장쉐량(가운데)과 함께 무릉(茂陵)에 놀러 나간 양윰타이(왼쪽 둘째).

다. 수십만 대군의 위엄 앞에서도 주눅이 들지 않았다.

홍군을 북양군벌의 군대 정도로 여긴 게 장제스의 실책이었다. 특단의 책략이 필요했다. 양융타이는 만언서(萬言書)를 작성해 장에게 전달했다. "삼분군사(三分軍事) 칠분정치(七分政治)"가 주 내용이었다. 제갈량의 출사표를 능가하는 천하의 명문을 접한 장제스는 군사력에만 의존해온 저간의 전략이 실책임을 통감했다. 제4차 홍군섬멸작전도 패배했지만 동요하지 않고 친정(親征)에 나설 채비를 차렸다. 난창에 군사위원회 위원장 행영(行營)을 설치하고 50만 대군을 동원했다.

난창행영의 유일한 설립 목적은 제5차 홍군섬멸작전이었다. 조직도 간단했다. 군사청과 정치청이 전부였다. 그러나 장제스가 버티고 있는 한 전국의 인사권과 행정권을 장악한 중국 최고의 권력기관이었다. 양융타이는 행영의 비서장 겸 정치청장 임명장을 받았다. 2개월간 열린 전국 고급행정인원 회의에서 정치청은 행정원의 역할을 했다. 양융타이는 말이 청장일 뿐 실질적인 행정원 총리였다.

제5차 홍군섬멸작전은 종래의 것들과 성질이 달랐다. 군사 부문의 비중은 30퍼센트에 불과했다. 양융타이는 통신사를 설립해 전황에 관한 뉴스를 독점했고, 극단과 예술단을 조직해 농촌을 다니며 민심을 다독거렸다. 보갑조직을 강화하고 연좌제를 실시해 소비에트 지역의 민중들을 홍군으로부터 격리시킨 후 엄격한 경제봉쇄정책을 강행했다. 군대와 행정관료, 지역 토호들 사이에 비상연락망도 구축했다.

정치전과 경제전을 곁들인 입체적인 공격은 홍군을 고사 직전까지 몰고 갔다. 근거지를 버리고 퇴각했다. '장정'이라는 멋진 용어를 생각해낼 겨를도 없었다. 중국공산당에게 양융타이는 참으로 버거운 상대였다.

양융타이는 제갈량과 방통(龐統)을 합쳐놓은 것 같은 인물이었지만 1936년 가을 국민당의 다른 계파가 고용한 자객의 손에 암살당했다. "꼭 이럴 줄 알았다"라는 말을 남기고 숨을 거두었다. 자신이 한 일에 비해 과대 포장된 사람이 있는가 하면 잊혀진 인물도 허다하다. 양융타이는 역사 속에 잠복해 있지만 붉은 기운이 퇴색하면 서서히 모습이 드러날 수밖에 없다.

국민당 심장부에 잠입한 우스

우스(吳石)는 16세 되는 해에 신해혁명이 일어났다는 소식을 들었다. 군인들의 천하가 분명했다. 학생군으로 지원했다. 군관학교를 1등으로 졸업하자 일본 유학을 보내줬다. 일본 포병학교와 육군대학을 졸업했다. 공인된 일본통이었다. 1936년 2월, 육군 소장으로 진급했다. 항일전쟁을 치르는 동안 관료들의 부패와 국민당의 파벌 싸움에 염증을 느꼈다. 차라리 공산당에 호감이 갔다. 마오쩌둥의 지구전에 관한 글을 읽고 저우언라이의 강의를 들었다. 예젠잉과는 친구처럼 지냈다. 국·공합작 시절의 일이었다.

국·공내전이 벌어지자 군사위원회 위원으로 대본영에 근무했다. 중공의 승리에 쐐기를 박은 화이하이(淮海) 전역은 우스가 건네준 작전지도 덕을 단단히 봤다. 국·공전쟁 말기 해방군이 푸젠성에 순조롭게 진군할 수 있었던 것도 그가 제공한 정보 덕분이었다. 저우언

타이완으로 잠입하기 직전 홍콩에 머무르던 주펑(朱楓).

라이는 인편에 고마움을 전했다.

1949년 8월, 우스는 국민당과 함께 타이완으로 철수했다. 중공 화동국은 적의 심장부에 잠복하겠다는 우의 계획에 동의했다. 장제스는 우를 참모차장에 기용했다. 계급도 중장으로 승진시켰다.

국민당은 타이완의 중공 지하당을 소탕하기 위해 눈에 불을 켰다. 감옥마다 시신들이 쏟아져 나왔다. 중공 지하조직원 한 명을 잡을 수 있다면 억울한 사람 2,000명 정도는 희생시켜도 좋다는 식이었다. 백색 테러는 우스와 공산당 지하조직 간의 연결을 불가능하게 했다.

1949년 10월 11일, 인민해방군은 두 차례에 걸쳐 진먼도(金門島)와 저우산군도(舟山群島)의 점령을 시도했지만 실패했다. 원인은 정보 부재였다. 중공은 타이완에 잠복 중인 우스와 접촉을 시도했다. 중공 화동국 사회부는 지하공작원 주펑을 파견했다.

호랑이 굴에서 영혼을 불태우니

주펑은 저장의 부유한 집안 출신이었다. 유년 시절 서법의 태두 사명하이(沙孟海)의 문하에서 고문과 서예를 익힌 명문가 규수였다. 항일전쟁이 발발하자 공산당 지하조직이 운영하던 신지서점(新知書店)을 찾아가 일을 자청했다. 가산을 처분한 500원으로 서점을 꾸려 나갔다. 신사군 병영에 분점을 설치할 때는 병사들과 함께 훈련을 받아 다들 좋아했다. 신사군 군의처에서 항일의연금을 모금하자 200원을 쾌척했다. 의사 400명의 한 달 급료였다. 타이완 항일의용대가 설립한 병원도 주펑이 맨 먼저 지원한 800원 덕에 문을 열었다.

일본군의 봉쇄로 인쇄물자 공급이 어려워지자 부모가 물려준 3캐

럿짜리 다이아몬드 반지를 처분했다. 궈모뤄가 발행하던 신문은 주핑의 도움이 없었다면 유지가 불가능했다. 당 간부의 입에서 "아무리 어려운 일이 있어도 주핑이 눈치채지 못하게 하라"는 말이 나올 정도였다. 주핑은 사업 수완도 뛰어났다. 충칭시절 식품점을 개설해 매일 신지서점을 지원했다. 식품점은 중공 남방국과 문화계 인사들의 연락 거점이었다.

주핑은 1949년 11월 27일 타이완에 잠입했다. 타이완 공작위원회 서기 차이샤오간(蔡孝乾)을 만나 화동국의 지시를 전달했다. 차이는 해방군이 상륙할 때 지원할 타이완의 무장조직 상황을 보고했다. 우스는 수집해놓은 정보들을 담은 마이크로 필름을 주핑에게 건넸다. '타이완전구 전략방어도' '해안진지 병력과 화기 배치도'를 포함해 해군기지 분포도와 전투기 보유상황 등이 들어 있었다.

주핑은 이들 정보를 연락원을 통해 화동국 정보처로 보냈다. 마오쩌둥은 "호랑이 굴에서 영혼을 불태우니, 서광을 맞이할 날이 머지 않았다"며 두 사람의 공을 기록하게 했다.

1950년 새해 벽두, 국민당 보밀국은 차이샤오간을 체포했다. 섬 전체의 부두와 비행장을 봉쇄했다. 우스는 주핑의 손에 특별통행증을 쥐여주었다. 군용기를 이용해 국민당 점령지역인 저우산으로 빼돌렸다. 차이는 전향했다. 우스의 집을 수색하던 중 감쪽같이 사라진 주핑의 흔적을 발견했다. 주는 체포되기 직전 음독을 시도했으나 실패했다.

1950년 6월 11일 새벽, 특별군사법정은 두 사람과 연루자들에게 사형을 선고했다. 2주 후에 한반도에서 전쟁이 일어났다. 미 7함대가 타이완해협을 봉쇄했다. 여러 명의 목숨과 바꾼 정보는 휴지로 전락했다.

국·공 간의 전쟁은 치열한 정보전이었다. 장제스가 작전명령을 하달하는 순간 마오쩌둥의 책상 위에 같은 내용이 올라와 있곤 했다. 국민당군이 연전연패하고 마오의 용병술이 귀신같다고 한 배후에는 우스와 주펑 같은 사람들이 있었다. 중공은 적을 가까이 했다. 적과 멀리한 사람들은 싸움에서 이긴 적이 없다.

동북과 난징을 잃은 장제스 대륙을 떠나다

"장쉐량을 극비리에 타이완으로 이송시키고 장과 조금이라도 관련이 있는 사람의 동북 귀환을 불허했다."

천안문에 내걸린 장제스의 초상화

1945년 10월 10일, 화북 지역에 주둔하던 일본군의 항복문서 조인식이 고궁 태화전(太和殿)에서 열렸다. 30년 전 위안스카이가 황제 즉위식을 거행했던 바로 그곳이었다. 국민 정부군 11전구 사령관이었던 항일 명장 쑨롄중(孫連仲)이 의식을 주재했다.

12월 3일, 천안문 성루에 군사위원회 위원장 장제스의 대형 초상화가 걸렸다. 1417년 6월, 농민 출신 목수 콰이샹(蒯祥)이 설계하고 건조한 고궁의 정문에 걸린 최초의 인물 초상화였다. 충칭이나 상하이, 난징의 대형 건물과 관공서에 장제스의 대문짝만한 초상화가 즐비할 때였지만 위치가 천안문이다 보니 상징성이 컸다.

8일 후, 북방 농포 위문자 베이핑을 방문한 장제스는 고궁 인근에 임시지휘부 격인 행원(行轅)을 설치하고 태화전 앞에서 1만 8,000명의 학생에게 일장 연설을 하며 승리를 자축했다. 훈시 같았지만 학생들은 8년간 항일전쟁을 지휘한 장제스의 말을 엄숙한 자세로 경청했다. 감히 박수갈채를 보낼 엄두도 내지 못했다. 오후에는 학생 대표가 선물한 칼을 차고 길 건너에 있는 둥자오민샹(東交民巷)으로 향했다. 둥자오민샹에는 미군이 주둔하고 있었다. 장제스는 베트남, 태국, 버마를 포함한 태평양전쟁 중국전구(中國戰區) 최고사령관 자격으로 미 해군 육전대(陸戰隊)를 검열했다. 근엄하기가 이루 말할 수 없었다. 중국군 부대를 예고도 없이 들이닥쳤을 때보다 더 엄격했다. 3년 후 천안문 성루에 걸린 초상화가 딴 사람으로 바뀌리라고는 상상도 못했다.

장제스의 방문 기간은 일주일에 불과했지만 베이핑의 중공 지하당을 긴장시키기에 충분했다. 옌안에 있던 중공 지휘부도 마찬가지였다. 문제는 미국이었다.

장제스와 미국, 특히 루스벨트와의 관계는 복잡했다. 매일 싸우면서도 헤어지지 못하는 연인 사이 같았다. 항일전쟁 시기에 중국과 미국은 혈맹이었다. 장제스와 루스벨트는 두 대국의 지도자면서 맹우였지만 모순과 충돌이 그치지 않았다. 주권문제가 가장 컸다.

태평양전쟁 발발 2년 후인 1941년 루스벨트는 장제스에게 중국전구 최고사령관직을 제의하며 미 육군중장 스틸웰(Joseph W. Stilwell)을 참모장으로 파견했다. 중국에 온 스틸웰은 장제스가 쥐고 있던 중국군 지휘권을 이양받기 위해 무진 애를 썼다. 중국군이 일본군과의 작전에서 허점을 보이거나 전투에 패할 때마다 지휘권을 요구했다.

군 지휘권은 국가권력의 핵심이었다. 갖은 풍상을 다 겪은 장제스가 순순히 내줄 리 없었다. "중국은 미국인이 상상도 할 수 없을 정도로 복잡한 나라다. 천천히 생각해보자"며 지연작전을 폈다.

장제스의 속내를 루스벨트가 모를 리 없었다. "작전권 이양은

1949년 1월 베이핑에 입성한 중국인민해방군이
철거할 때까지 3년 1개월간 천안문광장에는
장제스 초상화가 걸려 있었다.
현재 걸려 있는 마오쩌둥 초상화보다 훨씬 컸다.
1946년 겨울의 천안문 풍경.

빠를수록 좋다. 미국의 지원에는 한계가 있다. 지난날의 모든 영광을 한순간에 잃을 수 있다"고 협박성 메시지를 보내도 장제스는 듣지 않았다. 도리어 "더 이상 군 지휘권을 요구하면 미국과 절교하겠다. 중국 단독으로 항일전쟁을 치르겠다"며 스틸웰의 소환을 요청했다.

미국의 군권 간섭과 국·공내전에서의 패배

중·일전쟁과 태평양전쟁 기간 동안 중국전구 최고사령관 장제스의 주권 수호 의지는 단호했다. 참모장 스틸웰의 끈질긴 중국군 작전권 요구에 미국과의 절교, 단독 항전으로 맞섰다. 루스벨트는 동방의 전우를 잃고 싶지 않았던지 "스틸웰이 싫으면 미국 장군 중에서 마음에 드는 사람 3명을 추천하라"며 먼저 꼬리를 내렸다. 루스벨트는 장제스가 선정한 3명 중에서 웨드마이어를 중국전구 참모장으로 지명, 사령관 장제스를 보좌하게 했다. 당시 중국전구에는 50만 명에 육박하는 미군 전투병력이 반파시스트 전쟁을 수행하고 있었다.

태평양전쟁 말기, 루스벨트와 처칠은 만주에 주둔하는 일본 관동군 섬멸을 스탈린에게 요청했다. 아무리 동맹국이라도 국제사회에서 공짜는 없었다. 스탈린은 출병 대가로 "러·일전쟁에서 일본에 패하기 전까지 러시아의 세력 범위였던 곳"이라며 몽골의 독립과 중동철도, 뤼순(旅順)·다롄(大連) 등 두 부동항의 관할권을 요구했다. 주미대사를 통해 루스벨트가 동의했다는 사실을 안 장제스는 일기에 온갖 욕을 다 퍼부어댔다.

1946년 6월, 국·공내전 초기 국민정부군은 430만 명, 중공의 인민해방군은 120만 명 정도였다. 이듬해 7월에서 12월 사이에 국민정부군 75만 명이 섬멸당하자 장제스는 작전계획을 공격에서 방어로 전환했다. 1948년 1월 7일 일기에 "지도에 표시된 공산비적들의 점거 지역을 보면 당황스럽다. 군의 주력을 투입하지 않으면 전세를 만회하기 힘들다. 저들은 교활하다. 외곽에서 소란을 일으켜 경제를 교란시키고 물자를 약탈한다. 산악지대에 은거하며 우리 주력 부대와의 전투를 용케도 피한다"는 구절이 있는 것을 보면 한 달 후 린뱌오가 지휘하는 중공의 동북야전군이 전대미문의 대규모 공세를 취하리라고는 예상 못한 듯하다.

1948년 11월 2일, 동북야전군이 국민당군 47만 명을 전멸시키고 만주 전역을 장악하자 장제스는 피를 토했다. 3일 후 일기에 적었다. "군사와 경제의 앞날이 험악하다. 지식인들, 특히 좌파 교수와 언론인들의 정부에 대한 모욕과 무시는 도를 넘어섰다. 민심의 동요가 지금보다 더한 적이 없었다. 공산비적들의 일관된 중상모략으로 나 개인의 위신이 추락하는 것은 중요하지 않다."

부패 척결에 발목 잡힌 장제스

장제스는 깨끗한 정치가였지만 주변 인물 단속에 실패했다. 중공 이론가 천보다가 장제스·쑹쯔원·쿵샹시·천리푸 형제를 중국의 4대가족이라며 맹공을 퍼부어댔지만 우두머리 격인 장제스는 상하이의 부동산이나 재물을 게걸스럽게 긁어모아 국민들의 웃음거리가 된 적이 한 번도 없었다. 장제스의 처남 쑹쯔원과 국민당 최대 파벌

장제스는 이싱(宜興) 장(蔣)씨였다.
대륙을 떠나기 직전 쑹메이링과 함께 시조(始祖)인
함정후(函亭侯) 장징(蔣澄)의 묘소를 처음이자 마지막으로
참배하는 장제스의 뒷모습이 처연하다.
1949년 5월 16일 장쑤성 이싱.

을 형성했던 천리푸 형제도 마찬가지였다. 문제는 장제스의 손윗동서 쿵샹시였다.

쿵샹시는 고리대금업자 집안의 아들답게 이재에 밝았다. 항일전쟁 시절 미국 정부가 보증을 서서 중국에 지원한 돈으로 장난을 쳤다. 중앙은행의 젊은 직원이 검거되자 장제스가 직접 심문에 나섰다.

장제스에게 호출당한 쿵샹시는 죄를 인정하는 듯하더니 금세 태도를 바꾸며 딱 잡아뗐다. 그날 밤 장제스는 "아무리 증거를 들이대도 잘못을 인정하지 않다니, 부끄러움을 모르는 인간 말종"이라는 일기를 남겼지만 법적인 조치를 취하지 않고 직위를 해제하는 선에서 얼렁뚱땅 마무리했다. 공산당의 좋은 공격거리가 됐다.

있어도 그만이고 없어도 그만인 동서 하나 처형하는 건 일도 아니었지만 당과 정부의 체면이 손상되고 중·미관계를 우려하다 보니 '돈에는 입이 있다'는 만고의 진리를 간과한, 돌이킬 수 없는 실책이었다.

항일전쟁에 승리한 국민당 정부가 충칭 생활을 청산하고 수도 난징으로 돌아왔을 때 당과 정부의 부패는 극에 달해 있었다. 당원과 공직자들은 집(房子), 자동차(車子), 금괴(條子), 지폐(票子), 여자(女子) 등 '5자'(五子)라면 불구덩이라도 뛰어들 정도로 광분했다. 장제스의 차남 장웨이궈도 예외가 아니었다.

동북을 방치한 결과 장제스의 패배는 치명적

1949년 1월 21일, 국민당 총재 장제스는 패배를 예감했다. 민족 최대의 명절 춘절을 9일 앞두고 총통직에서 물러났다. 당일로 수도 난징을 떠나 고향 평화현(奉化縣) 시커우에 여장을 풀었다. 1927년 4월, 39세 때 상하이에서 정변을 일으켜 난징에 정부를 수립한 지 22년 만이었다. 부총통 리쭝런이 직무를 대행했다.

총통직을 내놨지만 군대는 당의 군대였다. 장제스는 고향에서 국민당군의 창강 방어전을 지휘할 심산이었다.

1월 26일, 리쭝런은 장쉐량의 석방을 지시하고 이튿날 베이징의 마오쩌둥에게 평화협상을 제의했다. 장쉐량은 12년째 연금 중이었다.

장쉐량의 연금을 관리하던 군사위원회는 리쭝런의 명령을 무시했다. 보고를 받은 장제스는 이틀에 걸쳐 "리쭝런은 자유와 민주라는 말을 내세워 공산비적들에게 추파를 던지며 투항할 준비를 하고 있다. 나를 함정에 몰아넣고 모든 것을 약탈하려고 작심했다. 내가 총통부를 떠난 지 5일밖에 지나지 않았다"며 리쭝런의 장쉐량 석방 명령에 분노하는 일기를 남겼지만 측근에게 상하이에서 투병 중인 후린(胡霖)의 안부를 물었다. 후린은 중국을 대표하는 언론기관 대공보(大公報)의 설립자 중 한 사람이었다.

일본 패망 몇 주일 후인 1945년 9월, 장제스는 충칭에서 후린과 밀담을 나눈 적이 있었다. 이날 후린의 건의는 충격적이었다.

"국민당은 황허 이북의 국민들에게 기반이 약합니다. 수도를 베이핑으로 옮기고 명칭을 베이징으로 바꾸십시오. 난징을 수도로 하다 보니 북방인들은 주류에서 밀려나 2등 국민으로 전락했다는 생각이 강합니다. 공산당과의 담판은 성실하게 하고, 선전포고를 하려면 공개적으로 해야 합니다. 미국과는 의논할 필요가 없습니다. 일본인

1948년 5월 20일, 총통 취임식을 마친 후 쑨원의 무덤을 참배하는 장제스·쑹메이링 부부와 부총통 리쭝런(장제스 왼쪽 훈장 단 사람).

점령지역에 거주하던 사람들을 박해하지 마십시오. 일본인이 쳐들어오자 국민당은 허겁지겁 도망가느라 정신이 없었습니다. 일본은 1931년부터 15년간 동북을 점령했습니다. 특히 동북에 관심이 있다는 것을 보여줘야 합니다. 청년들에게 재교육을 시켜야 합니다."

장제스는 후린이 하는 말을 끝까지 들었지만 실행에는 옮기지 않았다.

1945년 8월, 일본 패망과 함께 15년간 괴뢰황제 푸이를 내세워 동북(만주)을 통치하던 일본인들도 제 나라로 돌아갔다. 동북은 하루아침에 무주공산으로 변했다.

동북 출신의 정객들은 "장쉐량을 능가할 인물이 없고, 공산당도 장쉐량이 버티고 있는 한 동북을 넘볼 수 없다"며 동북의 최고통치자였던 장쉐량의 복귀를 요청했다. 1936년 겨울, 시안에서 최고 지도자 장제스를 감금하고 국·공합작을 요구해 성사시킨 후 장제스에 의해 연금 상태에 들어간 장쉐량은 여전히 행방이 묘연했다.

한때 자신을 배신하고 치욕을 안겨줬다는 이유로 장쉐량을 풀어주지 않았다고 말하는 중국인들이 많지만 장제스는 하야와 복귀를 반복한 대정치가이며 전략가였다. 공산당이 장쉐량을 옹립한다면 동북이 공산당의 천하가 되는 것은 시간 문제였다. 장제스는 장쉐량을 극비리에 타이완으로 이송시키고 장쉐량과 조금이라도 관련이 있는 사람의 동북 귀환을 불허했다.

장제스는 동북을 9개 성으로 찢어 발기고 하얼빈과 창춘을 직할시로 바꿔버렸다. 성장은 공석으로 내버려뒀다. 방치한 거나 마찬가지였다.

국·공내전이 발발하자 국민당군은 싸우는 족족 패했다. 특히 동북에서의 패배는 치명적이었다. 다른 결정적인 전투에서는 예전에 장쉐량의 휘하에 있던 병력들 거의가 중공에 투항했다.

장제스는 1949년 4월 21일 밤 모교 강당에서 경극을 관람하던 중 중공군이 양쯔강을 도강, 난징 함락이 임박했다는 보고를 받았다. 후린이 사망했다는 소식을 들은 지 일주일째 되는 날이었다. 3일 후 장제스는 영원히 고향을 떠났다.

에드거 스노, 홍군을 전 세계에 알리다

"서부전선에 가면 홍군을 만날 수 있다.
그들의 진정한 모습을 보고 와서 이야기하자."

마오, 홍군의 진면목 알리기 위해 외국기자 물색

마오쩌둥은 중국식 공공외교의 창시자였다.

1935년 10월, 마오가 인솔하는 홍군이 산시성(陝西省) 북쪽 바오안(保安)에 도착했다는 소식을 들은 국민당은 물샐틈없이 봉쇄했다. "비적들은 소멸됐다. 극히 일부가 서북의 불모지에 들쥐처럼 숨어들었지만 소탕은 시간문제다"라는 기사가 연일 신문의 1면을 장식했다. 상하이에서 발행되던 영자신문 『노스 차이나 데일리 뉴스』(*North China Daily News*, 字林西報)가 유일하게 "조잡하고 문화가 없는 비적집단"이라는 조롱과 함께 '경이'와 '기적'이라는 표현을 썼다. 모두 틀린 말이 아니었다.

홍군은 괴사 직전이었다. 2만 5,000리의 장정으로 기력을 상실한 데다 산베이(陝北)의 빈곤은 상상을 초월했다. 지주 집안엘 가봐도 변변한 살림살이나 양식이 없었다. 남쪽이 고향인 홑옷 차림의 홍군 전사들은 첫해 겨울을 나기조차 힘들었다. 무기와 실탄은 거의 고갈 상태였다. 소련에 원조를 구하기 위해 리셴녠과 쉬샹첸(徐向前)을 파견했지만 중도에 국민당 기병대의 공격을 받아 빈손으로 돌아왔다. 장제스의 중앙군은 포위망을 점점 좁혀 들어오고 있었다.

마오는 하고 싶은 말이 많았다. 자신과 전우들이 걸어온 길을 후세에 전설로 남기고 당의 기본방침이 "항일 근거지와 통일전선의 구축"이라는 것을 외부에 알리고 싶었다.

중국의 작가나 기자들은 마오의 요구를 들어줄 형편이 못 됐다. 비적들을 옹호했다간 귀신도 모르게 행방불명이 되고도 남았다. 유명기자 판창장(范長江)이 찾아왔을 때도 제대로 된 보도가 나갈 리 없다며 깊은 말을 나누지 않았다. 자체적으로 운영하는 신문이나 방송도 없었지만 마오는 제3자, 그것도 제 발로 바오안까지 걸어 들어온 외국인 기자를 통해 홍군의 진면목을 대내외에 알릴 방법을 모색했다.

마오는 양상쿤에게 정치부 산하에 편집위원회를 만들게 하고 사단급 이상의 간부들에게는 '홍군 장정기'를 쓰라고 지시했다. 동시에 상하이의 지하조직을 통해 쑹칭링에게 "믿을 만한 외국기자와 외국인 의사 한 명이 바오안을 방문할 수 있게 해달라"는 부탁을 했다. 쑹칭링은 항일을 주장하는 공산당에 우호적이었고 아는 외국인이 많았다. 국민당 정보기관도 외국인들은 건드리지 않았다.

쑹칭링은 상하이의 외국인 기자들을 부지런히 만났다. 다들 사교활동에 바빴다. 홍군 이야기를 꺼내면 만나보기라도 한 것처럼 침들을 튀겼지만 정작 가겠다는 기자는 없었다. 쑹은 항일을 주장하는 학생들의 시위를 적극 지지했던 미국 기자 에드거 스노와 외과의사 조지 하템을 접촉했다. 스노는 험상궂은 얼굴에 공산공처(共産共妻)하는 것으로 외부에 알려진 붉은 토비들을 만나보겠다며 몇 년 전 장

쑹칭링과 에드거 스노(1939년 홍콩). 항일을 주장하는 쑹칭링은 공산당에 우호적이었고 아는 외국인이 많았다. 마오는 그런 쑹에게 홍군을 제대로 알릴 수 있도록 믿을 만한 외국기자를 보내달라고 요청했다.

시 소비에트 문턱까지 갔다가 쫓겨난 적이 있었다.

  1929년 4월, 국민정부 교통부장 쑨커는 중국의 수려한 풍경을 해외에 알리고 미국 관광객 유치를 위해 공공외교를 편 적이 있었다. 에드거 스노에게 철도여행을 주선했다. 스노는 가는 곳마다 굶어 죽은 시체들을 목도했다. 풍광 따위는 볼 겨를도 없었다. 4년간 비가 내리지 않아 500여만 명이 굶어 죽었다는 소문은 거짓이 아니었다. 그가 직접 겪어본 중국인들은 미국 지식인들이 생각하는 것처럼 우매하고 낙후한 민족이 아니었다. 중국인의 재앙을 외면하며 모험이나 즐기고 돈벌이에만 급급한 중국에 와 있는 미국인들의 행태가 형편없었다. 이들을 비판하는 글을 연일 발표했다. 문장이 신랄했다. "백인들의 반도"라며 공격을 한 몸에 받았다. 귀국할 생각까지 했지만 마음에 드는 여성을 만나는 바람에 그냥 눌러앉아 있었다.

  쑹칭링의 제안을 받은 스노는 직접 예방주사를 놓고 암시장에 나가 브라우닝 권총을 구입했다.

에드거 스노에게 호감을 느낀 마오

  1936년 6월 말, 에드거 스노는 시안에서 조지 하템과 합류했다. 중공 보위국장이 두 사람의 호송을 지휘했다. 관광객을 가장해 옌안에 도착한 후 장쉐량의 부관이 동승한 차를 타고 마지막 검문소를 빠져나왔다. 옌안은 아직 국민당이 지배하고 있었다. 국민당의 2인자 장쉐량과 공산당의 관계를 눈치챈 스노는 머리가 복잡했다. 『수호전』에 나오는 흑선풍 이규(黑旋風 李逵)처럼 험하게 생긴 사람이 마차를 몰고 와 무조건 타라며 짐을 빼앗았다. 어찌나 무섭던지 시키는 대로 했다.

7월 9일, 소련 구역의 첫 번째 초소에 도착하자 말 위에 앉아 있던 사람이 악수를 청했다. 얼굴이 수염투성이였다. "현상금 8만 원에 지명수배된 저우언라이"라며 자신을 소개했다.

11일 밤 9시, 스노와 하템은 저우의 안내로 마오쩌둥을 만났다. 마오는 부엉이처럼 모든 업무를 야간에만 봤다. 매일 밤 저녁을 먹고 나서 스노와 마주 앉아 노닥거리기를 즐겼다. 당시 마오의 부인은 허쯔전이었다. 허기가 질 때쯤이면 흑설탕에 버무린 살구와 기름에 볶은 고추를 내왔다. 맛이 없고 매워서 혀와 코가 뭉그러지는 줄 알았다. 마오가 "후난 사람들은 매운 것을 좋아한다. 그래서 혁명가 기질이 다분하다. 이탈리아 사람들도 매운 것을 좋아한다. 고추를 먹는다"고 하자 스노가 말을 받았다.

"무솔리니도 매운 것을 먹지만 전혀 혁명적이지 않다."

마오는 스노에게 호감을 느꼈다. 아무 때고 찾아와도 좋다는 특권을 줬다.

마오는 별난 사람이었다. 자신에 관한 이야기를 단 한 마디도 하지 않았다. 전우들 이야기만 해댔다. 린뱌오는 어떻고, 주더는 어떻고, 펑더화이는 어쩌고저쩌고.

계속 이런 식이었다. 스노가 대놓고 물었다.

"당신은 폐병 3기의 노인과 다를 게 없다. 언제 죽을지 모른다. 전 세계에 당신의 상황과 진면목을 알리고 싶다."

마오는 딴청을 피웠다.

"아직은 말할 기력이 있다. 우선 전선에 가봐라. 서부전선에 가면

1960년 10월, 중국을 다시 방문해 마오쩌둥과 류사오치(왼쪽)를 만난 에드거 스노(오른쪽).

홍군을 만날 수 있다. 그들의 진정한 모습을 보고 와서 이야기하자. 홍군을 만나지 못하고 돌아간다면 후회한다."

"조사를 하지 않은 사람은 발언할 권리가 없다"는 천하의 명언을 남긴 사람다웠다.

마오, 홍군을 시찰하고 온 스노에게 터놓고 이야기하다

홍군의 주력부대는 바오안에서 200리 떨어진 곳에 있었다. 스노와 하템은 간쑤(甘肅)·닝샤(寧夏) 일대를 다니며 홍군을 접촉했다. 장정에 얽힌 수많은 이야기들을 들었다. 이들은 떼지어 다니는 토비들이 아니었다.

"예정보다 더 머물지 않았다면, 마오만 만나고 돌아왔다면, 홍군의 승리가 어디서 왔는지 나는 영원히 이해하지 못했을지도 모른다. 홍군은 패할 리 없다. 정치적으로 잘 다듬어진 군대였다."

스노가 바오안으로 돌아오자 마오는 토굴의 등잔 밑에서 본격적인 공공외교에 들어갔다. 10여 차례에 걸쳐 소련 정부의 정책과 항일전쟁의 형세, 민족통일전선의 형성에 관한 것 외에 그동안 누구에게도 해본 적이 없었던 성장 과정과 결혼에 얽힌 이야기를 하기 시작했다.

"원래의 꿈은 초등학교 교사였다. 공산당원이 되리라고는 상상해본 적이 없다. 주변에서 벌어지는 일들은 인간의 의지보다 강하다. 현실이 지금의 나를 만들었다. 결국 내 발로 공산당 조직에 참가했다."

스노는 통역하는 사람이 하는 말을 영어로 받아 적어 통역에게 건넸다. 통역은 중국어로 옮겨 마오에게 수정을 요청했다. 마오의 검열이 끝나면 통역은 다시 영어로 옮겨 스노에게 전달했다.

여름이기도 했지만 방 안에는 온갖 벌레들이 들끓었다. 마오는 간간이 옷을 벗어 들고 나가 한바탕 훌훌 털곤 했다. 평생 목욕을 해본 사람 같지 않았지만 정교했다. 자신의 입에서 나오는 말들이 중국의 미래에 얼마나 엄청난 영향을 미칠지 잘 알고 있었다.

에드거 스노의 『중국의 붉은 별』 출간

1936년 10월 중순, 베이핑으로 돌아온 에드거 스노는 미국 영사관 강당에서 서북기행(西北紀行)을 발표했다. 베이징대·옌징대·칭화대 학생들이 몰려오는 바람에 인산인해를 이뤘다. 스노는 일본과의 전쟁을 주장하던 12·9 학생시위의 절대적인 지지자였다. 참석자들은 스노가 16밀리 필름에 담아 온 마오쩌둥과 주더, 펑더화이, 청년장군 린뱌오, 테러리스트 저우언라이 등 현상수배자들과 홍군의 진면목을 보고 열광했다. 홍군을 비적으로 몰아붙이던 국민당의 선전에 빨간불이 켜지기 시작했다.

2개월 후, 시안사변이 발생했다. 중국의 2인자 장쉐량이 최고지도자 장제스를 감금해 국·공합작과 항일전쟁을 요구한 기상천외한 사건이었다. 장제스는 장쉐량의 요청을 수락했고 마오쩌둥과 홍군은 기사회생했다. 마오는 바오안을 떠나 옌안에 정착했다. 홍군은 정규군 대접을 받았다. 이제 옌안은 현대판 양산박이 아니었다. 당당한 항일 근거지였다.

이듬해 여름(7월 7일), 중·일 양국이 전면전에 돌입한 직후 스노는 런던에서 『중국의 붉은 별』(*Red Star Over China*)을 출간했다. 상

에드거 스노는 중국의 문화인들과도 친분이 두터웠다.
1938년 봄, 홍콩에서 열린 만화가 딩충(오른쪽 둘째)의 항일전쟁
기금 마련 전시회에 참석한 스노(왼쪽 둘째).

하이의 공산당 비밀당원들은 발 빠르게 중국어판을 만들어 시중에 내놓았다. 똑같은 내용이라도 고사 직전의 공산당이 "역사의 평가를 받겠다"며 만든 홍보물이었다면 불쏘시개감으로나 딱 알맞을 종이뭉치였지만 이건 경우가 달랐다. 정확하고 객관적인 보도로 명성이 자자한 미국 기자가 그것도 제 발로 홍군의 근거지를 찾아가 4개월간 현장을 누볐다니 내용에 거짓이 있을 리 없었다.

항일성지 옌안으로 몰려드는 국내외 사람들

반응은 해외에서 먼저 왔다. 우리에게도 익히 알려진 캐나다 의사 노먼 베쑨을 포함한 외국의 의사와 기자, 작가들이 옌안으로 몰려들기 시작했다. 인도에서는 중국 의료지원단을 구성했고 미국 내 화교들은 성금을 모아 옌안에 '로스앤젤레스 유아원'을 설립했다. 한결같이 스노의 책을 읽고 실상을 알았다는 말을 한 마디씩 했지만 총연출자가 마오쩌둥이라는 사실은 알 턱들이 없었다.

국내는 더 요란했다. 이상을 추구하는 청소년들과 정치와 도덕이 일원화된 사회가 가능하다고 믿는 문화인들은 옌안에 가기 위해 시안행 열차를 탔다. 전국의 대학생 4만 2,922명 중 1만여 명도 캠퍼스에서 자취를 감췄다. 항일전쟁 기간 약 4만 명의 지식인이 붉은 도시에 바글바글했다.

아편·술·도박·여자 외에는 관심이 없는 시궁창 같은 남편들을 바라보며 한숨만 쉬던 여인들과 대도시로 나왔다가 온갖 꼴불견은 다 구경한 여류 연예인 중에도 장칭처럼 결단력과 추진력을 겸비한 사람들이 많았다. 계급·매춘·불량배, 툭하면 눈 부릅뜨고 잘난 척이나 해대는 정객과 공직자들이 없다는 항일성지(抗日聖地) 옌안은 낙원이었다. 스노의 책에 그렇게 씌어 있었다.

팔로군으로 개편된 홍군의 시안 연락사무소는 하루 평균 180명씩을 옌안으로 인솔했다. 남녀 할 것 없이 녹색 군복에 집에서 들고 나온 물건들을 꿰차고 행군하는 이들의 모습은 장관이었다. 정치범이나 사상범으로 체포되거나 수배된 경험이 있는 반역형 지식인과 입 한 번 벙긋한 죄로 죽도록 얻어맞고 나온 불평객들은 끝까지 잘 버텼지만 남의 돈 떼어먹거나 형사범으로 도망 다니다 옌안을 피난처로 택한 사람들은 오래 붙어 있지 못했다.

최근 공직에서 은퇴한 전직 관료 몇 명이 올해를 중국 공공외교의 원년으로 선포하자 스노와 함께 바오안에 갔던 조지 하템의 아들이 "74년 전 마오가 바오안의 토굴에서 스노와 하템을 처음 만난 1936년 7월 11일 오후 9시가 중국 공공외교의 기점"이라는 글을 발표했다.

틀린 주장이 아니다. 『중국의 붉은 별』은 대전략가 마오쩌둥이 자신과 홍군을 중국과 전 세계에 선전하기 위한 공공외교의 산물이었다.

밤새워 중국의 미래 논한 량수밍과 마오쩌둥

"순금이 없는 것처럼 완전한 인간도 없다."

중졸의 청년 교수와 후난 청년

중국의학원 설립자 위안훙서우(袁鴻壽)는 101세 생일에 제자들 앞에서 한마디했다.

"쑨원·장제스·마오쩌둥은 현대 중국의 운명을 좌우했지만 영향력은 한계가 있다. 동시대 인물로 영원히 중국인들에게 영향을 끼칠 수 있는 사람이 누가 있을까 곰곰이 생각해봤다. 아무리 생각해봐도 량수밍(梁漱溟) 외에는 없다."

량수밍은 1911년 중학 졸업과 동시에 학생 생활을 끝내고 잡지사에 취직했다. 19세 때였다. 의회정치에 관심이 많아 자정원(資政院)에 회의가 있는 날이면 빠지지 않고 방청했다. 위안스카이의 대총통 취임식도 직접 취재했지만 한결같이 꼴불견투성이였다. 불교 경전을 가까이하기 시작했다. 인생과 사회에 관한 고민이 그를 괴롭혔다. 두 차례 자살을 시도했지만 뜻대로 되지 않았다. 20세 되던 해 정월 시안에 내려가 소식(素食)을 시작했다. 아버지와 형에게 출가하고 싶다는 편지를 보냈다.

"저는 전생에 승려였나 봅니다."

1916년 9월부터 『동방잡지』에 '구원결의론'(究元決疑論)을 연재하기 시작했다. 동서고금의 사상에 대한 신랄한 비판이었다. 학계의 주목을 받았다. 베이징대학 총장 차이위안페이가 23세의 청년을 교수로 모셔왔다. 중졸이지만 학력 따위는 중요하지 않았다. 량수밍은 인도철학을 강의하며 철학연구소 내에 공자사상연구소도 개설했다.

　당시 베이징대학에는 기라성 같은 학자가 많았다. 일본과 영국에서 10여 년간 유학생활을 한 양화이중(楊懷中: 양창지)도 후난성 창사의 성립사범학교에서 베이징대학으로 자리를 옮겼다. 량수밍은 그의 집을 뻔질나게 드나들었다. 해질 무렵 양화이중의 집 대문을 두드릴 때마다 후난 방언이 심한 삐쩍 마른 청년이 문을 열어줬다. 눈인사는 나눴지만 통성명은 하지 않았다. 지방에서 올라온 친척이겠거니 했다. 이 청년은 대화에도 끼어드는 법이 없었다. 후일 "사범학교 시절의 학생이다. 베이징대학 도서관에서 한 달에 8원씩 받으며 잡일을 하고 있다"는 말을 들었다. 이름은 금세 잊었다.

　양화이중의 딸이 항상 량수밍을 배웅했다. 뭔가 뒷골이 이상해 돌아보면 후난 청년이 표정 없는 얼굴로 두 사람의 뒷모습을 바라보고 있었다. 이런 적이 한두 번이 아니었다.

　양화이중은 3학기 만에 세상을 떠났다. 량수밍과 동료 교수들이 출자한 돈으로 장례를 치렀다. 량은 장례기간 동안 분주하게 오가는 후난 청년을 봤지만 이야기는 나누지 않았다. 장례가 끝나자 청년도 베이징에서 자취를 감췄다.

1986년 93세 때의 량수밍.
중국 신유학의 기틀을 닦았고 도시에서
성장한 사람답지 않게 전국을 누비며
향촌건설운동을 폈다.

"우리는 20년 전에 만난 적이 있습니다"

20년이 흘렀다. 그간 량수밍은 유·불(儒·佛) 양가를 오가며 중국 신유학의 기틀을 닦았고 도시에서 성장한 사람답지 않게 전국을 누비며 향촌건설운동을 폈다. 농촌에 계급이 존재한다는 것 자체를 믿지 않는 사람이었다.

국·공합작이 실현되자 항일론자였던 량수밍은 공산당의 본거지 옌안에 호기심을 느꼈다. 특히 마오쩌둥이라는 인물이 궁금했다.

"어떤 사람들이기에 실패를 거듭하면서도 생각을 바꾸지 않을까?"

공산주의 경전들을 섭렵한 적이 있었지만 계급투쟁으로는 중국문제를 해결할 수 없다는 확신 때문에 공산주의 학설을 신봉하지 않았다. 하지만 리다자오(李大釗), 장선푸 등 중공의 창시자들과는 가까운 친구였다.

국민참정원 자격으로 옌안을 방문하고 싶다는 의견을 장제스에게 제출해 동의를 받았다. 중공 측에서도 량수밍이 오는 것을 환영했다. 옌안에 도착한 량을 중공 총서기 장원톈이 직접 맞이했다. "주석은 낮에 쉬고 밤에 일한다. 밤에 만남을 주선하겠다"는 말을 듣고서야 마오가 중공혁명군사위원회 주석임을 처음 알았다.

처음 만난 날 마오의 첫 마디는 어처구니없었다.

"우리는 20년 전에 만난 적이 있습니다. 양화이중 선생의 집을 방문하실 때마다 제가 문을 열어드렸습니다. 그 후 저는 양 선생의 사위가 됐습니다."

두 사람은 동굴 속에서 중국사회와 미래에 관한 이야기로 꼬박 밤을 새웠다. 마오는 계속 술을 마시며 량에게 차를 따라주었다. 워낙 개성들이 강하다 보니 일치되는 점이 하나도 없었다. 격렬한 논쟁을 벌였다. 상대를 설득하는 데는 모두 실패했지만 화들은 내지 않았다. 동이 틀 무렵 상쾌한 기분으로 헤어졌다. 두 번째 만남도 마찬가지였다. 모두 여덟 번을 만났지만 결과는 한결같았다.

의견은 달라도 서로를 존중하다

1946년 1월, 국·공 양당이 정전협정을 체결하자 량수밍은 8년 만에 다시 옌안을 찾았다. 마오쩌둥은 영수급 10여 명을 황급히 모아 량의 말을 경청하게 했다. 량은 내전 반대를 주장하며 입에 침이 마르는 줄도 몰랐다. 이들이 내전에 승리해 새로운 정권을 탄생시키리라고는 꿈에도 생각하지 못했다.

3년 후 신중국이 수립됐다. 량수밍은 자신이 정치에 문외한이라는 것을 인정했다.

"지식인들이 천하대사에 관심을 갖는 것은 자연스러운 일이지만 정치는 복잡하기가 이를 데 없다. 열정과 능력은 별개다. 소신이라며 세상일 다 아는 것처럼 행동하다가 말실수하기 딱 좋은 곳이다. 앞으로 나 개인만을 대표하지 어떤 조직도 대표하지 않겠다."

말은 해도 행동은 하지 않았다.

마오쩌둥의 량수밍에 대한 예우는 극진했다. 첫 번째 소련 방문에서 귀국하자마자 중난하이로 그를 초청해 정부에 참가해줄 것을 요청했다. 거절당했지만 잠시 불쾌한 표정을 지었을 뿐 밥 때가 되자 "오늘 저녁은 통일전선이다. 소식(素食)을 하자"며 모두에게 외쳤다.

량수밍은 가고 싶은 곳을 자유롭게 다녔다. 자신이 펼쳤던 향촌건

1938년 1월, 옌안의 량수밍과 마오쩌둥.
두 사람은 동갑이었다.
평생 의견이 맞지 않았지만 서로를 존중했다.

설운동의 근거지들을 둘러보고 동북과 서남지역의 토지개혁도 직접 참관했다. 마오는 량이 베이징에 들를 때마다 환대했지만 한 번도 구체적인 임무를 준 적이 없었다. 마음 내키는 대로 다니며 조사하고 연구하게 내버려뒀다.

1953년 9월, 정협과 중앙인민정부 확대회의가 열렸다. 량은 농촌공작에 관한 의견을 제출했다.

"근 30년간 혁명을 수행하는 과정에서 중공은 농민들에 의지해 농촌을 근거지로 삼았다. 공작거점이 도시로 이전하면서 농촌은 황폐해졌다. 도시 노동자들의 생활은 개선되었지만 농민들은 질곡을 헤맨다. 도시로 나오려 하지만 도시는 이들을 받아들이지 않는다. 노동자들은 하늘 꼭대기에 올라가 있지만 농민들은 땅바닥을 기어 다닌다."

다음 날 마오는 즉석발언을 했다.

"우리와 의견이 다른 사람이 있다. 농민들의 생활이 어렵다며 그들을 돌봐야 된다고 한다. 공자나 맹자가 이야기하던 어진 정치(仁政)를 펴라는 의미다. 대인정(大仁政)과 소인정(小仁政)을 모르는 사람이다. 농민을 배려하는 것은 소인정이다. 중공업을 발전시켜 미국을 타도하는 것이 대인정이다. 우리가 수십 년간 농민운동을 펼쳤음에도 농민들을 이해하지 못한다니 웃기는 말이다. 노동자와 농민의 근본적인 이익은 일치한다. 분열과 파괴는 용납될 수 없다."

이름은 거론하지 않았지만 량수밍을 호되게 비판했다.

량수밍은 충분한 발언시간을 요청했다. 참석자들이 벌떼같이 일어나 반대하자 표결을 제의하는 사람이 있었다. 거의 전원이 량의 발언을 반대했다. 마오는 찬성했지만 두 사람의 관계는 이날로 끝이 났다.

13년 후 문혁이 시작됐다. 량수밍의 집에도 홍위병들이 들이닥쳤다. 량의 부인을 피투성이가 될 정도로 두들겨 패면서도 량에게는 손끝 하나 대지 않았다. 매달 나오던 돈도 3분의 1로 삭감됐지만 잠시였다.

1972년 12월 26일, 마오의 80회 생일에 량수밍은 '중국, 이성의 나라'의 친필 원고를 선물로 보냈다. 마오는 량을 대면이라도 한 듯 즐거워했다. 세상을 떠나기 1년 전 "순금이 없는 것처럼 완전한 인간도 없다"며 20여 년 전 량의 행동을 양해했다. 량수밍도 80년대 중반 "당시 나의 태도가 적절하지 못했다. 그를 힘들게 했다. 그가 세상을 떠난 지 10년, 그동안 적막을 견디기 힘들었다"며 평생 의견이 맞지 않았던 마오를 회상했다.

한 번도 실각한 적 없는 리셴녠의 행보

"우리는 전쟁이 뭔지를 몰랐다. 전쟁을 하면서 전쟁을 배웠다."

학교 문턱에도 못 가보고

중화인민공화국은 건국 이래 수많은 풍파가 있었다. 집권과 동시에 시작된 권력투쟁과 마오쩌둥의 의심벽이 가장 큰 이유였다. 건국의 원훈들이 하루아침에 몰락하곤 했다. 덩샤오핑은 두 번 실각했고 저우언라이도 아슬아슬했던 적이 한두 번이 아니었다. 마오쩌둥의 후계자였던 동북왕 가오강이나 국가주석 류사오치, 국방부장 린뱌오처럼 제 명을 누리지 못한 사람도 허다했다. 맹장 펑더화이도 감옥에서 한을 머금고 세상을 떠났다. 오죽 살벌했으면 홍군의 아버지 주더의 입에서 "이게 어디 옛날에 한솥밥 먹던 사람들끼리 할 짓이냐"라는 탄식이 나올 정도였다.

리셴녠만은 예외였다. 한 번도 실각한 적이 없고 문화대혁명 시절에도 곤욕을 치르지 않았다. 31년간 정치국원을 연임하며 부총리 15년에 국가주석과 전국정협 주석을 역임한 3조(三朝: 마오쩌둥·덩샤오핑·장쩌민 시대)의 원로였다.

리셴녠은 매사에 근엄하고 신중한 사람이었다. 겉으로 보기엔 아무런 힘이 없는 사람 같았지만 복잡한 환경이 빚어낸 아주 복잡한 인간 관계를 처리하는 능력이 뛰어났다. 많은 사람들은 그의 성장 과정에서 원인을 찾는다.

리셴녠의 어머니는 전형적인 농촌 여성이었다. 후베이성 황안현(黃安縣)의 빈농이던 세 번째 남편과의 사이에서 리셴녠을 낳았다. 나이가 많은 데다 영양실조였던 어머니는 수유(授乳)가 불가능했다. 리셴녠은 큰누나의 젖을 조카와 함께 나눠 먹으며 겨우 목숨을 유지했다. 아버지가 서로 다른 8명의 자녀들이 한 집안에 북적거리다 보니 억울한 일을 겪어도 남을 원망하지 않고, 관대하고 후덕하지 않으면 하루도 조용할 날이 없을 환경이었다. 불평은 하면 할수록 손해였다.

리셴녠은 인간이 하기에 가장 힘든 일을 어린 시절부터 당연한 것으로 여기며 자랐다. 학교라는 게 있다는 말은 들었지만 문턱에도 가보지 못했고 감히 갈 생각도 하지 않았다.

구시대를 매장할 관을 짜다

12세 때부터 목공 일을 배우기 시작했다. 목수는 평생 굶어 죽을 염려가 없었다. 3년간 기술을 익힌 후 대패 하나를 달랑 들고 후베이 최대의 도시인 우한으로 나왔다. 워낙 나이가 어리다 보니 일자리 구하기가 수월치 않았다. 관(棺)만 전문으로 짜는 집에 겨우 취직했다.

항구도시이다 보니 부두 노동자와 하층민들의 생활을 접할 기회가 많았다. 평생 가난에서 헤어날 가능성이라곤 손톱만큼도 없어 보였다. 빈농보다 못하면 못했지 나을 게 하나도 없었다. 하루는 거리에 나왔다가 북벌에 나선 국민혁명군의 대오와 마주쳤다. 그날 밤 리

1952년 후베이성 당서기 겸 성 정부 주석 시절
배를 타고 우한을 순시하는 리셴녠.

셴녠은 엎치락뒤치락 잠을 설쳤다. 죽은 사람들 뒤치다꺼리나 하는 자신의 처지가 한심했다.

둥비우라는 사람이 고향에서 혁명의 진리를 선전하고 다닌다는 소문을 들은 적이 있었다.

리셴녠은 대패를 팽개치고 고향으로 돌아왔다. 17세 때였다. 이듬해 겨울 공산당에 입당해 황안·마청(麻城)지구 농민폭동〔黃麻起義〕에 참여했다. 실패한 폭동이었다. 이왕 나선 길, 리셴녠은 유격대를 조직했다. 5년 후, 300여 명의 청년을 이끌고 홍군에 가담해 구사회(舊社會)를 매장시킬 관을 본격적으로 짜기 시작했다.

무엇이든 배우면서 하면 된다

1935년 6월, 리셴녠은 마오쩌둥을 처음 만났다. 마오는 "헛소문이 아니었구나. 너야말로 소년 영웅이다"라며 즐거워했다. 계속 전쟁터에서 세월을 보내다 보니 리셴녠이 지휘하던 30군이 홍군의 주력부대 중 하나로 자리 잡았다. 마오는 "우리는 전쟁이 뭔지를 몰랐던 사람들이다. 전쟁을 하면서 전쟁을 배웠다. 대표적인 사람이 리셴녠이다"라며 대견해했다.

리셴녠은 전쟁에 승리하는 것 못지않게 먹고 입는 것을 소중히 여긴 지휘관이었다. 22년간 전장을 누비며 가는 곳마다 혁명 근거지를 건설했다.

1949년 초, 공산당의 승리가 확실시되자 당 중앙은 중요 지역의 책임자를 물색하기 시작했다. 당내에 후베이 출신들이 많았지만 마오쩌둥은 후베이성 당서기 겸 성 정부 주석에 리셴녠을 낙점하며 군구사령관과 정치위원까지 겸하게 했다.

후베이의 당·정을 장악한 리셴녠은 5년간 지역의 자본가들과 전쟁을 치렀다. 화약 냄새만 없을 뿐, 눈에서 피가 튀어나올 것 같은 전쟁이었다. 전국의 재정과 경제를 주관하던 부총리 천원과 재정부장 덩샤오핑이 마오쩌둥과 저우언라이에게 리셴녠을 신임 재정부장에 천거했다. 나이가 젊고 두뇌가 명석해 한번 본 경제수치들을 자유자재로 기억해 활용하고 늘 배우기를 좋아한다는 것이 추천 이유였다.

마오쩌둥은 무조건 동의했지만 리셴녠은 "능력이 미치지 못한다"며 재고를 요청했다. 마오가 직접 나섰다.

"네가 할 수 없고 할 생각이 없다면 국민당 재정부장이었던 쑹쯔원을 타이완에서 모셔오는 수밖에 없다. 전쟁처럼 배우면서 해라."

1960년 겨울, 쿠바의 중앙은행장 체 게바라가 중국을 방문했다. 마오쩌둥은 재정부장 리셴녠을 게바라에게 직접 소개했다.

"혁명에 승리할 무렵 재정을 아는 사람이 전무했다. 간부를 배양했지만 시간이 갈수록 쓸모가 없었다. 우리는 대병력을 장악해본 적이 있는 사람에게 전국의 재정을 관장하게 했다. 이 방법이 틀리지 않았다는 것을 증명한 사람이다."

참고문헌

何方, 何方讀史憶人, 世界知識出版社, 2010.
程中原, 張聞天傳, 當代中國出版社, 2000.
黃克誠, 黃克誠自述, 人民出版社, 1994.
羅点点, 非凡的年代, 上海文藝出版社, 1987.
彭德懷, 彭德懷自述, 人民出版社, 1981.
中共一代會址紀念館, 上海革命歷史博物館籌備處, 上海革命史資料與研究, 上海古籍出版社, 2011.
權延赤, 天道(周惠與廬山會議), 廣東旅游出版社, 1997.
師哲, 我的一生, 人民出版社, 2002.
京夫子, 中南海恩仇錄, 聯經出版事業有限公司, 1994.
京夫子, 夏都誌異(京華風雲錄 卷三), 聯經出版事業有限公司, 2001.
南方人物周刊 編, 世家, 上海書店出版社, 2011.
馬國川, 告別皇帝的中國, 世界圖書出版公司北京公司, 2012.
何炳棣, 讀史閱世六十年, 中華書局, 2012.
徐宗懋, 走過白年, 臺灣書房出版有限公司, 2010.
陳家萍, 蛾眉宛轉, 廣西師範大學出版社, 2011.
張麗佳・馬龍(Calum Macleod)合著, 說吧中國, OXFORD(香港), 1999.
洪學智, 抗美援朝戰爭回憶, 解放軍文藝出版社, 1990.
馬馳, 戴笠全傳, 中國文史出版社, 2007.
間諜王(戴笠與中國特工), 魏裴德 著, 梁禾 譯, 團結出版社, 2004.
趙無眠, 百年功罪, 明鏡出版社(香港), 1999.
趙鳳彬, 我的人生自述, 民族出版社, 2010.
蕭冬連, 求索中國(文革前十年史 上・下), 中共黨史出版社, 2011.
葉永烈, 歷史悲歌(反右派內幕), 天地圖書(香港), 1995.
胡大聰, 晚清時期的外交人物和外交思想, 世界知識出版社, 2012.
羅平漢, 大躍進的發動, 人民出版社, 2009.
天安門上看中國(上・下), 四川人民出版社, 1999.
翦伯贊 主編, 中外歷史年表, 中華書局, 1961.
臧云浦, 中國歷史大事紀年, 山東教育出版社, 1984.

薄一波, 若干重大決策與事件的回顧, 中共黨史出版社, 2008.
梁柱 賀新輝, 生死絕戀, 中共黨史出版社, 2008.
耘山 周燕, 革命與愛(共產國際檔案最新解密 毛澤東 毛澤民 兄弟關係),
　中國青年出版社, 2011.
黃慕蘭, 黃慕蘭自傳, 中國大百科全書出版社, 2012.
蔡登山, 張愛玲『色‧戒』, 作家出版社, 2007.
陶方宜, 大團圓, 世界知識出版社, 2010.
于醒民 等, 宋氏家族第一人, 北方文學出版社, 1987.
斯特林‧西格雷夫(Sterling Seagrave), 宋家王朝, 星光書店(香港), 1985.
何大章, 宋慶齡往事, 人民文學出版社, 2012.
師永剛 外, 蔣介石畫傳, 鳳凰出版傳媒集團 外, 2011.
師永剛‧林博文, 宋美齡畫傳, 作家出版社, 2008.
郁風, 故人‧故鄉‧故事, 生活‧讀書‧新知三聯書店, 2005.
新民晚報社 編, 我的父輩, 上海人民出版社, 2009.
郭戰平 外, 眞情見證, 鳳凰出版傳媒集團 外, 2009.
鄭超麟, 鄭超麟回憶錄(上‧下), 東方出版社, 2004.
孟昭瑞, 共和國震感瞬間, 人民文學出版社, 2012.
張樹德, 紅墻大事2(上‧下), 中央文獻出版社, 2006.
蕭蕭, 今生今世(民國名媛情事), 山東畫報出版社, 2010.
鳴祖光, 二流堂里外, 鳳凰出版傳媒集團 外, 2008.
傅光明, 凌叔華(古韻精魂), 大象出版社, 2004.
李輝, 王世襄, 大象出版社, 2001.
李輝, 黃苗子與郁風, 大象出版社, 2003.
劉東平, 宋慶齡(永遠的美麗), 大象出版社, 2003.
陳啓文, 宋美齡, 中國文聯出版公司, 1988.
鳳凰周刊 編, 大沈浮(時代人物的命運), 中國發展出版社, 2012.
林洙, 梁士成 林徽因 與我, 清華大學出版社, 2004.
文史精華(1~10), 河北人民出版社, 2010.
文史資料選集(1~136), 中國文史出版社, 1999.
周偉 主編, 歷史草稿(1~6), 光明日報出版社, 2003.
歷史在这里沉思(1~6), 華夏出版社, 1987.
中華人民共和國風雲實錄(上‧下), 河北人民出版社, 1994.
中華人民共和國外交部外交史編輯室 編, 新中國外交四十年, 1989.
魏宏運 主編, 民國史紀事本末(1~7), 遼寧人民出版社, 2000.

魏宏運 主編, 國史紀事本末(1949~1999)(1~7), 遼寧人民出版社, 2003.
張憲文 等, 中華民國史(1~4), 南京大學出版社, 2006.
老新聞-共和國往事, 天津人民出版社, 1998.
晉察冀文藝研究會 編, 東北解放戰爭, 遼寧美術出版社, 1992.
晉察冀文藝研究會 編, 華北解放戰爭, 遼寧美術出版社, 1993.
杜修賢 編, 人民的總理, 三聯書店香港分店, 1985.
中共中央黨史研究室 編, 中國共產黨歷史圖志(1~3), 上海人民出版社, 2001.
任遠遠 編, 紀念 任弼時, 文物出版社, 1986.
黃仁元 主編, 蔣介石與國民政府(上·中·下), 商務印書館(臺灣), 1994.
童小鵬 主編, 第二次國共合作, 文物出版社, 1984.
上海圖書館 編, 上海圖書館藏歷史原照, 上海古籍出版社, 2007.
何宗光, 我在朝鮮戰場, 長江出版社, 2011.
楚云, 朝鮮戰爭內幕全公開, 時事出版社, 2005.
李慶山, 國門亮劍, 人民出版社, 2010.
丁偉, 從鴨綠江到三八線, 解放軍出版社, 2011.
劉峥, 朝鮮1950, 人民出版社, 2010.
當代中國研究所 編, 中華人民共和國史編年(1949~1956), 當代中國出版社, 2009.
秦燕春, 青瓷紅釉, 福建教育出版社, 2010.

잡지(期刊)

前哨(香港)·新史記(香港)·名人傳記(鄭州)·九十年代(香港)·鏡報(香港)·INK(臺灣)·歷史月刊(臺灣)·文訊(臺灣)·中國論壇(臺灣)·清明(合肥)·二十一世紀(香港)·記憶(北京)·民族文汇(烏魯木齊)·文史參考(北京)·炎黃春秋(北京)·三聯生活周刊(北京)·廣角鏡(香港)·南都周刊(廣州)·舊聞讀者(宜昌)·舊聞選刊(宜昌)·新民周刊(上海)·新世紀周刊(海口)·中國新聞周刊(北京)·中國周刊(北京)·南方人物周刊(廣州)·檔案春秋(上海)·鳳凰週刊(香港)·縱橫(北京)·看天下(銀川)·新華文摘(北京)·開放(香港)·溫故(桂林)·百年潮(北京)·史學月刊(開封).

영상자료

斷刀, 朝鮮戰場大逆轉(1~5).
對決戰, 美安國際企業有限公司.
浴火雄鷹, 九州音像出版公司.
紅色中國的外國人士, 九州音像出版公司.
新中國外交秘檔, 鳳凰衛視及鳳凰影視(深圳)有限公司.